牧野文化研究

牧野名碑

霍德柱 —— 编著

李景旺／主编

李金玉　聂好春／副主编

中国社会科学出版社

图书在版编目（CIP）数据

牧野名碑 / 霍德柱编著. —北京：中国社会科学出版社，2020.12
（牧野文化研究）
ISBN 978-7-5203-7553-5

Ⅰ.①牧⋯ Ⅱ.①霍⋯ Ⅲ.①碑刻－汇编－新乡 Ⅳ.①K877.42

中国版本图书馆CIP数据核字（2020）第236344号

出 版 人	赵剑英
责任编辑	安　芳
责任校对	张爱华
责任印制	李寡寡

出　　版	中国社会科学出版社
社　　址	北京鼓楼西大街甲158号
邮　　编	100720
网　　址	http://www.csspw.cn
发 行 部	010-84083685
门 市 部	010-84029450
经　　销	新华书店及其他书店

印　　刷	北京明恒达印务有限公司
装　　订	廊坊市广阳区广增装订厂
版　　次	2020年12月第1版
印　　次	2020年12月第1次印刷

开　　本	710×1000　1/16
印　　张	15.25
字　　数	228千字
定　　价	89.00元

凡购买中国社会科学出版社图书，如有质量问题请与本社营销中心联系调换
电话：010-84083683

目　录

新 乡 赋

——为《牧野文化研究丛书》代序

王国钦

新乡，是中华文明发祥地之一，新石器时期就有先民在此活动。新乡古称鄘国，春秋隶卫，战国属魏，汉为获嘉，自隋文帝开皇六年（586）置县，至今已1400余年。1949年5月7日和平解放，1949年8月至1952年11月曾为平原省省会。其建制、区划屡更，现辖二市、四区、六县。近年来，荣获了全国文明城市、国家卫生城市、国家园林城市、国家森林城市、中国最佳平安城市、中国优秀旅游城市、中国竞争力百强城市、中国十佳和谐可持续发展城市、《福布斯》中国大陆最佳商业城市、中国金融生态城市等光荣称号。2011年，新乡成为中原经济区中原城市群核心城市之一，2016年5月，新乡成为国家自主创新示范区。

新乡者，古来兵家必争之乡也。战鸣条而伐无道，终夏桀而起商汤；征牧野而绾恶纣，盟诸侯而成周武——其故事众所皆知也。围魏救赵，孙膑大败庞涓于桂陵；决战官渡，曹操以少巧胜于袁绍。赵匡胤黄袍加身，大宋文化陈桥始；岳鹏举精忠报国，义军抗金十八营……新中国之初，新乡曾为平原省会，当下乃十五项国家荣誉获得者、国家二级交通枢纽、河南之省辖市、豫北经济之重镇也。其北邻安邑而南望郑汴，古都鼎立于外而内获新生。登巍巍太行乎居高而临下，瞰滔滔黄河兮达古而通今。更东鲁西晋壤接两省者，鼓双翼正翩翩奋飞也。

新乡者，中华姓氏主要发源之乡也。周武王赐林姓于比干之子；姜太公庇祖荫兮尊享双姓。传黄帝之师建都封父，始为封姓；有周公之子被赐胙地，胙姓见称。辉县原乃共城，姓衍共洪龚恭段；伯倏被封延津，国开曾立南北燕。叔郑封毛,后有毛遂勇于自荐;司寇捐躯,封丘长留牛父英灵。知否季亹食宁,始有宁氏双雄起;且看获嘉城外,长立蒙族五姓碑……史载六十七姓源出新乡,乃海外游子问祖中原之主要热土也。

新乡者,名人荟萃辈出之乡也。英雄治水,共工怒触不周山;剖心尽忠,国神复封忠烈公。直钩垂钓,吕尚得遇文王;名士遁世,孙登长啸苏门。辅国理政,原阳一十六相;同门三宰,人杰更显地灵。张苍精通历算,《九章算术》校正功千载;邵雍发愤苦读,《梅花组诗》预言九百年。解道闲愁,古今一场梅子雨;报国歌头,北宋唯有贺方回。孙奇逢躬耕百泉,位列三大名儒;李敏修宣讲新学,力倡教育救国。嵇文甫堪称学界巨子;徐世昌保持气节暮年……知否杨贵,十春秋奋战悬崖绝壁,创造出人工天河,高扬起一面精神旗帜……古往今来,新乡人能不油然而生自豪之情乎?

新乡者,文化积淀厚重之乡也。青铜器商代铸双璧,国之最圆鼎号子龙。汲冢竹书为纪年之祖;孟庄遗址乃文化之尊。登杏坛则忆圣人风采,品《木瓜》得赏《诗经》名篇。鎏金兽头出土魏王墓;三晋贵族重现车马坑。祖辛提梁卣堪称国宝;战国铸铁窑陶范水平。竹林七贤、李白高适、苏轼岳飞、元好问、郭小川、刘知侠、刘震云等名流隐士、墨客文人,或生于斯或游于斯,皆留下千古佳话矣。成语如天作之合、脱颖而出、歃血为盟、善始善终、运筹帷幄、细柳屯兵,以及没心菜、孟姜女、相思树、香泉寺、柳毅传书、翟母进饭的传说等,亦典出新乡之地或新乡之人也。流连于仰韶文化遗址,吟咏于龙山文化遗存,可观原生之民歌民舞,可玩创新之民间剪纸,复可赏传统之民戏民居……八方来者,亦将因祥符调、二夹弦之美妙乐曲而陶然乐矣哉!

新乡者,文化名胜俊游之乡也。太公庙庇护牧野大地,君子尊崇;比干庙彰表谏臣极则,妈祖归根。武王伐纣盛会同盟山;张良椎秦名噪博浪锥。三善难尽蒲邑之美;奇兽见证潞王奢华。三石坊勒石两代;千佛塔雕佛千尊。魏长城宏伟当年,遗迹已存两千载;中药材百泉大会,海内交易六百秋。太极书院,理学渊薮成风景;关山地貌,雄深险峻叹奇观。彭了凡瓮葬饿夫墓;陈玉成铁骨傲英魂。破司马迷魂兮忆故城络丝,望鸿门夜月兮染五陵晓色;赏李台晚照兮思牧野春耕,观原庄夏景兮漾卫水金波。平原省委旧址,记录辉煌历史;文化步行新街,彰显古贤精神。天苍苍野茫茫，山顶草原跑马岭；林密密水淙淙，避暑胜境白云寺。大河安澜，六十载浩荡东流去；湿地隐秘，万只鸟栖息嬉客来。万仙山、八里沟，壮美太行秀色；七里营、京华园，韵飘人文风光……旅而游之者，能不因之而流连忘返乎？

新乡者，堪谓中原美食之乡也。农博会金奖双获，原阳米无愧第一；原产地认证独颁，金银花绽放中原。封丘芹菜石榴，明清享用宫廷；辉县山楂香稻，今已惠及百姓。黄河鲤鱼跳龙门，双须赤尾；新乡熏枣益健康，色泽鲜明。肥而不腻乎罗锅酱肉；酥香软烂者新乡烧鸡。松酥起层，缠丝烧饼牛忠喜；长垣尚厨，中国烹饪第一乡。他如红焖羊肉、延津菠菜等，均亦远近闻名也……海内愿饱口福之欲者，新乡岂非中州首选乎？

新乡者，创新更新鼎新之乡也。忆当年人民公社，曾领先时代，留几多思辨；看今日城乡统筹，再与时俱进，敢万里弄潮。刘庄群众感念史来贺，问其间几多历史传奇？无私奉献不忘郑永和，慨辉县精神敢为人先。让一段岁月流金，太行公仆碑树吴金印；造几多乡村都市，刘志华好个巾帼英雄……耿瑞先宏图大展领头雁，范海涛变废为宝担责任，裴春亮富而思源惠乡邻。电池回收换来新乡少污染，挂壁公路终使汽车进山来……尽为民服务兮感动中国，数风流人物兮还看新乡。仰先进群体兮群星灿烂，育英雄辈出兮雏凤高鸣。

新乡者，和谐奉献崇文常新之乡也。季候分明兮冬寒夏热，人民勤劳兮春早秋凉。矿藏丰富兮振兴经济，土地肥沃兮图画粮棉。人才战略兮持续强市，机械制造兮海内闻名。战略重组，产业升级，集群发展迈新步；铜管铜业，冰箱冰柜，金龙新飞两夺冠；白鹭化纤，华兰生物，产品崛起赖创新。能源汽车生物医药，数十产品领先同行列前五；神九神十蛟龙航母，核心部件与祖国同行，破茧催生新乡模式；让新乡常新，改革成就新乡精神。机遇和挑战并存兮，路漫漫其修远；牧野兼榴花火红兮，泪盈盈而沾襟。

原载 2009 年 4 月 20 日《光明日报》

2018 年 5 月 28 日修订于中州知时斋

凡　例

1.新乡地处中原腹地，东临齐鲁，西瞻晋陕，北通幽燕，南控江淮，位居冲要，为四方所瞩目。各种文化元素汇集于此，自然历史悠久，积淀深厚。古碑林立，自不待言。但天灾人祸，风雨剥蚀，许多名碑已成为记忆。本书意在为读者保留一点历史的记忆，增加一点乡土的自豪感；若能由此及彼，寻求到民族文化的发展基因，为新时期的精神文明建设做出点贡献，那当然更值得欣喜和庆幸。

2.新乡沿革屡有变易，本书以现有的行政格局为基准，分卫辉市、新乡县、辉县市、获嘉县、延津县、原阳县、封丘县、长垣县八部分。现新乡市区为古时新乡县治所在地，故不再单列。

3.本书所选碑刻为古碑，以清代以前为主，民国为辅。1949年之后所立之碑不在本书的选择范围之内。

4.本书所选古碑分两大块：地上以碑碣为主，地下以墓志为主。每县先碑碣后墓志，数目不均。碑碣、墓志分别按时间先后排列。

5.古人作金石学研究，重在搜罗、分类、著录、考证，其研究多存在于跋语之中，往往点到为止，深度有限。本书每篇由"著录""注释""简析"三部分组成。"著录"求最大限度地精准，或摩挲原碑，或阅读拓片，或摘录方志或名人文集；"注释"求精简而直接，常见的文物典章制度及科考名词不在注释之列；"简析"涉及该碑的由来及保存现状，撰文者、书丹者、篆额（篆盖）者的学识修养及与碑主的关系，该碑的主要内容及影响和成就等。

6.古碑著录，多用繁体。但为方便阅读计，也为了与本套丛书的风格同一，本书采用简体。

7. "名碑"一词,仁者见仁,智者见智。本书所录之碑,或与名人名事有关,或与名胜古迹有关,或涉及陵谷变易、民俗民情,或反映出宗教源流、民间信仰……皆有一定的历史价值和学术价值,一般的功德碑不选。

8. 碑刻研究最难的是著录,古人的著录之作往往与原碑有异。本书所选首重原碑,再看拓本,然后才参考古人著录或方志所存。

9. 碑中异体字甚多,与通用简体字差别甚微者直接采用简体,个别的作校注;差别过大或没有对应简体字者则保留原貌,并作校注。

10. 编者浸淫碑刻研究数年,本书中有些篇章已在拙著《比干庙古碑刻解析》、本人新浪博客"明月在船的博客"和微信公众号"霍德柱地方文化研究"中刊出。收入本书时,变繁体为简体,删除烦琐之注,充实解读内容,以期有更完美之呈现。

卫辉市篇

汲县岣嵝碑

承帝日咨，翼辅佐卿。洲诸与登，鸟兽之门。参身洪流，而明发尔兴。久旅忘家，宿岳麓庭。智营形折，心罔弗辰。往求平定，华岳泰衡。宗疏事衰，劳余神。郁塞昏徙。南渎愆亨。衣制食备，万国其宁，窜舞永奔。

【简析】

岣嵝碑，原刻于南岳衡山岣嵝峰，故称"岣嵝碑"。原物曾消失千年。2007年7月上旬被重新发现，现为湖南省重点文物保护对象。相传此碑为颂扬夏禹治水功绩之物，亦被称为"禹碑""禹王碑""大禹功德碑"等。南宋嘉定五年（1212），何致游南岳时，临拓全文，复刻于长沙岳麓山云麓峰。明代长沙太守潘镒于岳麓山找到此碑，传拓各地，自此岣嵝碑闻名于世。云南大理、四川北川、江苏南京栖霞山、河南禹州、汲县、汤阴、陕西西安碑林、浙江绍兴、湖北武汉等均有翻刻。

汲县旧有"岣嵝碑"，又称"禹王碑"。原无题。高357厘米（座57厘米），宽128厘米，厚24厘米，77字，大字篆书。现已漫漶不堪，模糊难辨，仅能拓出几个字而已。原立于潞王府关帝庙内，后移县西门外三圣庵前，现存卫辉市博物馆碑林之中。

关于该碑的来历及释读，历来众说纷纭。乾隆四年（1739），粮道黄叔璥撰《重立岣嵝碑记》刻于其下，考证其为明万历时物，《中州金石考》收录该文。而《乾隆汲县志》卷末《杂识》却认为该碑始刻于康熙三年（1664），程启朱任卫辉太守时随身携带旧拓，然后摹镌上石。两说皆有根据，无有定论。卫辉知府曾培祺有题记刻于碑阴，高116厘米，宽63厘米，记载了光绪二十三年（1897）重立岣嵝神碑的情况。

按各地拓片判断，岣嵝碑应有77个字，9行，第一行至第八行每行9个字，末行5个字。字形如蝌蚪，既不同于甲骨和钟鼎文，也不同于籀文。由于文字奇特，历代对其内容的解读不一，多认为是记录大禹治水之事迹。有些学者则认为所谓的"岣嵝碑"并非真正的禹碑。从古至今，释禹碑者甚多，此处采用明代杨慎之禹碑释文。

附碑阴清光绪二十三年（1897）曾培祺《重立旧摹神禹碑记》："考邑乘，碑虽覆篆，远溯其原，豫中金石之古于斯为最。展转移此，逼近堤岸，意似镇水。奈久弃道左，坐卧磨踏，迹渐就湮，秽亵尤甚。噫，仆何以镇？故将无稽，树而葺之。神禹有灵，其奠吾郡、福吾民，永永年代，勿或溢流，讵惟摩挲蝌蚪已哉？缀以铭辞，同苏宝惜，费数十百人之力，起四千余岁之文，岣嵝遗迹，重若典坟。"

孔子题比干墓碑

殷比干莫

【简析】

该碑为比干庙镇庙之宝，弥足珍贵。现存比干墓前碑亭之中。有碑座，四周砌砖。由两部分拼接而成，上部高50厘米，宽55厘米，为后人所加，有"宣圣真笔"四字，传为乾隆御笔；下部为原碑，高65厘米，宽55厘米。碑文4大字"殷比干莫"，分2行，粗硬匀称，古朴典雅，端庄浑厚，有悲壮苍凉之感。清王昶《金石萃编》记其"石高二尺四寸，广二尺二寸，二行，行二字。今在汲县"。

该碑传为孔子真迹。孔子过卫，经匡城蒲乡，至古牧野地，车坏，问弟子，始知为比干墓葬之地。孔子慨称"仁人之墓"而拜之，并剑刻"殷比干莫"四字流传至今。但此记载不见于史传，真伪莫知。上古神碑本就凤毛麟角，故人们常把此碑与峄山刻石、衡山岣嵝碑、季札墓碣、石鼓文等相提并论，列为金石学发轫之作。孔子是中华文化的先驱和代表，其思想对中国封建社会的哲学、文学、艺术、教育、史学等产生了巨大影响，但其真迹却杳然难觅。若此碑真的是春秋古物、尼山手书，其价值之高将无与伦比。

最早著录该碑的是《水经注》："有殷大夫比干冢，前有石铭，题隶云'殷大夫比干之墓'。所记惟此，今已中折，不知谁所志也。"古今金石学者对该碑论断极多，有"先秦说"（《金石存》）、"西汉人书说"（《金石存》）、"东汉威灵时人所书说"（《隶续》）、"东汉人书说"（《两汉金石记》）、"汉人书说"（《字源》）、"后魏说"（《通志·金石略》）、"后魏人摹刻旧文说"（《中州金石记》）、"唐人所建说"（《天下金石志》）、"孔子未尝至汲说"（《乾隆汲县志》）等。千年香火，金石铿锵，历风雨而不灭，经战火而犹存，难道不是有赖于忠义精魂所庇佑吗？故诸家考证未尝不可，但"寿世在人不在石，孤标曜日光熙熙"（清刘树堂《殷比干墓》），面对比干剖心为国的忠义精神，关于是否为孔子真迹的论断就显得无足轻重了。

任何文化都有一个逐步层累的过程。该碑是真也好，是伪也罢，存在就是历史，争论积淀了厚度。孔子为周人，直言"殷比干莫"，不遮不掩，铮铮琅琅，实在担得起后人"尼山四字字飘香"的美誉！

周武王封比干墓铜盘铭

左林右泉，后冈前道。万世之宁，兹焉是宝。

【简析】

比干庙铜盘铭与"孔子剑刻碑"一样，乃上古之物，传为周武王所题写。原物已失，今仅存拓片数种。但拓片不同，字形有异，释文也略有不同。如乾隆二十年（1755）官修本《汲县志》中录三种："古录铜盘铭"一种、"汝帖铜盘铭"两种。比干庙碑廊中有两通古碑专论铜盘铭，并皆有据拓片摹刻上石者。

铭文的内容应是叙述墓葬之地望。由于年代久远，陵谷屡易，现在的地形已经无法与铭中所述一一对应。但置身于平原之上，西有巍峨太行山，东有绵延黄土岗，南有卫河，北有殷墟的基本格局未变，依然是忠臣瘗骨的理想之所。

铜盘铭原物已失，仅存拓片。关于该铭的发现过程及释读，历史上有比较准确的记载。一说唐开元四年（716）出土于偃师，一说宋政和年间出土于凤翔府比干墓。后流落民间，辗转各地，大观己丑（1109）被收入《汝帖》之中。元延祐间，卫辉路学正王公悦临摹《汝帖》，刻之于汲县比干墓上，推官张淑有记（元张淑《周武王封比干庙铜盘铭》，现存碑廊）。故汲县比干墓拥有此铭实始于元时。明万历中有周思宸重摹刻石（明周思宸《殷太师比干墓铜盘铭辩》），现存于碑廊之中。因此，本铭属于典型的"舶来品"。虽然如此，此铭文字奇古，绵密茂美，蕴意深奥，与忠臣古冢的地望极为吻合，极大地丰富了卫辉比干墓的文化内涵。该物的传奇身世和丰厚底蕴使其成为我国金石史上研究上古碑铭的重要资料之一，比干庙拥有它不是偶然的，它也成为"比干文化"建设中的一个重要因子。

周武王于新朝初创之际派大臣闳夭为比干封墓，乃正史所载，确有其事。比干墓东十余里有闳夭村，传为闳夭埋骨之所。封墓之际，题铭之时，此铭或非彼铭，但此情定为彼情！清末民初的金石学家顾燮光曾经在卫辉住了八年，摩挲古碑无数，他在《河朔访古新录》中引罗叔蕴《佣庐日札》等，考"是铜盘尚在人间"，被日本人购去，今藏东京博物馆中。如此古奥之物能与比干庙融为一体，实在是比干文化发展中的一段奇缘。

齐太公吕望表

（西晋）卢无忌

齐太公吕望者，此县人也。□□□□，失其□□。大晋受命，吴□□□，四海一统。太康二年，县之西偏有盗发冢，而得竹策之书。书藏之年，当秦坑儒之前八十六岁。其《周志》曰："文王梦天帝服玄襀，以立于令狐之津。帝曰：'昌，赐汝望。'文王再拜稽首，太公于后亦再拜稽首。文王梦之之夜，太公梦之亦然。其后文王见太公，而叫之曰：'而名为望乎？'答曰：'唯为望。'文王曰：'吾如有所于见汝。'太公言其年月与其日，且尽道其言，臣此以□□也。文王曰：'有之，有之！'遂与之归，以为卿士。"其《纪年》曰："康王六年，齐太公望卒。"□考年数，盖寿百一十余岁。先秦灭学而藏于丘墓，天下平泰而发其潜书，书之所出正在斯邑，岂皇天所以章明先哲，著其名号，光于百代，垂示无穷者矣！

于是太公之裔孙范阳卢无忌自太子洗马来为汲令，磻溪①之下旧有坛场，而今堕废，荒而不治。乃咨之硕儒，访诸朝吏，金以为太公功施于民，以劳定国，国之典祀，所宜不替。且其山也能兴云雨，财用所出，遂修复旧祀，言名计偕，镌石勒表，以章显烈，俾万载之后有所称述。其辞曰：

于铄我祖，时惟太公。当殷之末，□德玄通。上帝有命，以锡周邦。公及文王，二梦惟同。上帝既命，若时登庸；遂作心膂，寅亮天工。肆伐大商，克咸厥功。建国胙土，俾侯于东。奋乎百世，声烈弥洪。磻溪之山，明灵所托。升云降雨，为膏为泽。水旱疠疫，是穰是禜。来方禋祀，莫敢不敬。报以介福，惠我百姓。天地和舒，四气通正。灾害不作，民无夭命。嘉生蕃殖，□□远逊。迄用康年，稼穑茂盛。凡我邦域，永世受庆。春秋匪解，无陨兹令。

太康十年三月丙寅朔十九日甲申造。

【简析】

《齐太公吕望表》又称《吕望表》，西晋太康十年（289）三月十九日刻。碑石连额高五尺四寸，广三尺一寸。碑阳20行，每行30字，有竖行界格；碑阴21行，字有漫漶，碑额隶书"齐太公吕望表"。此刻石原在河南汲县太公庙，明万历时移至府治，后丢失。清朝乾隆五十一年（1786），黄易获上段于河南卫辉府署，乾隆五十六年（1791）年下段出现，藏于河南汲县县学。现已失，仅存拓片。

本拓现藏新乡市博物馆。中间有断裂。拓本末尾空白处有两则题记，写于嘉庆四年（1799）：一则为当时的汲学训导李元沪所书，隶书，记载把《齐太公吕望表》从府庙移置学官的过程；一则为李元沪之侄李震所

---

① 磻溪：亦作"磻谿""磻礏""磻磎"等。水名。在今陕西省宝鸡市东南，传说为周吕尚未遇文王时垂钓处。亦借指吕尚。《韩诗外传》卷八："太公望少为人婿，老而见去，屠牛朝歌，赁于棘津，钓于磻溪。"按，汲地亦有磻溪，今在卫辉市太公镇。晋李石《续博物志》卷八："汲县旧汲郡，有硖水为磻溪，太公钓处，有太公泉、太公庙。"

书，记述自己与季父李元沪移碑之事。不知这两则题记是直接题写在拓本上，还是刻在原碑之上。

此碑乃天下名碑。记载姜太公后人范阳卢无忌"自太子洗马来为汲令"，为祭祀先祖，而"修复旧祀""镌石勒表"之事，说明西晋太康年间，太公后人在汲郡祭祀始祖的风俗犹存，太公祠庙香火犹盛。同时，碑之首句明确提出"齐太公吕望者，此县人也"，也被历史学家视为重要的论断，在史书界影响深远。

汲县为古牧野所在地，属于朝歌京畿所在。姜尚作为具有高瞻远瞩的政治家，他隐居汲地，窥天下风云之变幻和殷商政局之动向，这个基本的历史事实应该是存在的。所以，此地对太公的祭祀是有一定的史学依据的。所以，该碑就是太公生活在汲地的重要历史凭证。

该碑诞生于西晋之时，其书法价值之高无与伦比。汉隶发展到东汉，便进入了一个漫长的举步维艰的低谷时期。《吕望表》应是这一时期的奇葩。它虽然渐消汉隶的高华奇古、茂密雄肆，但结体严整，笔画凝重，转折峭拔而不滞涩，灵韵飞动，流畅自然。人们把它与掖县《郛休碑》、任城《孙夫人碑》并称晋代三大丰碑，是研究晋代书法和镌刻艺术的宝贵资料。

该碑传承有序，清嘉庆时尚置学署，不知现在尚存人间否！若天佑太公精神、太公文化，该碑重现之日，必将是中国文化史的一大盛事！

修太公祠碑

（东魏）穆子容

晋武帝太康十年三月丙寅朔十九日甲申，卢无忌依旧修造。

齐太公吕望者，此县人也。遭秦燔书，史失其藉。至大晋受命，吴会既平，四海一统。太康二年，县之西偏有盗发冢，而得竹策之书。书藏之年，当秦坑儒之前八十六岁。其《周志》曰："文王梦天帝服玄禳，以立于令狐之津。帝曰：'昌，赐汝望。'文王再拜稽首，太公于后亦再拜稽首。文王梦之之夜，太公梦之亦然。其后文王见太公，而叫之：'名为望乎？'答曰：'唯，为望。''吾如有所于见汝。'太公言其年月与其日，且尽道其言，'臣此以□□也。'文王曰：'有之，有之！'□与之归，以为卿士。"其《纪年》曰："康王六年，齐太公望卒。"参考年数，盖寿百一十余岁。先秦灭学而藏于丘墓，天下平泰而发其潜书，书之所出正在斯邑，岂皇天所以章明先哲，著其名号，光于百代，垂示无穷者乎！于是太公之裔孙范阳卢无忌自太子洗马来为汲令，磻嵠之下旧有坛场，而今堕废，荒而不治。乃咨之硕儒，访诸朝吏，金以为太公功施于民，以劳定国，国之典祀，所宜不替。且其山也，能兴云雨，财用所出。遂修复旧祀，言名计偕，镌石勒表，以章显烈，俾万载之后有所称述。

太公姓吕名望，号曰尚父。尚氏之兴，元出姜氏。公望以辅翼流咏，子平①以礵素致谣。卯金②握玄，冠盖鳞次；典午③统宇，轩冕波属。或秉文入朝，或用武出讨；儒默交映，勋庸相趏。大魏东苞碣石，西跨流沙，南极班超之柱④，北穷窦宪之志。高祖孝文皇帝，龙飞代都，凤翔嵩邑；澄清人士，品藻第望。尚氏合宗还见礼擢，九等旧制不失彝序。方知贤圣之门，道风必复；功爵之后，学识还昌。太公胤孙尚诏及尚天宝、尚世懋、尚子牧、尚子仕、尚方显、尚景恪、尚遵明、尚裴香、尚显敬、尚回归、尚叔乐、尚汉广、尚崇等，器业优洽，文义淹润。慨卢忌⑤置碑僻据山阜，崔瑗⑥刻石不枕康衢，遂率亲党更营碑祠以博望之亭、形胜之所。西临沧谷，东带洑川；周秦故道，燕赵旧路；构宫镌石，以当平显。庶使文范之貌不独百城，有道之美讵假千石。凡斯盛事，理忍含豪。余以虚薄，再忝

---

① 子平：即尚子平，东汉人。《文选》李善注引《英雄记》："（尚子平）有道术，为县功曹，休归，自入山担薪，卖以供食饮。"《后汉书·逸民传》作"向子平"，说他在儿女婚嫁后，即不再过问家事，恣意游五岳名山，不知所终。

② 卯金：谓刘姓。《汉书·王莽传中》："夫'刘'之为字，卯、金、刀也。"

③ 典午："司马"的隐语。《三国志·蜀志·谯周传》："周语次，因书版示立曰：'典午忽兮，月西没兮。'典午者，谓司马也；月酉者，谓八月也。至八月而文王（司马昭）果崩。"晋帝姓司马氏，后因以"典午"指晋朝。明胡应麟《少室山房笔丛·史书占毕四》："当涂为魏，典午为晋，世率知之，而意义出处，或未明了。案……典，司也；午，马也。"

④ 班超之柱：应为"马援之柱"。按，《日知录》卷二十五："班超未尝南征，必马援之误也。"东汉马援征服交趾，立铜柱以为汉南边疆界的标志。后因以"马援柱""马柱"为典实。

⑤ 卢忌：即卢无忌，范阳人，自太子洗马来为汲令，于太康十年三月十九日撰《齐太公吕望表》，刻石立碑。

⑥ 崔瑗（77—142），字子玉，东汉安平人。东汉官吏、书法家。早孤，锐志好学。年四十余，始为郡吏，后因事触法被关东郡发于狱中。后多次被征召。当年中举茂才，迁汲县令，视事七年，汉安初，大司农胡广、少府窦章共同荐举崔瑗，迁济北相。曾立太公庙碑。

郡任；民情和款，见托为文；率尔弹翰，弃辞收理。其辞粤：

　　迢迢岳胤，蔚蔚姜枝。积德不已，继踵方羲。发^①将允执，纠遂昌披。托梦异□，即熊非罴。功著牧野，迹自幽岐。既伸帷幄，仍秉铤麈。佐命周室，开邑齐土。北控赵燕，南临邹鲁。一匡九合，悬车束马。位极三事，勋高万古。葬忍晋温，魂悲汉祖。忻哉尚圣，遗魂可怙。言归故乡，降神巫咒；从厝洑水，筑室望岫。庭栽异木，井依余甃；迭觞竟奉，歌钟迭奏。风雨节宣，华夷用富。恩被系子，庆传曾胄。

　　通直散骑常侍、聘梁使、平东将军、中书侍郎、恒州大中正、修左史、汲郡太守穆子容山行之文。

　　大魏武定八年四月庚辰朔十二日辛卯建造。

【简析】

　　本碑为汲县名碑，一般称为"东魏修太公祠碑"，又名"穆子容碑"。高五尺九寸，广三尺二寸。23行，行42字。全称"修太公吕望祠碑"，东魏武定八年（550）汲郡太守穆子容撰文并正书。原碑存河南汲县太公庙，后失。仅存拓片，藏于新乡市博物馆。下部12行漫漶严重，许多字已无法辨识。本文据其他资料补充之。

　　本碑诞生于政治风云急剧变幻之际。武定八年（550），东魏孝静帝元善见执政，但朝政被高氏家族把持。本碑刻于四月十二日，而到了五月，在十万精兵的逼迫下，孝静帝被迫禅位于高洋，北齐建立，改元天保。时为汲郡太守的穆子容因"民情和款，见托为文"，而"率尔弹翰，弃辞收理"创建本碑。作者赞扬姜太公的"既伸帷幄，仍秉铤麈"之才和"位极三事，勋高万古"的业绩，希望秉"尚圣"之"遗魂"，使得天下"风雨节宣，华夷用富"，使人民幸福安康。字里行间，无不闪耀着忧国忧民之情！

　　穆子容，字山行，代人，魏司空亮从子，历通直散骑常侍、平东将军、中书侍郎、恒州大中正、汲郡太守。北齐受禅，穆子容入为司农少卿，藏书甚多。北齐开国皇帝高洋十分残暴，他看不惯司农卿穆子容，就用酷刑折磨死了这位一代名臣。

　　穆子容不仅是朝廷重臣，而且十分好学，才华出众，藏书丰富。《北

---

① 发：指周武王姬发。

史·穆崇传》:"崇子子容,少好学,无所不览。求天下书,逢即写录,所得万余卷。"他擅文善书,本碑即其留在世间的名作。一般认为,本碑开颜体楷书之先,以丰厚雄浑著称。康有为《广艺舟双楫》指出,颜真卿"专师《穆子容》,行转气势,毫发毕肖,诚嫡派也",并且剖析世上学颜体者,不知其远胄,故难得其真传。

另,本碑还有碑阴,但不见其拓。《金石萃编》有载。凡五列,行字多寡不等,俱正书。

皇帝吊殷比干文

(北魏) 孝文帝

维皇构迁中之元载①,岁御次乎阉茂②。望舒会于星纪③,十有四日,日维甲申。予扬和淇右,踥驷廊西。指崧原而摇步,顺京途以启征。路历商区,辖届卫壤。泛目睇川,纵览观陆。遂傍睨古迹,游畋曩风。睹殷比干之墓,怅然悼怀焉。乃命驭驻轮,策骥躬瞩。荆棘荒朽,工为绵蓩。而遗猷明密,事若对德。慨狂后④之猖秽,伤贞臣之婷节。聊兴其韵,贻吊云尔。

曰三才之肇元兮,敷五灵以扶德。含刚柔于金木兮,资明暗于南北。重离耀其炎晖兮,曾坎司玄以秉黑。伊禀常之怀生兮,昏睿递其启则。昼皎皎其何朗兮,夜幽幽而致蔽。哲人昭昭而澄光兮,狂夫默默其若黟。咨尧舜之耿介兮,何桀纣之猖败。沉湎而不知甲⑤兮,终或己以贻戾。謇謇兮比干,藉胄兮殷宗。含精兮诞粹,冥树兮英风。禀兰露以涤神,餐菊英

---

① 元载:第一年,即太和十八年(494)。

② 岁:岁星(木星)。《律历志》分二十八宿为十二次,岁星十二岁而周天,是年行一次也。阉茂:地支中戌的别称,用以纪年。《尔雅·释天》:"太岁在戌曰阉茂。"而太和十八年,岁在甲戌。

③ 望舒:指神话传说中为月驾车的女神。《离骚》:"前望舒使先驱兮,后飞廉使奔属。"星纪:星次名。十二次之一,与十二辰之丑相对应,二十八宿中之斗、牛二宿属之。"岁在星纪"指岁星每年运行到的位置,据此纪年。按,"望舒会于星纪"指仲冬之月,即十一月。《礼记·月令》:"仲冬之月,日在斗,昏东辟中,旦轸中。"郑康成曰:"仲冬者,日月会于星纪,而斗建之辰。"

④ 狂后:狂妄的君主,指殷纣王。后,君主、帝王。

⑤ 甲:即"申"。申诫,告诫。按,"甲""申"字形易混,顾炎武《金石文字记》中认为此"甲"即"申"。明朝姚士粦《见只编》引这两句时,直接写为"申"。

而俨容。茹薜荔以荡识，佩江蓠而丽躬。履霜以结冰兮，卒謇忠而弥浓。千金岂其吾珍兮，皇舆实余所钟。奋诚谏而烬躯兮，导危言以衅锋。呜呼哀哉！呜呼哀哉！惟子在殷，实为梁栋。外赞九功，内徽辰共。匡率衮职，德音遐洞。周师还斾，非子谁贡！否哉悖运，遘此不辰。三纲道没，七曜辉泯。负乘窃器，怠弃天伦。怀诚赉怒，诡言焉陈。鬼侯①已醢，子不见欤？邢侯②已脯，子不闻欤？微子去矣，子不知欤？其子奴矣，子不觉欤？何其轻生，一致斯欤？何其爱义，勇若归欤？遗体既灰，不其惜欤？永矣无返，不其痛欤？呜呼哀哉！呜呼哀哉！

夫天地之长远兮，嗟人生短多殃。往者子弗及兮，来者子不厥当。胡契阔之屯邅兮，值昏化而乖良。曷不相时以卷舒兮，徒委质而巅亡？虽虚名空传于千载，讵何勋之可扬？奚若腾魂以远逝，飞足而归昌③？得比肩于尚父④，卒同协于周王。建鸿绩于盛辰，启胥宇于齐方；阐穆音乎万祀，传冤业以修长。而乃自受兹毙，视窍殷亲。剖心无补，迷机丧身。脱非武发，封墓谁因？呜呼介士，胡不我臣！

重曰：

世惛惛而溷浊兮，日蔼蔼其无光。时坎廪而险隘兮，气憭栗以飞霜。子奚其不远逝兮，佗傺而址故乡。可乘桴以浮沧兮，求蓬莱而为粮。衔芝条以升虚兮，与赤松⑤而翱翔。被芰荷之轻衣兮，曳扶容之葩裳。循海波而漂飘兮，望会稽以归禹。纽蕙芷以为绅兮，扈荃佩而容与。写郁结于圣人兮，畅中心之秘语。执垂益⑥而谈弄兮，交良朋而摅苦。

言既而东腾兮，吸朝霞而长举。登此岩而怅望兮，眺扶桑以停伫。谒

---

① 鬼侯：殷诸侯名。《礼记·明堂位》："昔殷纣乱天下，脯鬼侯以飨诸侯。"《战国策·赵策三》："昔者鬼侯、鄂侯、文王，纣之三公也。鬼侯有子而好，故入之于纣。以为恶，醢鬼侯。"按，《史记·殷本纪》作"九侯"。

② 邢侯：应为"邢侯"，形似而误。即"鄂侯"。商代人。纣时与姬昌、九侯共为三公。纣怒九侯女而醢九侯。鄂侯为之强谏，疾辩。纣并脯鄂侯。

③ 归昌：指投奔周文王（姬昌）。

④ 尚父：亦作"尚甫"。指周吕望。意为可尊敬的父辈。《诗·大雅·大明》："维师尚父，时维鹰扬。"

⑤ 赤松：即赤松子。《楚辞·远游》："闻赤松之清尘兮，愿承风乎遗则。"

⑥ 垂益：借指古代的圣人贤臣。《史记·五帝本纪》："垂主工师，百工致功；益主虞，山泽辟。"

灵威①以问路兮，乘谷风而扳宇。遂假载于羲和兮，凭六螭以南处。耆衡
岳而顾步兮，濯沅湘以自洁。嚼炎州之八桂兮，践九疑而遥裔。即苍梧而
宗舜兮，拂埃雾以就列。采轻越而肃带兮，切宝犀以贯介。诉淳风之沦覆
兮，话萧韶之湮灭。召熊狸②而叙释兮，问重华③之风桀。尔乃饮正阳之
精气兮，游丹丘而明视。揖祝融而求鸟兮，御朱鸢以修指。

因景风而凌天兮，回灵雏以西履。降黄渚而造稷兮，慰稼穑之艰难。
访有邰④之诜诜兮，遇何主而获安。然后陟昆仑之翠岭兮，揽琼枝而盘桓。
步悬圃以溜浇兮，咀玉英而折兰。历崦嵫而一顾兮，府沐发于洧盘。仰徙
倚于阊阖兮，请帝阍而启关。天沉寥而廓落兮，地寂漻而辽阔。餐沦阴以
神气兮，佩瑶玕而鸣锵。拜招矩⑤而修节兮，少踌躇以相羊。

祈骀虞而揔缰兮，随泰风以飘扬。瞰不周⑥而左旋兮，纵神駬以北望。
寻流沙而骋辔兮，暨阳周以继驾。靡芸芳以馥体兮，索夷杜而衹衔。奉轩
辕而陈辞兮，申时俗之不暇。适岐伯⑦而修命兮，展力牧⑧以问霸。

歇沆瀇之纯粹兮，窥寒门之层冰。聆广莫之飔瑟兮，觌黔嬴而回凝。
拥玄武以涉虚兮，亢神冥而威陵。象暧曃而晻郁兮，途曼曼其难胜。策飞
廉而前驱兮，使烛龙⑨以辉澄。归中枢而睇眄兮，想玄漠之已周。慨飞魂
之无寄兮，飒翾袂而上浮。引雄虹而登峻兮，扬云旗以轩游。跃八龙之蜿
蜿兮，振玉鸾之啾啾。搴彗星以朗导兮，委升轫乎大仪。敖重昒之帝宫

---

① 灵威："灵威仰"的省称。即青帝。五帝之一。东方之神，春神。《隋书·礼仪志二》："春迎灵威仰者，三春之始，万物禀之而生，莫不仰其灵德，服而畏之也。"

② 熊狸：代指虞舜周围的仙人贤臣。按，《左传·文公十八年》："高辛氏有才子八人：伯奋、仲堪、叔献、季仲、伯虎、仲熊、叔豹、季狸，忠肃共懿，宣慈惠和，天下之民，谓之'八元'。"

③ 重华：虞舜的美称。《楚辞·九章·涉江》："驾青虬兮骖白螭，吾与重华游兮瑶之圃。"一说，舜目重瞳，故名。《史记·五帝本纪》："虞舜者，名曰重华。"

④ 有邰：古国名。姜姓，炎帝之后。周代后稷母姜嫄，为有邰氏女。故址在今陕西省武功县西南。

⑤ 招矩：即"白招矩"，亦作"白招拒"。古谓五方帝之一西方白帝之神。

⑥ 不周：即不周山。古代传说中的山名，据说在昆仑山西北。《楚辞·离骚》："路不周以左转兮，指西海以为期。"王逸注："不周，山名，在昆仑西北。"

⑦ 岐伯：相传为黄帝时的名医。今所传《黄帝内经》，即战国秦汉时医家托名黄帝与岐伯论医之作。

⑧ 力牧：传说为黄帝之臣。相传黄帝梦人执千钧之弩，驱羊数万群，寤而叹曰："夫千钧之弩，异力能远者也；驱羊数万群，是能牧民为善者也。天下岂有姓力名牧者哉？"于是依占而求之，得力牧于大泽，用以为将。

⑨ 烛龙：古代神话中的神名。传说其张目（亦有谓其驾日、衔烛或珠）能照耀天下。《山海经·大荒北经》："西北海之外，赤水之北，有章尾山。有神，人面蛇身而赤，直目正乘，其瞑乃晦，其视乃明，不食不寝不息，风雨是谒。是烛九阴，是谓烛龙。"《楚辞·天问》："日安不到，烛龙何照？"

兮，凝精魄于旋曦。扈阳曜而灵修兮，岂傅说①之足奇。但至概之不悛兮，宁滥死而不移。

【简析】

北魏太和年间，孝文帝有迁都中原的战略构想，但遭到了鲜卑贵族的强烈反对。太和十八年（494），孝文帝借讨伐之名而行迁都之实，率领精兵强将挥师中原。在途经卫辉比干墓时，"泛目睎川，纵览观陆"，"慨狂后之猖秽，伤贞臣之婵节"，遂"伤其忠而获戾，亲为吊文，树碑而刊之"，即《吊比干墓文》，俗称"太和碑"。该碑现存比干庙碑廊之中，保存完好，属早期魏碑体。高七尺七寸，广四尺一寸，28行，行46字。字迹清晰，遒劲有力，古朴浑厚。有碑阴，碑侧有题名。

据《魏书》记载，北魏皇室与比干庙关系密切。太和十八年（494）正月，孝文帝"车驾南巡"，"经殷比干之墓，祭以太牢"。太和十八年十一月，孝文帝经比干之墓，"树碑而刊之"，即《吊比干墓文》。太和十九年（495）九月，孝文帝"遣黄门郎以太牢祭比干之墓"。景明三年（502）九月，宣武帝元恪"诏使者吊殷比干墓"。北魏皇室如此推崇比干，完全是政治需要。在由传统的游牧文明向先进的中原农耕文明融合的过程中，外有强敌环伺，内有权贵掣肘，北魏君主必须统一思想，整肃朝纲，大力倡导比干的忠义精神，才能君臣一心，渡过危机。故孝文帝发出的"脱非武发，封墓谁因？呜呼介士，胡不我臣"可谓是真心语，有借古说今之效。

本碑树于建庙之时，是比干庙千年香火的见证者；再加上它又诞生于民族文化的大融合时期，所以，它承载着众多的历史文化信息。第一，具有较高的思想价值。在封建社会，统治者渴盼忠臣君子辅佐自己而使得国家强大，此种心态具有积极意义。第二，具有一定的文学价值。在孝文帝仰慕和重视汉文化，大力推行汉化政策的大背景下，带有游牧民族刚健奔放气息，重兴寄、多慨叹的北朝文学逐渐兴盛。《吊比干墓文》采用骚体，前半部分语多直露，情绪激昂，锋芒毕现；后半部分从"重曰"开始，模

---

① 傅说：名或作兑。商代人。武丁时大臣。传说为傅岩筑墙之奴隶。武丁梦得圣人，名曰说，求于野。乃于傅岩得之，举以为相，国大治。

仿《楚辞·远游》的写法，以比干的精魂游历四方为线索抨击社会的黑暗，赞美比干的品格和追求。文辞华美，多寓意。最后以"凝精魄于旋曦"结束游历，让比干的精魂与太阳融为一体，闪耀光华。结尾句更是以"宁溘死而不移"来赞美比干执着追求高洁品行的精神，使主题得以升华。不过，该文过于模仿屈骚，词语、句式、构思难脱窠臼，"语多不俭，词亦泛设"，带有一些草创之际的北朝文学所难免的质朴和生涩。第三，具有极高的文字学价值。在中国文字学史上，魏、齐、周、隋最为激荡，北魏肇其端。顾炎武《金石文字记》："此碑字多别构……今观此碑，则知别体之兴自是当时风气，而孝文之世即已如此，不待丧乱之余也。""别体之字，莫多于此碑。"第四，书法价值举世公认。作为早期魏碑体，瘦硬古拙，朴茂庄重，反映出积极进取的盛世气象，充满了昂扬向上、刚健质朴的厚重气息。第五，碑阴保存完好，保留了82位从吊官员的姓名、官职、郡望等改姓前的原始风貌，对研究北魏史、民族文化交流史乃至于民族大家庭的形成史都有着重要的参考价值。

古代金石学者对此碑评价极高。如"是碑笔法瘦劲，似楷似隶"（欧阳辅《集古求真》）、"朴茂方峻，自是北书佳构"（顾燮光《河朔访古随笔》）、"今观其书，似楷似隶，笔势瘦硬，已开北齐风习。康南海云'此碑瘦硬峻峭，其发源绝远，自《尊楗》《褒斜》来，上与中部分疆而治，其裔大盛于齐'"（由云龙《定庵题跋》）、"瘦削独出，险不可近，为北碑之杰作也"（杨守敬《学术迻言》）等。

该碑虽然价值极高，但也有令人遗憾之处，而且也牵涉到真伪之争。

首先，该碑是否为崔浩所书。崔浩曾仕北魏道武、明元、太武三帝，官高至司徒，是太武帝最重要的谋臣之一，对促进北魏统一北方做出了贡献。但崔浩被戮是在太平真君十一年（450），而《吊比干墓文》创作于太和十八年（494），所以该碑与崔浩是没有关系的。那么，这通名碑究竟为谁所书就成为金石学、文字学、书法史上的一大谜题了。

其次，该碑是重刻碑，其价值是否有衰减。北魏原碑早已毁去，现碑为宋元祐五年（1090）九月十五日，卫州知州吴处厚主持重刻。据吴处厚《碑阴记》："汲郡比干墓旧有元魏高祖吊文一篇，摸镂在石，其体类骚，其字类隶，久已为乡人毁去。赖民间偶存其遗刻……幸遇圣辰，再获刊勒，固知兴废自有数也。"古碑重刻有多种方式，"赖民间偶存其遗刻"说明原石尚存，只是其字"久已为乡人毁去"，故磨平碑阳，依拓重刻乃最大可能。细研此碑，与现存几通北魏早期碑刻相比，确实规整、圆润了许多，甚至比"龙门二十品"的楷书味尤浓。有研究者指出，其已浸入了宋楷的某些笔法和意蕴。但碑阴上部所列82名随祀官员之姓名、族属、官职，应是原刻，属于早期魏碑体，弥足珍贵。

　　总之，作为比干庙建庙时所立碑刻，作为我国早期魏碑体的代表作，本碑在比干文化研究、金石学、文字学、书法史、民族大融合史等方面的研究上有着重要的价值，确实是卫辉比干庙的镇庙之宝。

皇帝祭殷太师比干文

（赠殷太师比干诏）①

门下②：昔望诸列国之相，汉主尚求其后；夷吾霸者之臣，魏君犹礼其墓。况乎正直之道，迈青松而孤绝；忠勇之操，掩白玉而振彩者哉！

殷故少师比干，贞一表德，邻几成性，以明允之量，属无妄之辰。玉马遽驰，愍其邦之殄悴；宝衣将燎，惜其君之覆亡。见义不回，怀忠蹈节。谠言才发，轻其百龄之命；淫刑既逞，碎其七尺之躯。虽复周王封墓，莫救焚图之祸；孔圣称仁，宁追剖心之痛。固以冤深终古，悼结彼苍。③朕观风赵魏，问罪辽碣，经途麦秀之墟，缅怀梓林④之地。驻跸而瞻

---

　　① 按，该碑原无题，据《全唐文》补此题。

　　② 门下：按，汉代诏书首称诏告对象的官衔，南北朝诏书出现了首称"门下"的体式。"门下"属政府机关中的审议机构，有权反驳中书省所拟之诏。这种体式，一直沿袭到唐宋以后。宋张淏《云谷杂记·门下》："门下省掌管诏令，今诏制之首，必冠以门下二字，此制盖自唐已然。"至于"奉天承运，皇帝诏曰"之类的起首语为明清诏书所有。

　　③ 固以冤深终古，悼结彼苍：写比干之冤终古难消，人们的痛苦哀伤凝结于空中。按，《册府元龟》中没有这两句，《全唐文》以"以"为"已"，而《汲县志》与碑相同。该碑下部风化严重，"冤深终古"四字已模糊，但即使不是这四字，也应有别的内容。《册府元龟》乃宋人所著，较之《全唐文》嘉庆年间成书，可信度自然最高。若它的记载是真实的，那就更证实了该碑经过了重刻。

　　④ 梓林：应为"梓材"。顾燮光《河朔访古随笔》以为传刻之误。按，《尚书·梓材》："皇天既付中国民，越厥疆土，于先王肆。"这是"中国"一词的最早出处。"梓材之地"指中国（主要是中原地区）。

荒陇，愿以为臣；抚躬而想幽泉，思闻其谏。岂□□□终①之义，久阙于往册；易名②之典，无闻于后代。宜锡宠命，以展宿心。可追赠太师，谥曰忠烈公。仍遣三品持节祭告，四品为副□□□司③封崇其墓，修茸祠堂。州县春秋二时，祠以少牢；给随近五户，以供祭享及洒扫。主者施行。

贞观十九年二月中书令江陵县开国……④

（祭故殷少师比干文）⑤

维大唐贞观十九年岁次乙巳二月己亥朔廿日戊午，皇帝敬遣太府卿萧钦⑥、宗正少卿驸马都尉长孙冲⑦等，持节以少牢之奠，祭殷故少师比干之灵。

朕闻龙跃凤翔，必资鳞羽；人君御下，必藉忠良。元首股肱，其道尚矣。惟君诞灵山岳，降德星辰，苞金石以为心，蕴松桂而为质，不以夷险易操，不以利害变节。孟津之师，挹高风而莫进；朝歌之灭，资至德而延期。且道丧时昏，奸邪并用，暴君虐主，正直难居。是以江汉神龟，残形由于蕴智；荆山和璞，碎质以其怀珍。丹耀彩而磨肌，翠含色而解羽。惊风拂野，迥树先彫；零雨被枝，高花早坠。良由佩奇衔美，独秀孤贞。虽道烟存亡，讵能遣凶残之累；智周万物，不能离颠沛之艰。然则大夏将崩，非一木之能止；天道去矣，岂一贤之可全！且夫举过显仁，扬善隐恶，忠臣之义也；三谏不入，奉身而退，圣人之道也。何必殉形于国，以

① □□□终：按，此处字迹剥落。《全唐文》为"可使尽忠"，属臆测；《汲县志》直接注"阙三字"；《册府元龟》为"可使慎终"，可能是对的。

② 易名：即赠谥。指古时帝王、公卿、大夫死后朝廷为之立谥号。按，《全唐文》作"扬名"；下文的"宿心"，《全唐文》作"夙心"。皆误。

③ □□□司：按，《全唐文》无此四字，《册府元龟》干脆缺少"公仍遣三品持节祭告四品为副□□□"数字，《汲县志》在"司"前小字注"阙三字"。

④ 按，《全唐文》《册府元龟》《汲县志》皆无"主者施行贞观十九年二月中书令江陵县开国"，因剥蚀难认，现据拓本辨之。《册府元龟》干脆以"帝自为祭文"代之。碑末题名"贞观十九年二月中书令江陵县开国"未完，后应有"子岑文本"。

⑤ 按，此祭文无题，据《全唐文》补之。该碑的下半部严重风化，许多字已不可识。现据拓片及《金石萃编》《汲县志》、暴孟奇《殷太师忠烈录》等审订之。按，《全唐文》唐卷十《太宗七·祭比干文》录此文，但断章取义，妄删乱接。《全唐文》乃清嘉庆年间成书，自无碑刻可信。

⑥ 萧钦：《旧唐书》《新唐书》皆无传。有论者认为应指萧禹。

⑦ 长孙冲（616—667），贞观名臣长孙无忌之子。极受帝宠，历任宗正少卿，驸马都尉，官至秘书监。贞观八年（634），长乐公主下嫁长孙冲。长孙冲才学一般，不喜政治，爱好游玩和书画。后得罪武则天，流放岭南，得疾而卒。

速商殷之亡；剖心于朝，以深独夫之罪！每怀及此，不胜愤惋，忠者睹朕斯言，以为饰非拒谏；智者明于此意，当知惜善爱仁。叹往哲之不追，嗟后贤之未及。然则犯颜色，逆龙鳞，奋不辰丁，修身不贰。蹈斯节者，罕有其人。非知之难，行之不易，所以永怀千古。

驻驾九原，凄怆风烟，靡寻余迹，荒凉丘陇，空有其名。昔周武封墓，仲尼表德，姬文葬骨[①]，异世同臣。虽今古殊途，年代冥漠，式遵故实，爰赠太师，清酌少牢，以陈薄礼。游魂□□，□□嘉诚。[②]

（立碑官员题名）[③]

司徒太子太师赵国公无忌。开府仪同三司申国公士廉。光禄大夫民部尚书莒国公唐俭。吏部尚书驸马都尉柱国安德郡开国公杨师道。中书令江陵县开国子岑文本。正议大夫守中书令兼太子左庶子马周。中大夫守黄门令侍郎褚遂良。

右贞观十九年二月卅日，无忌等奏请以赠比干诏并祭文，刻石树碑，奉敕依奏。前左宗卫铠曹参军事直弘文馆臣薛纯陁[④]书。

【简析】

"贞观碑"位于比干庙碑廊。高250厘米，宽110厘米，厚38厘米。极厚重，额身一体。上有盘龙碑额，额心篆文"皇帝祭殷太师比干文"。正文分三部分：诏书、祭文、随祀官员名录，皆无题，以空行隔开。小字隶书，多有楷意，结构严谨，端庄大方，正气肃然。丹者薛纯陁，正史无传，有人考证其为初唐书法名家褚遂良之弟子薛稷。薛纯陁存世作品除本碑外，还有黄河"中流砥柱"下的题名记，平时不易见到。所以，"太和

---

① 姬文葬骨：据载，西伯侯（周文王）令辛甲建高台深沼于都城，以观灾样。凿池沼深至五尺，见枯骨一副，西伯命裹其骨葬之。

② 游魂□□，□□嘉诚：《全唐文》作"游魂仿佛，昭此嘉诚"。暴孟奇《殷太师忠烈录》作"游魂尚其有知，嘉典永承无斁"。

③ 按，此题为编者所加。

④ 前左宗卫铠曹参军事：按《旧唐书·百官志》，武德五年改太子左右武侍卫，率曰左右宗卫率府，又有铠曹参军专二人，掌仪卫兵仗，皆太子卫职。贞观中，铠曹废，碑云"前"者，未废以前所任也。（见《金石萃编》）另，碑中"直"似"宜"，顾燮光《河朔访古随笔》认为是传刻之误。薛纯陁：唐代书法家，无传。

碑"乃研究唐代书法传承的神品。可惜下半部风化严重，许多字已不可识。《金石萃编》误认为该碑乃宋时翻刻，实际上乃"元延祐五年重刻，碑阴有韩冲记可证。自第四行以下每行末皆缺三字，乃摹刻未竟，非剥蚀也"（清陆耀通《金石续编》）。

唐贞观十九年（645），唐太宗征伐高丽。出征之前，朝中重臣多有反对者，但太宗执意为之。行军途中，路过汲县，拜祭比干，追赠比干为"太师"，赐谥"忠烈公"，并建立春秋祭祀和拨给五户以守墓的制度。其意在于整肃军心、民心，激发人们的忠君意识，统一思想，以完成征伐高丽的大业。所以，本碑也是研究唐代社会由盛转衰的重要史料。事实证明朝中重臣的反对是有道理的，唐太宗的征伐以失败而告终，这也从另一个侧面说明忠谏精神的可贵。

该碑第一部分为比干庙中唯一的碑刻诏书，在比干庙文化的构建中具有举足轻重的地位。清赵翼《陔余丛考》："唐太宗征高丽，过比干墓，赠太师，追谥忠烈，此为表彰前贤之始。"该诏书为唐太宗所颁，拟诏者为中书令岑文本。岑文本任职中书省，诏诰及军国大事文书皆出其手，《旧唐书·列传第二十》载："或众务繁凑，即命书僮六七人随口并写，须臾悉成，亦殆尽其妙。"此次随太宗出征，替太宗草拟诏书自是当然之事，但史书失载，唯该碑之末残留些许信息。全文用骈文写就，用典准确，语言华丽，读来气势磅礴，铿锵有力，颇具盛唐气象。比起后世诏书的凝重谨严、肃穆沉抑来，的确挥洒洒天宇，英气勃发。岑文本擅文，唐太宗称其"性道敦厚，文章是其所长；而持论常据经远，自当不负于物"（《旧唐书·列传第十五》），确乎至论。

该碑第二部分为祭文，与北魏孝文帝《皇帝吊比干文》同为比干庙中的帝王祭文。这两位帝王都英明睿智，治国有道，建立了不世功勋，开创了历史的新局面。从祭文的口吻、内容剖析，应为二人亲撰；都从帝王的角度论述了比干死谏的意义。再加上都是名家所书，所以，两碑价值极高。唐太宗站在维护帝王神圣尊严的角度来认识问题，认为臣子劝谏应无损于帝王尊严，应讲究方式方法；从另一方面看，他可能话中有话，隐含着直臣应保圣君，遇昏君自当弃之的想法。不管怎样，在祭文中显出真情，在光影背后看到一个鲜活的灵魂，这总是好事情。该文亦用骈文写成，语言极其华丽，音韵流畅优美，气度大开大合，已见盛唐气象。

该碑第三部分为立碑官员题名。这些官员皆为朝中重臣，贞观政坛的核心。他们都在这场战役中起到了重大作用。唐太宗为了征伐的胜利，出于政治的需要，"赠殷比干为太师，谥曰忠烈，命所司封墓，葺祠堂，春秋祠以少牢，上自为文以祭之"。这些重臣为了国家的长治久安，也尽力效仿比干的忠义事君，竭尽才能，辅佐明主。但世事无常，天意难测，这些人的结局却各不相同。

显庆四年（659），因反对高宗立武则天为皇后，为许敬宗诬构，削爵流放黔州的长孙无忌被逼自缢。贞观二十一年（647）正月初五，长孙无忌的舅舅、一生为人谨慎缜密的高士廉病逝，得以善终。显庆初年（656），致仕退休的唐俭无疾而终。唐俭一生，忠于职守，忠于唐室，且多于心智，常有奇谋。虽多逢坎坷，总能绝处逢生，有誉为"福臣"。贞观二十一年（647），杨师道去世。唐太宗征讨高句丽时，杨师道随驾并摄中书令。战争结束后，有人说他的坏话，他被贬为工部尚书，寻转太常卿。贞观十九年（645）四月初十，负责筹措军中辎重的岑文本积劳成疾，病逝于军中。贞观二十二年（648），马周积劳成疾而卒，仅四十八岁。马周有着出色的治国才能，讨伐高丽时，马周已为宰相（中书令），并兼任太子李治的老师（太子左庶子）。显庆三年（658），褚遂良死于任所。褚遂良是托孤大臣，地位显赫，但他竭力反对高宗废王皇后立武昭仪，被贬潭州都督，转桂州都督，又贬爱州刺史。

封建专制社会，正直之臣难得善终。因此，他们对比干的崇拜是发自内心的，比干的言行成了他们为官的准则。这些重臣力主为比干树碑，把祭祀比干的制度固定下来，不是政治作秀，而是由个别到一般，由人及己，他们的内心深处还是希望君主能善待像比干那样的忠臣，使江山永固，国家安康。

卫辉府汲县移民碑

山西泽州建兴乡大阳都为迁民事，系汲县西城南社双兰屯居住。
里长郭全，下人户壹佰壹拾户。
甲首：朱五、赵大、陈秀、郭大、王九、赵一、侯张□、吕九、吕

八、吕十一、□祥。

甲首：李□、陈俊、陈麟、赵诚、牛海、陈五、陈清、朱亨、赵一、黄二、李一。

甲首：□□、□□、□□、裴十、张祥、裴小十、刘三、侯□、刘四、郭□诚、赵七。

甲首：裴小二、刘五、□文、裴十八、□□、赵二、李保、李二、李三、李十六、李六。

甲首：李八、李一□、李□、李七、张□□、赵□、段□、段□□、□□川、段□□、□□。

甲首：赵□□、都□仓、都□、□□、都三、都五、□亨、□十、□□、□二、□十一。

甲首：何大、□十二、鱼大、鱼十九、□□、□三、□□、都□、都□、都伯□、都□。

甲首：都忠、都□□、卢十三、李□、李□、王大、□□、王七、张十八、□□、史二。

甲首：□□、李九、李小二、李□□、魏和、魏□、段□□、王□□、李亘、李十三、李敬之。

甲首：李□、李□、李十九、李十五、李岩、李十一、□□、□□、□十七、关十四。

维大明洪武二十四年仲秋月日碑记。石匠王恭。

【简析】

该碑现存卫辉市博物馆。1958年出土于汲县郭全屯村（原名双兰屯）。碑石通高113厘米，宽91厘米，厚50厘米。四周有云龙纹。碑额中间上下通刻"卫辉府"三字，大字正书，笔画双线勾勒；两边图案繁复，由飞龙、行云、吉祥花草组成。碑身上部有"汲县"二字，形制与碑额"卫辉府"略同，只是略微小些。碑文14行，第一行述说移民的起点和终点，第二行介绍里长和该村总户数，然后用十行列举110户的户主名称（每行11人）。本碑书写较为粗鄙，摹刻水平也不高，加之石质松软，风化严重，现在已模糊一片，难以辨识。

该碑虽形制简陋，但内容重要。它是明初移山西之民于中原的实证，具有重要的历史价值，弥足珍贵。明初的移民不是个别人的行为，而是关乎国计民生的政府行为，它起到了稳定政局、兴农安民、发展生产、繁荣经济、增强国力等诸多作用。但传统文化历来推崇安土重迁，大规模的、带有强制性的移民运动对民族文化、民族心理的冲击十分巨大，其影响直至今天依旧存在。追宗认祖，寻根求源，依然萦绕在人们的心头。所以，这通移民碑对明初政治史、经济史、民族文化心理的研究作用重大。国家《文物参考数据》（后改名为《文物》）1958 年第 3 期公布了这一考古成果，中国历史博物馆珍藏有该碑的拓片。

卫辉背依太行，与山西隔山而邻。据考证，卫辉现有的 187 个自然村中有 116 个源自明初的山西移民，使得自洪武二十四年（1391）到成化十八年（1482），汲县人口增长五倍之多。汲县现存的诸多族谱，都明确记载宗族的源头在山西，但作为移民碑，现存的就这一通。

重建香泉寺碑

（明）玉道人

大明卫郡附郭之邑曰"汲之"①。汲之，名县也。去城四十里有聚落，曰寺庄。寺庄枕北山之麓，山名霖落者，亦焱行之□□也。其势靡然而逝，隆然而起，似近而远，欲断而连，杳巘幽岩，重岗复岭，云霞烟霭，浓淡覆露，诚佳处也。其巅夷而广，有香泉寺焉。左之连云巅、玩月□，右之幡竿山、将军口附华严峒，仅千佛岩拥以杂树，缭以异花，红碧交参，甚可爱也。

成化壬辰冬，予因落魄殊方，遁止苍山，□寂之暇，山主大芳遣弟子昌应致参承，云："三四年以来，尝欲走书，有请于子。今幸臻矣，飞锡于我，可乎？"盖予与大芳旧相识也，故欣然而从之。既至，山主忘怀茶罢，延予西岩上之禅房，因问上足昌顺："于我何求？"曰："无他，惟丐文以记寺事耳。"请其道所以然。

---

① 汲之：按，原文即此。"之"应为书者用来隔开"汲""汲"的标识，刻者照摹而为"之"。

　　此寺迹之初也，其传齐僧稠禅师游化之所。因卓锡涌泉，澄洁甘洌，稠掬水，闻其香而记曰："是地可以建道场矣。"厥后，寺事成，即以"香泉"题其额。有祖方之、安之、朗之、坚之相继居焉，自唐之宋之金之元，盖不知其几草莱而几金石矣。其间僧贤之建浮图，明之起石塔。兹寺原委，唐永淳间大兴佛事，周广顺间肇立石香鼎[①]，言虽而简，其事非妄。迄大明洪武间，烽火以来，残毁殆尽，□而存者停一舍利宝塔、石佛龛三座、祖堂一所，阅岁悠久，风摧雨剥，栋拆梁崩，樵童牧竖每登临而嗟□之，乡之长者不言而可知也。

　　岁戊辰，玩易[②]道□谓诸父老曰："吾境香泉古刹牢落久矣，意命有道行者主之，未审汝等以为然否？"诸父老金曰："正符我曹之熟论也。"于是具文状，荐定寺地畴昔之界□：东之玄庙峪，西距神头岭，南穷车厢峪，北薄方山峤；仍复以古香泉名，请吾师大芳来住持也。

　　芳系本府宁境上刹[③]宗主，金公玉堂之高侍也。族奚氏，世居郦城，资禀坚实。年及龀岁，不味五荤，聪慧天然，凡为不俗；冠首，北游京师，立玘于敕赐大普济寺都管。十年飞锡，因返故乡，声德昭著。谂居其焉，暨弟子晓之、宽之、福之、原之、深之、满之而营葺焉。里人长幼喜于奉佛，若老氏、仲尼，则亦不彼此于心。例皆轻财慕义，好贤乐善，欣然而赞就之。富者以资，工者以巧，壮者以力，扶颓补罅，起废增新。首末十稔，缉创精舍。堂修而圣像俱完，捻玉而妆銮备已。云堂毕就，香积圆成。东西二厦而户牖新鲜，大小房廊而金然美丽。三门崇举，一院增华。内外庄严，焕然金碧；佛前供器，上下光辉，故知好收异物不是闲人者也。虽兴废之数有系于天，而关于人之功者实多师之经营规度。如此不可无记。"今碑已磨矣，幸子文之。"

　　予固辞再四，因喟然叹曰：

---

　　①　按，香泉寺旧藏香台，有后周广顺三年（953）闰正月多心经香台记。张庆等书记，存西寺，八面刻。

　　②　玩易：即题名中的"东震旦传金粟宗入不二门玩易真人陈敬"。按，古代印度称中国为震旦。金粟宗指大乘佛教。"金粟"指金粟如来，即维摩居士之前身。《维摩诘经》是大乘佛教的早期经典之一。入不二门；梵语。《维摩诘经》入不二法门品所说一实平等之理，谓之不二。明理体之无异无别也。此不二之义为法界中之一门，故名为门，通入此不二之法门，谓之入不二门。

　　③　宁境上刹：按，汲县城内西街有宁境寺，后晋开运二年（945）建，今圮。存后晋开运二年佛顶尊胜陀罗尼经幢。

"吾佛世尊，大圣人也。降神于迦毗罗国，示生于净梵王宫。当周昭王世，迹应西乾；自汉明帝时，教流东夏。其旨也，穷□事性相之祗极，有空色心之渊源，大包天地而无余，细入毫毛而无间，实不思议之法门矣。吾徒学者，祝发染衣，斩情剖爱，定慧念念而修炼，戒律孜孜而护持，名出四民，道□有氏，在山林则兴乎精舍，处市井则构以莲宫，特以演教照心，安身行道，亦可谓致福于君亲、有补于治世也。故代之帝王公侯之上，自乡士黔庶之下，罔不奉拳喜于奉事者，良有以也。凡通都大邑、名山巨镇、林泉聚落，往往有佛塔存焉。今末法之际，甚有不预十科，滥居僧伍，寺有像设不严不敬，寺有颓落不葺不修，寺有钟磬不击不橦，寺有庭户不洒不扫，饱食终日，无所用心者，□岂无归乎？伤哉！

观兹山主大芳，不有于己，惟惠于他，能行人之弗能行，能舍人之所难舍，十数年来，惟持寺事，变污以洁，易故而新，与我法中，可谓有□者哉！因叙昌顺所言之本末，并赞予所以感，俾刻诸石，庸示夫来者云。"

时成化九年岁在昭阳大荒落应钟[①]月旦，焚东普淮山[②]香，续覃怀复明[③]焰，临济下弟二十五世传□心印嗣祖沙门雪山楚峰玉道人[④]撰书并篆额。

恩升怀庆卫致仕指挥金事杨英，法讳禧印。钦除卫辉府僧纲司兼□□□住山都纲禧贤。汲水城南观音寺住山本璟。东震旦传金粟宗入不二门玩易真人陈敬。

本府见任都纲昌钦。宁境寺住持昌善。尚刹耆旧禧和、信玉、禧达、海众、昌政、禧祥、禧朗、昌海、昌□、禧靖、普祥、昌隆、昌锐、清真、禧安、昌秀、昌怀、昌名、昌义、昌染、昌斌、昌文、昌忍、昌永、

---

① 昭阳：岁时名。十干中癸的别称，用于纪年。《淮南子·天文训》："亥在癸曰昭阳。"高诱注："在癸，言阳气始萌，万物合生，故曰昭阳也。"大荒落：太岁运行到地支"巳"的方位，因以为十二地支中"巳"的别称。《史记·历书》："祝犁大芒落四年。"张守节《正义》引姚察曰："言万物皆炽盛而大出，霍然落之，故云荒落也。"应钟：古乐律名。十二律之一。古人以十二律与十二月相配，每月以一律应之。应钟与十月相应。

② 东普淮山：应为前代禅宗大师或教派名称。不知确指，待考。

③ 覃怀复明：应为前代禅宗大师或教派名称（生活在覃怀地区）。不知确指，待考。

④ 临济：指临济宗。佛教禅宗南宗五家（沩仰、临济、曹洞、云门、法眼）之一。属于南岳怀让法系。经马祖、百丈、黄檗而至唐河北临济院义玄禅师，义玄正式创立此宗，故名临济宗。其宗风单刀直入，机锋峻烈，使人忽然省悟，为其特色。雪山：山名。原指印度北部喜马拉雅诸山，传说释迦牟尼成道前曾在此苦行。后借指佛教圣地或僧侣住地。雪山楚峰玉道人：可能指通州楚峰玉禅师。待考。

昌旭、继连、昌慧、昌得、真明、昌悦、真信。六度寺住山性海，首座悟玉、昌顺，监寺□福，点座继慧，庄头昌晓，净头本海、昌奈、继莲、继玉、络受。本山当代住持续菩萨宗传法沙门禧荣，副寺昌原，□岁昌满，库司继云，侍者继清、继环、继聪。苍山圆觉庵主本亮、行王，都寺昌宽，维那□应，殿主继宝。下院住持妙赟，明泰，德延，义广，正全。浚县石匠张道、李友镌。

【简析】

该碑原存香泉寺西寺原大殿前，断为数快。额心有六字两行篆书"重建香泉寺碑"，周围有精美纹饰。碑身高165厘米，宽90厘米。正文24行，满行116字；题名4行，按列分排，因陋就简，不甚规范。正书，沉稳庄重，气势恢宏。

此文记载明成化九年（1473）重建香泉寺之事，并无多少新意。但文中叙述了稠禅师创建香泉寺的经过，以及建浮图、起石塔、大兴佛事、立石香鼎等举动，使后人对香泉寺的发展历程有了比较明晰的印象。它是香泉寺现存碑刻中唯一叙述香泉寺创建及发展史的一通，具有重要的史料价值，弥足珍贵。

文中"此寺迹之初也，其传齐僧稠禅师游化之所。因卓锡涌泉，澄洁甘洌，稠掬水，闻其香而记曰：'是地可以建道场矣。'厥后，寺事成，即以'香泉'题其额"的记载十分形象，为稠禅师创建香泉寺的重要史料之一。但应注意的是"其传齐僧稠禅师游化之所"，说明未必为真。查《续高僧传》卷十五《齐邺西龙山云门寺释僧稠传》，并没有稠禅师创建或卓锡香泉寺的记载。而《续高僧传》卷二《隋西京大兴善寺北天竺沙门那连耶舍传》却有"又于汲郡西山建立三寺，依泉旁谷，制极山美；又收养厉疾，男女别坊，四事供承，务令周给"的记载。按，那连提黎耶舍在天平寺弘扬佛法，颇多善行。"未几，授昭玄都，俄转为统"，逐步赢得皇室的信任，奠定了自己在佛学界的地位。也就在此时，他"于汲郡西山建立三寺"并"收养厉疾，男女别坊"。可见"西山三寺"及厉人坊的创建者是那连提黎耶舍，只是没有明确点明香泉寺属于"西山三寺"之一罢了。另，卷八《隋京师净影寺释慧远传》亦有"当斯时也，齐国初珍，周兵雷震……（慧远）遂潜于汲郡西山，勤道无倦，三年之间，诵《法华》《维摩》等各一千遍，用通遗法。既而山栖谷饮，禅诵无歇，理窟更深，浮囊不舍。大象二年，天元微开佛化，东西两京各立陟岵大寺，置菩萨僧，颁告前德，诏令安置，遂尔长讲少林"的记载，说明慧远曾向僧稠问道，并"长讲少林"。如此，香泉寺的创建、与少林寺的关联、厉人坊的设置等问题就清晰可辨了。但僧释碑传本多渲染，《续高僧传》的记载未必绝对确实。现在的香泉寺尚留稠禅师的诸多遗迹，如稠禅师塔、洗心洞等，邺郡与汲郡西山不远，稠禅师多次莅临香泉寺传经说法应是可能的。

此外，文中叙述佛教渊源及佛理时，特别得出"特以演教照心，安身行道，亦可谓致福于君亲、有补于治世也"的结论，从中可见佛家教义与世俗生活结合的痕迹，这也是佛教世俗化、地方化的一个明证。

本碑的撰文、书丹、篆额者为一人，即"临济下弟二十五世传□心印嗣祖沙门雪山楚峰玉道人"，此人或为通州楚峰玉禅师，属临济宗门下，而此时的香泉寺住持是"续菩萨宗传法沙门禧荣"，两人所属禅宗派系有别，可见当时禅宗在中原地区流传的分支和规模。尤其在题名部分详列当时汲地佛教管理体系及当地著名佛刹的主要人员名字，对研究汲县的佛教史有极高的参考价值。

廉仁公勤四字箴碑

（明）刘希龙

《律己廉箴》：惟士之廉，犹女之洁。苟一毫之点污，为终身之玷缺。毋谓暗室，昭昭四知。汝不自爱，心之神明其可欺？黄金五六驮，胡椒八百斛，生不足以为荣，千载之后有余戮。彼美君子，一鹤一琴[①]，望之凛然，清风古今。

《抚民仁箴》：古昔于民，饥溺犹己，心诚求之，如保赤子。呜呼！入室笑语，饮醵啗肥；出行敲朴，曾痛痒之。不知人心不仁，一至于斯！淑

---

① 一琴一鹤：古人常以琴鹤相随，表示清高、廉洁。五代齐己《寄镜湖方干处士》诗："闻君与琴鹤，终日在渔船。"按，古代有典故"一琴一鹤"，宋朝赵抃去四川做官，随身携带的东西仅有一张琴和一只鹤。形容行装简少，也比喻为官清廉。

问①之泽，百世犹祀；酷吏之后，今其余几？谁甘小人，而不为君子。

《存心公箴》：厚姻娅，近小人，尹氏②不平于秉均。开诚心，布公道，武侯所以独优于王佐③。故曰本心日月，私欲食之；大道康庄，偏见窒之。听信偏，则枉直而惠奸；好恶偏，则赏僭而刑滥。惟公生明，偏则生暗。

《莅事勤箴》：尔服之华，尔馔之丰。人缕丝而颗粟，皆民力乎尔供。仕焉而旷厥官，食焉而怠其事。稍有人言，胡不自愧。昔者君子，靡素其餐。炎汗浃背，日不辞难；警枕计功，夜不遑安。谁为我师？一范一韩。④

四字箴于居官甚切。旧有纸在壁，殊非经久计。予命作以石，盖自是箴可久矣，又不独为凥⑤官者吉焉。嘉靖七年春吉，安丘刘希龙记。

【简析】

汲县"四箴碑"原有4块，分"廉""仁""公""勤"。现存3块，缺"仁箴碑"。四碑形制相同，高136厘米，宽64厘米。一般每碑6行，满行13字。大字篆书。上题下文，"勤箴碑"后有题记。据载，"四箴碑"为卫辉知府刘希龙于嘉靖七年（1528）篆书而刻，原砌城内北街旧道署（现卫辉一中）二堂北墙，现存卫辉市博物馆碑林。刘希龙，安丘（今山东安丘市）人，字仁甫，号云川。正德九年（1514）进士，任工部主事、户部主事、户部员外郎、户部郎中。嘉靖四年（1525）升卫辉知府。嘉靖五年（1526）二月建比干祠（捐俸建祠，钟鼓楼亦刘希龙捐俸建）。按，卫辉是汝王的天下，汝王骄纵且屡次对刘希龙造谣生事，散布于朝廷。刘希龙益加严正，刚正不阿，谣言不攻自破。后任河南按察司副使，授中宪大夫。两年后终被谣言所伤，挂冠而归。嘉靖二十五年（1546）卒，顺治十六年

---

① 淑问：善于审判。《诗·鲁颂·泮水》："淑问如皋陶，在泮献囚。"孔颖达疏："所因者，服罪之人。察狱之吏当受其辞而断其罪，故使善听狱如皋陶者献之。"

② 尹氏：官名。掌管册命臣工之事。《书·大诰》："肆予告我友邦君，越尹氏、庶士、御事。"孔颖达疏："尹，正也。诸官之正，谓卿大夫。"

③ 武侯：三国蜀诸葛亮死后谥为忠武侯，后世称之为武侯。王佐：王者的辅佐，佐君成王业的人。这里称赞武侯为政公正，才高过人。

④ 一范一韩：宋时，朝廷倚重韩琦和范仲淹，天下称"韩、范"。边人谣曰："军中有一韩，西贼闻之心骨寒；军中有一范，西贼闻之惊破胆。"

⑤ 凥："居"之异体字。按，碑中凡同字，多用异体，以避重复。

（1659）入祀乡贤祠，列事功传。

据刘希龙之题记，"四箴碑"的内容原书写在纸上，挂于壁，"殊非经久计"，故伐石刻碑，"自是箴可久矣"。刘希龙擅书，卫辉比干庙有其大字碑"三代孤忠"，震撼人心。"四箴碑"全用篆书，取庄重素雅、谆谆教诲之意。碑中凡同字，皆用异体字有意避开，但刘希龙并不擅长篆书，正如顾燮光《河朔访古新录》评价："撰法效峄山碑，乏古雅灵活之姿。"

按，"四箴碑"的内容非刘希龙所撰，古已有之。宋叶寘《爱日斋丛抄》卷四："真希元参政师长沙，以'廉''仁''公''勤'四言勉僚吏。晚再守泉南，又绎四者之义加详。王实之迈以南外宗教为之箴……初，真公有言：'廉者，士之美节，士之不廉，犹女之不洁，不洁之女，虽功容绝人，不足自赎，不廉之士，纵有他美，何足道哉！'又谓：'况为命吏，所受者朝廷之爵位，所享者下民之膏脂，一或不勤，则职业隳弛，岂不上辜朝寄、而下负民望乎？'实之概用公文告之词，及得于游从者，以成四箴。"

真希元，名德秀，建州浦城人。庆元五年（1199）登进士第，理宗朝官至参知政事。立朝不满10年，所上奏疏数十万言，皆切当世要务，直声震朝野。真德秀以道自任，读佛经通其旨趣，擅用佛理作警句。王迈，字实之，仙游县人，嘉定十年（1217）进士，居官清明廉洁，刚直敢谏。真希元提出"四箴"的基本内容，王实之加以补充和确定。刘希龙所依即此。

"四箴"的内容虽出于宋代，但历经数百年而风采不减。其锤炼道德、勤政为民的思想依旧为人所重。

汝王令旨

令旨说与乡老左右邻住民人知道：本处古刹香泉寺，系本府供祝香火寺宇。恐有无知小民游僧，在内作践、毁损圣像殿宇，亵渎神灵。如有不遵的，许本寺住持赴府指名来启，定行重治不饶。故谕。

嘉靖十三年十月十五日　汝王。

【简析】

本碑现存香泉寺，为"汝王令旨"碑。高125厘米，宽60厘米。四周有缠枝状花纹。上有大字篆额"汝王令旨"。正文6行，共计88字。后有单行顶首"汝王"二字的题名。

碑中无书丹者姓名。篆额笔画纤细，端正有余，庄严不足。正文用颜体，力道十足，结体严谨，功力深厚，但有枯硬之感，神韵不够。

明朝以皇太子、亲王命为令旨，以皇后、皇太后命为懿旨。按《国朝献征录》卷之二引《吾学编》："汝王佑梈，封卫辉。弘治十四年之国。正德十五年，王以婚故，请预支食盐十年，年三百引。上曰：'王以婚礼请，宜别给长芦盐二千引，食盐如故。'嘉靖十八年，车驾南巡，王迓于途，甚恭。上喜，加禄岁五百石，赐金币。二十年卒，谥安。无子，国除。"

汝王于弘治十四年（1501）之国，嘉靖二十年（1541）卒，在卫辉生活了四十年。但因无子而"国除"，故影响并不大。其在卫辉的文化遗存不多。香泉寺的这通令旨碑揭示了香泉寺曾是汝府"供祝香火寺宇"的事实，为后人了解汝王的生活经历、宗教信仰、权势影响等提供了宝贵的史料。

本碑用语通俗，明白晓畅，世俗色彩浓厚，可以让人们更直观地了解明代藩王"令旨碑"的写法和风貌。所以，本碑弥足珍贵。另外，碑中没有用玺，用语过于随意，书写水平一般，笔者又疑或为僧人拟造或臆造。该碑嵌于壁中，不知是否有碑阴。有待方家的进一步研究。

重修太师殷比干祠墓碑记

（明）裴骞

赐进士第、奉政大夫、河南卫辉府同知、前通政使司右参议、山东按察司副使、奉敕整饬密云等处兵备、晋城裴骞①撰文。

---

① 裴骞：字子孝，晋城人。明代正德十六年（1521）进士，官通政司参议，终山东副使。学博才敏。著《滁州集》《蓟门集》等。按，比干庙大殿现存有上梁文："大明嘉靖拾六年玖月吉旦，赐进士卫辉知府王聘、同知裴骞、通判许缙、杨仲旻、推官杨永福、汲县知县吕景蒙、辉县主簿温尚志创建。"印证了碑中叙述的整修大殿的情况，并且可知裴骞时任卫辉府同知。

赐进士第、中宪大夫、河南卫辉府知府、前兵科右给事中、侍经筵官、利津王聘①书篆。

裴骞曰：自古拒谏之君莫甚于纣，自古死忠之臣莫惨于比干者也。夫比干以王子宗亲少师重位，叹沉冒之乱德，伤商祚之沦丧，是故不得不言，不当不死也。夫纣不听其言则亦已矣，而必欲杀其身；知其为圣人矣，而复欲观其心；妻孥何辜也，而必欲刳剔以视其胎。风雷号呼于七窍，胎卵殰殈于九原，斮胫、炮烙之刑亡论也。此自古拒谏之君莫甚于纣，自古死忠之臣莫惨于比干者也。

然纣以十一年②杀比干，武王即以十三年封其墓。殷墟莽而狐兔，故宫鞠而禾黍。今纣城有窝，已失葬所。虽以六七贤圣，遗兮一泣，陵寝亡存矣。而比干之庙貌如生，高冢郁嵯峨也。夷考铜盘有铭，魏文有文，唐使高丽有祀，洒扫有田有户，由宋迨元，修葺有加，虽与穹壤俱毙可也。且商之孙子，其丽不亿；祭器抱周，亳宋仅封③。汹汹不靖之徒，今举何在？

比坚④，比干子也，逃匿林谷，窃姓为林，武王封为河清公。春秋林放⑤袭河清公，子姓延绵，一在河南光州，一徙福建莆田。今莆田之林盛天下，致身立朝，犹多忠贞节义之士，称文献邦，科第蝉联，语曰"无林不开榜"是也！是比干之心虽剖，而其忠魂义魄竟不殂落；其孕虽剔，而其世代云仍，绰有表见。忠义之气充塞天地，磅礴古今，孰得而泯灭之哉？故曰不依形而立，不随死而亡也。

---

① 王聘：字念觉，山东利津人。嘉靖中任卫辉知府。清白律己，政无偏枉，颇有政声。嘉靖十八年（1539），嘉靖皇帝驻跸卫辉遇到火灾，迁怒于地方官员。"聘以守臣械系至承天府，卫民从之。既至，论杖几死，民号呼护披，移时始苏。"（《利津县志》）直至嘉靖三十七年（1558），"卒于边"。

② 十一年：指周武王十一年（前1046），农历乙未年。

③ 按，此处写微子抱祭器归周及武王封微子于宋之事。

④ 比坚：指林坚。按，比干为子姓，"比"为封地。比干之子自然为子姓，后周武王赐姓，才为"林坚"。

⑤ 林放：据《闽林开族千年谱》："林放，字子丘，周敬王时为大夫，从孔子游，问礼之本，列为七十二贤人。"查"长林谱系"，林放为林氏得姓始祖林坚的第十三世孙，为东周大夫林云的第三子。唐开元二十七年（739），唐玄宗追赠其为河清伯；宋大中祥符元年，宋真宗追封其为长山侯。

　　嘉靖丁酉，巡按河南监察御史慈豀叶公照①、平定朱公方②，先后相继奉命兹土，祇谒祠墓，慨意修复。先是卫辉府知府泾阳吕君颛③调任未果，知府利津王君聘鸠财役力，令辉县主簿温尚志、本府阴阳官路龙，日夜督事，正倾补坏，筑土培林，自大殿两廊、二门、大门之内又益以两斋堂十间，绰楔隧表，焕然一新。以嘉靖戊戌冬十月讫工矣。于时守巡河北道布政使司左参政临川乐公護④、按察司金事京山王公格⑤，式观厥成，咸有题咏。亡何，十一月二十一日，诏下各处：帝王陵寝、前代名贤敕葬坟墓蓁秽不治者，所在官司即与修理，照例编金，附近民丁看护免差。于是王君率其僚同知晋城裴骞、通判日照许缙、滇南杨仲旻、推官辽州杨永福，酾牲树石。谓是役也不可无记，以骞滴官⑥多暇，留心文墨，尝修《比干录》、作《比干传》，请复为记。因表次如左，以附诸诸碑碣之后。使万世为君者，未至惉恶拒谏，当以纣为殷鉴；万世为臣者，若欲尽忠死节，当以比干为宗师。勿曰"纣之不善，不如是之甚也；绳人以比干，万古无忠臣矣"，然则过祠墓而式遗像者，可不凛凛然哉！可不凛凛然哉！

　　是为记。

----

　　① 叶公照：名照，字景旸，别号寅斋。嘉靖二年癸未进士。曾任广东副使巡视海道，升广西右参政按察司右布政使，山东左布政使，河南监察御史。以都察院右副都御史引疾致仕。为官"务举大纲，不事苛察，而风采特峻"，"案无留牒，狱无滞囚"（《慈豀县志》）。志书中列其入"清操"。

　　② 朱公方：名方，字子大，平定人。嘉靖五年丙戌科进士。嘉靖十八年（1539）以监察御史巡按河南，清苦自励，纠察严密。每巡历，则单骑驰赴，虽荒尔小邑，无不亲临。奸豪敛迹，百姓怀之。后历都御史，顺天巡抚。嘉靖二十三年（1544）秋，时任顺天巡抚的朱方以秋防结束为由请求撤兵。不久，蒙古入侵，直逼近畿。世宗震怒，朱方被逮，廷杖死。

　　③ 吕君颛：即吕颛，字幼通，陕西宁州人。举正德己卯乡试第一，嘉靖二年（1523）进士。授户部主事，升刑部员外郎。审理冤滞，多所平反。升郎中，出知河南卫辉府。"严毅不阿，兴举废坠。尤加意学校，作新士类，一时科目盛，称得人。斥毁淫祠，崇祀八蜡，善政为多。"（《卫辉府志》）调山东东昌。历升云南左布政使，官至应天府尹。按，碑中载其为"泾阳"人，查《泾阳县志》，无载。著有《仕进录》《百泉书院志》等。

　　④ 乐公護：即乐護，字鸣殷，号木亭。江西临川人，明代中期诗人、天文家。弘治十八年（1505）进士，任宣城及山阴知县、南京户科给事中。正德十六年（1521），因其精通天文、数学，擢光禄寺少卿，兼掌钦天监事。因事触怒皇上，降宿州知州，后迁河南金事，陕西参政。耿直正派，仕途坎坷，却很精明，长于吏职，权贵惧之。以诗见长，风格朴素，语质情切。著有《木亭杂稿》。按，比干庙碑廊西墙南数第一通，刻写其诗《谒太师比干墓》。

　　⑤ 王公格：即王格，字汝化，京山人。嘉靖丙戌进士，改庶吉士。出为分巡河北道按察司使金事。世宗南巡，坐行宫火，杖黜归田。隆庆初，授太仆寺少卿。《明史·文苑传》附见王廷栋传末。有《少泉诗集十卷》传世。

　　⑥ 滴官：即谪官。"滴"与"谪"字形相近，易混。

　　嘉靖十七年岁在戊戌冬十二月望日，卫辉府汲县知县吕景蒙①、乔文岱②，县丞韩延福，主簿阎陈谟，典史张夫器同立。

　　工部都水司主事杨守纶③书。

【简析】

　　该碑位于比干庙大殿前西数第二。大碑，高268厘米，宽107厘米，厚32厘米。蟠龙碑帽，中有大字篆额"重修太师殷比干祠墓碑之记"，分三列，庄重肃穆，古韵悠然。正文楷书，工整端直，凛然有力。无碑阴。

　　碑碣文字，离不开叙事、抒情和议论。本文最震撼人心之处就是起首的论断"自古拒谏之君，莫甚于纣；自古死忠之臣，莫惨于比干者也"，对比鲜明，两个"自古"两个"莫"，一"甚"一"惨"，直语道来，无遮无碍，令人悚然。特别是下段用整句叙述完纣王之罪行、比干之惨死后，又重复了起首句，再现了全文的最强音。不仅强化了主题，而且使得文章气势充沛，余音缭绕不绝。这两句也以立论卓异，韵味深沉，而成为比干庙碑刻中少见的名句。

　　第三段依然运用对比，拿纣王之"陵寝亡存"与比干之"庙貌如生"做比，再辅之以历代的崇祀比干与商之子孙的结局（包括微、箕）做比，突出比干忠义精神之与世长存。既是对上段内容的补充，又是对主题的进一步深化。

　　第四段叙述林姓之渊源。既记载了林姓之由来，又厘清了林姓的发展脉络。特别称赞林姓的繁衍昌盛得之于"忠义之气充塞天地，磅礴古今"，弘扬正气，令人振奋。此段内容具有重要的史料价值，人称该碑为"林姓起源碑"，成为比干庙即林氏家庙的铁证，也是国内仅有的一通追溯林氏姓源的石刻文物，弥足珍贵。

　　第五段详细叙述嘉靖戊戌年间两次修葺比干庙的情况，也阐述了写作本文的意图，即"使万世为君者，未至稔恶拒谏，当以纣为殷鉴；万世为臣者，若欲尽忠死节，当以比干为宗师"，与文首的论点遥相呼应。特别

---

　　① 吕景蒙：广西象州人，举人，由御史左迁州判（颍州判官），升任汲县知县，后擢南京大理评事。为官以洁己爱民著称。纂修《颍州志》二十卷。
　　② 乔文岱：齐东人，举人，嘉靖十八年任汲县知县。
　　③ 杨守纶：字理之，汲县人，嘉靖癸卯科举人。历官唐县、遵化知县，工部主事。

是结尾句的"可不凛凛然哉，可不凛凛然哉"直接抒情，如江河喷涌，呼啸而至。

本文叙事简约，文辞优美，情韵深厚，立论卓异，其思想性和艺术性在比干庙碑刻中都首屈一指，正如《文心雕龙·诔碑第十二》所言，"其叙事也该而要，其缀采也雅而泽；清词转而不穷，巧义出而卓立"。本文的撰写者裴骞，后来曾任靖边巡阅副使（实为贬谪），前往甘肃、内蒙古、陕西一带，巡视明朝边境达25年之久。长城一带的百姓用"塞上裴骞"来形容为官者常年在外，孤独自守而凄凉的人生。为国事而长年奔波，为黎民而尽职尽守，比干忠义精神是他人生的支柱。

祝潞国主贤殿下遐龄碑

（明）王铎

锡圭镇河朔，王业绍谋令。数传亢璃牒，虔礼厚光命。闻能敦棣仪，允焉缉安敬。明典鞲帝裔，休禧禽保定。盘石绵延垓，亿万笃鸿庆。寿礽天表现，谟徽永昌重。壬午六月，恭祝潞国主贤殿下遐龄，孟津王铎撰并拜书。

价藩巩斯地，宸绣作民教。遐迩钦王度，树声绳古道。海屋筹无沫，仁德彰纪要。拯饥缮城守，施厝炳灵耀。式敬垂旷泽，百岁翕攸好。恪哉厚永图，世世贻洪灏。壬午六月，王铎俚言敬祝潞国主贤殿下寿。

【简析】

这两通王铎祝寿诗碑是卫辉市潞王府著名石刻，原无题，今题为编者所加。第一通现存卫辉市博物馆碑林，高230厘米，宽75厘米，厚25厘米，断为两截，拼接而成。形制简朴，没有纹饰花边，也无碑额。第二通存河南省博物馆，高310厘米，宽71厘米，厚25厘米。

潞国主，即俗称"小潞王"的朱常淓。朱常淓是明神宗之侄，明潞简王朱翊镠第一子，生于卫辉。万历四十六年（1618）袭封潞王。王铎为其祝寿是在崇祯十五年（1642），两年之后，闯王军队挥师东进，朱常洓弃城南逃至杭州。明亡后，朱常洓降清，于1646年被杀于北京。遐龄，老年人高寿的敬语，高龄。《醒世恒言》："君当致身高位，安享遐龄。"

王铎（1592—1652），明末清初大臣，书画家。字觉斯，号十樵、嵩樵，孟津人。天启二年（1622）中进士，入翰林院庶吉士，累擢礼部尚书。身逢乱世，仕途坎坷。入清后被授予礼部尚书、官弘文院学士，加太子少保。

明崇祯十三年（1640）九月，49岁的王铎受命南京礼部尚书。十月，以家人先行，取路暂返孟津，王铎率家丁25骑随后，行至卫辉张吴（武）店，家人一行陷农民义军围中。农民义军两千余，王铎以25骑驰突往救，竟得救出家人并冲出重围，有《纪行诗稿》纪其事。时逢乱世，王铎之父病故，王铎始为父服丧。遂携家人于怀州东湖岸边筑草堂栖之，名曰"涵晖阁"。明崇祯十五年（1642），王铎51岁。此时，天下大乱，李自成挥军破洛阳、围开封。该年春天，王铎尚在怀州。五月，曾渡河暂返孟津，安葬父母于祖茔。因农民义军进据孟津，王铎忍痛离父母墓旁，与家人亲眷等近百口人，乘舟而东，复走新乡、滑县、封丘、夏镇等地。这两首祝寿诗就写于此时。此后，王铎辗转南下，经历了南明内乱乃至于灭亡、降清等过程。虽仍据高位，但已届暮年，心力衰竭。顺治九年（1652）三月十八日，王铎卒于乡，享年61岁。

这两通碑俱为祝寿之用，写于崇祯十五年（1642）。虽处乱世，但为藩王祝寿依然极其奢华。两诗用语浮华，极尽颂扬之情，无甚新奇之处。其价值主要体现在书法技艺上。王铎书法独具特色，世称"神笔王铎"。用笔出规入矩，张弛有度，却充满流转自如，力道千钧之力。擅长行草，笔法大气，劲健洒脱，淋漓痛快。这两通碑俱为草书，用笔疾涩有致，收放自如，用墨酣畅，丰腴骨坚，为王铎后期之巅峰之作，代表着王铎书法的最高境界，弥足珍贵。

创建经正书舍记

（清）于沧澜①

卫之为郡，古所称多君子也。春秋以来，蘧、史诸贤，彬彬儒雅，与邹、鲁并。自汉迄明，代有传人，盖明德之留贻远矣。余庚子奉檄，权守斯土，苏门大伾之胜，淇泉之秀，意必有潜学笃行、英俊瑰奇之士足以式颓俗、干时艰者，乃猝不多觏，将山岳之灵有时而秘与？毋亦操其枢者鼓舞转移之未至与？

嗣闻郡绅李比部敏修②方联同志，创经正书舍，为读书之约。越岁辛丑，新乡王太史静波③、辉县史比部筱周④偕李君请于余，谋所以拓其规模，计久远者。余慨然曰："是吾志也。"乃捐廉俸暨郡库筹防余款得二千余金，购郡城苏给谏⑤故宅一区，属李君偕王君筱汀⑥、李君星若⑦、高君幼

① 于沧澜（1845—1920），字海帆。平度古庄村人。光绪三年（1877）中进士。曾任河南省上蔡等县知县，升卫辉知府，官至南汝光淅兵备道。"为政严而不酷，宽而不滥"，干练明敏，以耿介著称。清末施行新政，锡良等三任河南巡抚都倚重于沧澜，曾委派他处理过矿务、巡警、筹款、厘税、洋务等各项政务，有时一身数任，他从容裕如，处理得宜，因此赢得"中州第一干员"的美誉。

② 李比部敏修：即李敏修（1866—1943），汲县人，字时灿，晚号闇斋。清光绪进士。授刑部主事。曾在汲创办经正书舍。光绪三十一年（1905）任河南教育总会会长，办学校，推行普及教育，宣讲新学，提倡教育救国。为清末民初一代耆儒。按，比部，魏晋时设，为尚书列曹之一，职掌稽核簿籍，明清时为刑部司官的通称。

③ 王太史静波：即王安澜（1857—1908），字静波，新乡朗公庙人。清光绪十五年（1889）中进士，选为庶吉士，曾任怀庆府知府。光绪十八年（1892）授翰林院编修，曾上奏弹劾北洋大臣李鸿章等丧权辱国的罪行，后弃官返乡从教兴学，被誉为中州一代名儒，河南著名教育家。

④ 史比部筱周：即史绪任（1863—1924）清法学家。字筱周，又字荷樵，晚号效迟，辉县人。光绪八年（1882）中乡试，十二年（1886）进士，授刑部主事，习刑律，精研法意，决狱审慎。曾主讲河朔书院，任济源县令、大理院推事、广东高等审判厅厅丞等。后以道员归河南补用。民国建立后，绝意仕进，里居不谈时事。卒年62岁。

⑤ 苏给谏：及苏朝宗。明朝翰林，朝议大夫，山东布政使。其墓在卫辉市顿坊店乡后庄村西北300米处。

⑥ 王君筱汀：即王锡彤（1866—1938），字筱汀，号悔斋，晚号抑斋，卫辉人。事见本书袁克定《汲县王先生墓志铭》。

⑦ 李君星若：即李星若（1872—1902），延津人。据王筱汀《抑斋自述》之二《河朔前尘》为李星若之卒所写札记，李星若"幼而颖敏，读书日万言"，14岁时至卫辉应童子试，结识王筱汀、李时灿、郭亦琴等。但"学亨运屯，为诸生十年，不得与于乡举，家以益贫"。光绪二十年（1894），试优贡，列副额。二十三年（1897），登拔萃科，以贫故，不应廷试。二十六年（1900），拟补廷试，留滞通州，适义和团起，困居日军营中。二十七年（1901），接理卫辉筹防分局，督修经正书舍。四月初三病卒，年仅31岁。

霞①董其役。经始于孟秋，阅百日而工竣。颜其寝曰"绍闻堂"，祀蘧、史二公暨圣门诸子，重亲炙也，配自汲长孺而下逮殷文介三十二人，所造虽异，庶几闻风兴起者也。"圭璧堂"，讲习之厅也，以郡中诸君职其事，相知夙斯，应求易也。"绿竹轩"，燕息之所也，榛苓在望，藉以慰景行之思也。斋舍凡六：曰事贤，曰友仁，曰笃志，曰近思，曰知非，曰闻过。盘盂有铭，几杖有戒之意也。藏书自经史先儒之籍，下及海疆图志，无不略具。堂室庖圃，秩然邃如，俾诸生朝斯夕斯，优越餍饫，以造古人之域；而独不为较甲乙之等，设膏奖之资，诚不欲以利诱、以名驱也。

鸣呼！教术之靡，盖二千余年矣。古之王者，本躬行心得之余，养天下于党庠术序之中，编氓之子无不学。大夫致仕，返而教于其乡。当其学也，若不知有仕；逮其仕也，固未尝废学。秦去学校，使习法令，以吏为师，其学也，求仕而已。汉始召试，然士尚待举于郡国，失而犹有得者存焉。唐试诗赋，宋改经义，立法不同，群天下相贸于荣宠。则一学术陵夷，弦歌辍响，抑亦守土者责也。孟子曰："经正，则庶民兴；庶民兴，斯无邪慝。"②夫所谓"经"者何物而"正"者何事也？七篇之首章言之矣，曰："仁义而已矣，何必曰利？"利之陷人，洪水猛兽不足喻也。乃悬一的以奔走天下之才俊，世变乌得不亟乎？仁者，德之全体也；义者，道之大用也。主敬以求仁，穷理以集义，本末不遗，精粗兼尽，毋或稍以急功近利之见参焉，则经正之旨明，固余与诸君子相期共勉者尔。

诰授通议大夫、赐进士出身、花翎三品衔道员、用署卫辉府知府候补知府、胶东于沧澜撰文。

诰授资政大夫、赐进士出身、翰林院编修、国史馆协修、新乡王安澜撰额并书丹。

光绪二十八年，岁次壬寅孟春谷旦。

【简析】

该碑现存卫辉市贡院街新乡幼师图书馆前碑亭之中。高195厘米，宽70厘米。上有大字篆额"永昭信守"。正文楷书。共计15行，满行65字。

---

① 高君幼霞：即高幼霞，即高方灏，字幼霞，汲县人。长期参与经正书舍的管理。
② 按，《孟子·卷十四·尽心章句下·三十七》："君子反经而已矣。经正，则庶民兴；庶民兴，斯无邪慝矣。"

无碑阴。碑阳后半部分有剥蚀。

该碑不事奢华，普通朴素，无饰纹，但记载的内容极为重要。碑文记述了创建经正书舍的经过。清末民初，正值科举将废、新学初创之际，汲郡大儒李敏修先生顺应时潮，提出"学无新旧，唯其是耳"的正确主张，大力倡导新学，集资创办了经正书舍，这是卫辉新学渐立的标志，是河南教育史上的大事。经正书舍创建于清光绪二十八年（1902）。先是汲县知名缙绅李敏修、高方灏、王锡彤、潘炳麟联卫家属同仁集资购书30余万册，李敏修捐资200两为倡导，然后春秋集会讲习。后来新乡编修王安澜等又捐款修讲舍，请知府于沧澜禀请立案详学校志，并书匾悬于门外，成为豫北地区的学术中心。他们认为"世运之升降，在乎人心；人材之盛衰，在乎学术。学术者，治教之本根；人心者，国家之元气"，其目的是"意启穷乡之固陋，培有用之通才"①，终使"河朔人士知科举外有学问自此始"②。

经正书舍多经坎坷，历尽沧桑，人才辈出，著名历史学家嵇文甫即毕业于此。清末还曾办过经正师范，民初先后办预备中学和两筹小学。1928年后曾设经正图书馆和豫北中学。新中国成立后，与卫中合并，改为汲中第二院。1958年划为县委会院内使用。

从碑文所述我们可以看出中国近代学制的一些特点：

第一，继承了中国古代学制的衣钵。

其名"经正"，以读经为圭臬，以修身养性、教化人民为宗旨。其书舍布局，也体现了宋明理学的主敬修身、知行合一的主张。同时还极力褒扬了先王的通过学校进行礼乐教化的制度，指出了自秦之后的教育弊端——以取士为根本目的，使得天下才俊为利欲而奔走，丧失了"经正仁义"的精神之魂。这正是古代学制的最大弊端，也是近代中国落后于世界的根源之一。其见解振聋发聩。

第二，吸收了新学的精华。

经正书舍在教学内容上，不再仅仅满足于读经，已经开始学习近现代科学技术。时任卫辉府知府于沧澜在给河南巡抚、按察使、布政使等"三

---

① 选自梁贵晨《〈经正书舍章程〉和〈续约〉》，《平原大学学报》1994年第1期，第70页。
② 选自李季和《先父李敏修事略》，《中州今古》1983年第3期，第35页。

大宪"的呈文中说"议者因欲仿外洋大学堂之法，讲求术艺，冀得材智聪明之士，以开风气，未尝非救时之法"[1]。创建伊始，李敏修就托赴京朝考的王筱汀购买新出版的西洋科学译著。其藏书中有一大部分为新学之书，如碑中提到的"海疆图志"。即使是这些教者，很多也走上了实业救国之路，如王筱汀后来从事实业，被誉为中国的"洋灰（水泥）王"，这也是经正书舍经世致用精神的体现。

该碑的发现，不仅填补了卫辉近代教育乃至河南近代教育史上的一段空白，而且用鲜活的文字告诉了后人在国势艰危之际，那些大儒们披荆斩棘、变革创新的艰难，具有一定的思想教育意义。另外，该碑布局严谨，字体于圆润流畅中显苍劲，属碑石珍品。书丹者是清末书法名家王安澜，以小楷著称。

创建汲县徐氏家祠记

（民国）徐世昌

吾家自明季由浙江鄞县[2]之绕湖桥北迁大兴，嗣移天津，遂占籍焉。道光间，高祖印川公筮仕河南，至今居汴、居卫已七代，与土著无异。当我高祖在任时，曾祖新庵公官湖南，寻卒。其后，高祖母朱太夫人率先伯祖以次居于卫之汲县。叔曾祖芙轩公，官河南、陕西；伯祖汉卿公，祖考笔珊公，叔祖晓沧公、铁珊公，官河南，官安徽；室家则或居汲，或居开封，六七十年来迄未久离于卫。伯曾祖兰生公之少子叔祖宇莱公入杞县籍，成进士。卫之顿方店、唐冈乾隆庙、张氏屯、开封之大花园，则皆有先茔在焉。近且于汲于辉，分建屋宇，买田耕种，守庐墓，长子孙，与乡里父老子弟各相契洽，俨有桑梓敬恭之义。我先人之官声行谊，父老子弟得之于闾巷传述者，类能道之，谓为德泽深厚，流荫后嗣，瞩盼于我族姓者甚厚，而我之族姓固将长为卫人，其所以绵祖德、裕后昆，以传衍于无

---

① 选自梁贵晨《〈经正书舍章程〉和〈续约〉》，《平原大学学报》1994年第1期，第70页。
② 鄞县：今为宁波市鄞州区。

穷者，可不深长思哉！

今与诸弟世光、世纲、世芳、世襄、世章公同筹议于汲县城内建立家祠，由我曾祖以下子孙世世奉守。所有出资购基地、建祠宇、筹备祭田，均分别详载章程①，俾后之子孙有所稽考，有所遵守。惟此亦仅藉祖宗享祀之修，以明宗法、敦爱敬而已。江南大族每于宗祠坿设义庄、义塾，凡族中贫乏之周恤、子弟之教育，筹之靡不备。而纂纪谱牒、管理祠产及族人贤不肖之劝惩，皆就族中长老之公正者公举一人董其事。族规之善，足以补官治之所不及，余实闻而慕之。若能即此而渐事推扩，以臻美备，是则余宗族后世子孙同有之责也。勉夫！

中华民国十年十月，世昌谨撰并书。

【简析】

该碑现存卫辉市博物馆。卫辉市博物馆之前身即徐氏祠堂。此碑现立于徐氏祠堂之庭院中，碑面有漫漶之处，下端有残缺。碑高3.5米，宽1米，厚0.3米。无额，无纹饰，十分朴素。徐世昌（1855—1939），字卜五，号菊人，出生于卫辉。光绪进士，授翰林院编修，历任兵部侍郎、军机大臣、巡警部尚书、东三省总督等。与袁世凯为莫逆之交。1918年由国会选为总统，下台后迁居天津，以编书、赋诗、写字遣兴。有《退耕堂文集》等。

本碑为徐氏家祠创建碑，记载了徐世昌宗系的由来及繁衍情况，条分缕析，简练而详尽。由字里行间可以得知此支徐氏的发展与卫辉的关系。本文的执笔者乃徐世昌，由徐世昌撰写自己的家族史，故本碑具有重要的史料价值。

鄞县，今为宁波市鄞州区。按《续修天津徐氏家谱》载：徐氏世居浙江宁波府鄞县之绕湖桥，始迁祖徐钟麟于明末只身北来顺天府大兴县，其年代不可考，只记"年未及冠"。据称徐钟麟敕封文林郎，晋武功将军，卒后葬京师西便门外白云观之西。二世徐孙森（字玉林），官至山西巡抚。三世徐渊，字源长，官山西巡抚，入赘津门，遂家焉。传至十世为徐世昌。

———————————

① 按，指民国十年徐世昌《筹议创建徐氏家祠章程》，平原博物馆藏拓。

文中又详细叙述了徐氏家祠的创建情况。其中，"族规之善，足以补官治之所不及"表现了徐世昌对宗族家祠之社会价值的肯定，故本文对徐世昌政治思想的研究也有参考价值。

此碑乃徐世昌手书。正书，有行意，严整中充满灵动之气。徐世昌擅书画，其传世书法作品大多为对联、条幅、册页之类，本碑14行541字，篇幅宏大，书写清俊有力，流畅奔放，尽显徐世昌书法的神韵。

魏故诏假河东太守吕君墓志

君讳眅，字羌仁，汲郡汲人也。自炎帝启基，管业①层构，因承露绪，本枝翘桀。祖瑚，丰姿峭绝，神情爽悟。父生，行愍言难，立名为宝。君英度巨量，才鉴遐朗。性俭贞淳，闻利未径其心；志闲冲素，言禄不干其虑。孝明皇帝②以君年涉耆耄，时加礼命③，乃假④君为河东太守，以显老成。且茂林蔚蔚，尚枯悴以致摧；惊流洋洋，亦逝川而不返。以春秋八十三，正光二年五月中终乎家。越以武定二年十一月辛巳朔五日乙酉，改窆于朝阳乡太公里。乃作铭曰：

姜水⑤渊澄，管业岳秀。叶蔚花光，根深枝茂。雕玉齐珍，良材并构。

---

① 业：按，碑中有两处"管业"，"业"皆为"业"而不是"業"。铭语中的"姜水渊澄，管业岳秀"，"管业"与"姜水"照应，"业"亦应为名词。其实，"业"有"北""丘""業"等异体字。此处应释为"丘"。"管丘"应指古齐国，齐桓公因管仲之力曾称霸天下。碑中"管丘"与"姜水"对应，"姜水"指吕姓之源头，"管丘"指吕姓之发展。另，本碑铭语末句"蔚我业墓"，"业"更应释为"丘"。

② 孝明皇帝：北魏孝明帝元诩（510—528），庙号肃宗孝明皇帝。宣武帝元恪第二子。528年，已经19岁的元诩对胡太后的专权非常不满，于是密诏命将军率兵勤王。事泄，胡太后大怒，毒杀了自己的亲生儿子元诩。

③ 礼命：指礼聘与任命。《资治通鉴·汉安帝永初四年》："（杨震）教授二十余年，不答州郡礼命。"胡三省注："礼，谓延聘之礼；命，谓辟置之命。"唐玄奘《大唐西域记·滥波国等三国》："褒赞既隆，礼命亦重。"

④ 假：授予；给予。

⑤ 姜水：指墓主人之郡望。按碑中说法，吕氏出自炎帝，《水经注》卷十八《渭水》："岐水又东，径姜氏城南为姜水。"按《世本》，炎帝姜姓。《帝王世纪》曰：炎帝，神农氏，姜姓。母女登，游华阳，感神而生炎帝，长于姜水，是其地也。"

震雷争响，驱马等骤。骏足有疲，路穷靡厝。空乘夜舟^①，泛之安渡？苌寝石室，言归无路。唯有松柏，蔚我业墓。

【简析】

该碑现存卫辉市博物馆碑林之中。嵌壁，方块小碑。正方形，长宽各40厘米，厚10厘米。阴刻楷书，共16行，满行16字，共计（连题）245字。缺篆盖。石质较好，笔画清晰。1981年6月出土于卫辉市城西北15公里太公泉镇吕村。

墓主吕贬（439—521），字羌仁，汲郡汲人。从文中看，吕贬虽然"英度巨量，才鉴遐朗。性俭贞淳，闻利未径其心；志闲冲素，言禄不干其虑"，但似乎没有进入仕途，只是因其"年涉耆耄"，而按制"假君为河东太守"。所以，吕贬是一位德高望重、颇有影响的乡间耆老。

文中提及"姜水渊澄"。按，"姜水"指墓主人之郡望。按碑中说法，吕氏出自炎帝，《水经注》卷十八《渭水》："岐水又东，径姜氏城南为姜水。按《世本》，炎帝姜姓。《帝王世纪》曰：炎帝，神农氏，姜姓。母女登，游华阳，感神而生炎帝，长于姜水，是其地也。"可见，汲地吕氏出自姜姓，应与太公有关，属太公后裔。

按，河南大学出版社2008年版《中华谋圣姜尚》收耿玉儒先生《〈魏故诏假河东太守吕君墓志〉探略》一文，论证甚为详细，见解深刻。认为该碑有四个方面的价值：1.为考辨西周开国功臣吕尚的故里提供了实物佐证。2.考辨墓主人身世与官位。3.了解北魏一个时期的社会动荡状况。4.所涉历史地名考证。可参阅。此碑对卫辉市太公文化的构建具有基石的作用，弥足珍贵，并已渐渐为人们所重视，研究者越来越多。

该碑应刻于东魏武定二年（544）改窆于朝阳乡太公里之时。东魏存世时间不长，书法上承袭北魏余风。本碑在继承北魏书体夸张扬厉、拙厚瘦硬特点的基础上，结体逐渐修直劲挺，平正典雅，英气勃勃，已见唐楷之肇。故本碑书法价值较高。同时，当时正值我国文字巨变之时，此碑多用异体字，后人往往据现代通行字释之，容易出现错识、错解的现象，故

---

① 夜舟：多用在墓志中，喻指人之丧亡。按，古代有"壑舟徙夜"之典。《庄子·大宗师》："夫藏舟于壑，藏山于泽，谓之固矣。然而夜半有力者负之而走，昧者不知也。"后以"壑舟徙夜"比喻在不知不觉中事物不停地变化、迁移。

释读时应多加慎重。如碑中三处"业"字皆应释为"丘"。所以，本碑对研究我国文字由隶入楷、由杂趋精的发展趋势有参考价值。

明故潞藩王亲典仪杨公墓志铭

（明）薛凤祥

赐进士第、钦差兵科给事中、滨州薛凤祥[①]撰。

赐进士第、翰林院庶吉士、延津县申廷撰[②]书。

赐进士第、知山西阳城县事、延津张四明[③]篆。

万历戊午秋，余捧命往河南潞府册封新王。[④]至邺，道遇一生迎谒。余下舆礼接后，询问姓字，乃卫辉庠生、新逝王亲典仪杨公子也。见其丰容色泽，高谭阔论，已知其非寻常辈矣。及抵卫，册封事竣，杨生持父行状谒余而泣曰："不肖孤父逝，乞借重一言，以沐永光，孤衔恩无涯矣。"余素不文，又谊不忍辞。

按行状，知君讳民信，字子孚，号肖澜，河南卫辉人也。其先世南京海门卫[⑤]籍，始祖明远，从戎，后徙怀庆卫[⑥]前千户所，守御卫辉，遂家焉。曾祖瓒，由选贡任郿州判官。祖尚充，加千户。父时宜，由岁贡任延

---

① 薛凤翔：山东滨州人。万历三十五年（1607）进士。曾任浚县知县。天启二年（1622）任太常寺少卿，五年任太常寺卿。陷入党争，视为珰党之列。

② 申廷撰：字淑贾，号桦凤，延津县人。万历十三年（1585）亚魁，万历四十一年（1613）进士。选翰林庶吉士，授福建道御史，钦差巡按直隶，督理居庸、山海二关。捐粟百石济贫。

③ 张四明：延津县人。按，据《张氏族谱》，张四明字瞭斋，号了凡，世居邑北石婆固。万历癸丑进士，授阳城令。阳城大治，人咏"召父"，众歌"杜母"，颂声四作。擢南京清吏司主事，升户部主事。

④ 按，关于薛凤祥奉命册封新王事，《明神宗实录》卷五百七十六："（万历四十六年十一月）遣太子太保泰宁侯陈良弼、拟授兵科给事中薛凤翔册封潞藩潞王常涝。"

⑤ 海门卫：洪武二十年（1387）二月置海门卫指挥使司，辖左、右、中、前、后五个千户所及附辖健跳、新河、桃渚三个千户所。嘉靖三十六年（1557）设松海备倭把总驻海门。嘉靖三十九年（1560）春，明廷以宁绍台海岸线过长，调整防务，新设台（州）金（华）严（州）参将驻海门，戚继光为首任台金严参将。《康熙临海县志》："海门卫城高二丈五尺，周回五里三十步，长一千三百一十丈，垛口八百三十个。"

⑥ 怀庆卫：明代设在怀庆府的卫所。按，洪武六年（1373）夏四月，设怀庆卫，主要以守御及屯田为主。明初怀庆卫设立前、后、左、右四个千户所，其中前千户所在洪武二十三年（1390）时调往卫辉府守御。本碑墓主之先祖杨明远即随之至卫辉，"遂家焉"。

津训导；母谢氏。公父学博古今，师范一世，登第者层见迭出，至今延士子思之不已。公娶张氏，乃勅封文林郎、西安府推官张公女，拮据内助，以故公得专心肄业于延庠王生门下。不几日，督学赵公收为弟子员。杨司训幸子游黉，解组过里，日与诗朋道友结社联交，而公奉承，不敢少怠。无何，母父继没，公度日澹然其哀痛，尽礼处靡所不周。如迁新茔以合葬双亲，立义庄以栖止族人，纵破产有弗恤者。服阕日，督学陈公阅其文，置高□，补增①科举焉。越明年，皇上笃亲亲之典，念潞藩中年乏嗣，颁召，钦选贵人，而公之次女与焉。四载后诞生国王，余承命册封是已。杨氏母以子贵，封为次妃，此诚千载奇逢，亦杨门世德所基也。此时正宜优游岁月，享无疆之福，胡为厌尔尘嚣，梦黄梁之境耶？

公之为人，天性孝友，惠德普及。抚育侄女，不啻己出；优免族差，毫不异报。待亲友油然相亲，处丰亨无异乏时。上至潞府缙绅，下至藏获贱役，莫不德之。当其易箦时，家事一无所嘱，惟叮咛祝夫人张氏曰："异日进府，劝嬢嬢谦和柔顺，曲谨奉承，国主中年，宜善引导。久之，母可圣，子可贤。教二子留心经史，毋蹈庸夫俗子列。庶吾家声不坠，吾纵九泉，亦慊心矣。"呜呼，公其卫之杰士哉！

生于嘉靖癸亥年九月初三日未时，卒于万历戊午年九月初四日戌时，享年五十有六。生二子：长国瑞，府学庠生，□娶正千户贾瑞女，故，继娶胙邑庠生赵用贤女。次国兴，业儒，娶汲邑庠生郭祉女。长女，聘刘应文；三女，聘张士杰。附葬祖茔之侧，卜于万历四十七年三月十九日也。

为之铭曰：

相彼良玉，胡然而藏？尔有令德，莫掩其光。相彼良木，胡然而浡？尔有令嗣，益昌其末。佳城北隅，风气钟厚。松柏永贞，天地同寿。

【简析】

本碑乃潞王朱翊镠次妃、"小潞王"朱常淓之母杨氏之父杨民信墓志铭。不见原石，有拓存世。篆盖、志石皆方形，边长73厘米。篆盖"皇明潞藩王亲肖兰杨公墓志铭"，4行13个字，布局虚实结合，疏密有致，加之四周雕刻回字纹饰，十分精美。其字结体细长，收束较紧，给人庄重

---

① 补增：补入增生。明清制，学中生员，于正额外增广的名额叫增广生员，简称增生。

内敛，肃穆淳朴之感。志石四周亦有回字纹饰。志文连题32行，满行32字，共计827字。正书，笔画饱实，结体严谨，不事张扬，淳朴浑厚，挺拔坚劲，有柳、欧之韵。

墓主杨民信（1563—1618），字子孚，号肖澜，河南卫辉人。此支杨氏原为军户出身，源自台州海门卫，后迁怀庆卫前千户所，又随调卫辉，落籍于此。其父赵时宜，曾任延津训导。杨民信业儒，获增生出身，科举成就不高，亦未踏入仕途。后来，潞王因乏嗣而"钦选贵人"，杨民信次女被选中，四年后生子（小潞王朱常淓），封为次妃。就在朱常淓得以册封（十一月册封）的前夕，杨民信辞世（九月去世），享年五十六岁。文中多记杨民信的高尚品性和种种善举，尤以临终前的叮嘱最为感人，即"异日进府，劝娘娘谦和柔顺，曲谨奉承，国主中年，宜善引导。久之，母可圣，子可贤。教二子留心经史，毋蹈庸夫俗子列。庶吾家声不坠，吾纵九泉，亦慊心矣"，既有对次妃杨氏的规诫和期盼，又有对后代弘扬家声的殷殷嘱托。

关于此次册封之事，《明神宗实录》卷五百七十六有明确记载，即"（万历四十六年十一月）遣太子太保泰宁侯陈良弼、拟授兵科给事中薛凤翔册封潞府潞王常淓"。此亦是按制而行。有明一代，分藩制是皇族生存的主要形式，其优劣众说纷纭。卫辉的潞王在明代藩王中比较另类，他是当今皇帝的同母弟，又深受太后的宠爱，故在万历朝的实际地位很高，攫取的各种利益也最大。同时，潞王是南明王朝的末君，故在明末清初历史上占有重要地位。故对潞王及潞王府的研究是现在学界的热点，从中可以窥知明代晚期的社会生态以及明朝走向灭亡的根本原因。但时代发展，灵谷变迁，有关潞王及潞王府的实物及资料损失殆尽，很难触摸到其原貌，那么，新发现的这通墓志就尤显珍贵，它可以从姻亲的角度了解潞王及潞王府的诸多信息，充实人们对明代藩王的认知，应该好好地加以研究和利用。

按，本碑的书丹、篆盖者皆为延津县名士，可能与墓主之父杨时宜曾任延津训导有关。另，《乾隆汲县志》卷之八《选举·戚畹》："杨时，潞简王次妃父。""杨时"之名，应是把杨时宜、杨民信混淆了，当为"杨民信"。

□□中宪大夫邑庠生禹农李先生墓志铭

（清）曾培祺

赐进士出身、赏戴花翎、卫辉府知府、通家弟曾培祺[①]顿首拜撰。

候补直隶州州同、癸巳恩科举人、世愚侄何兰芬[②]顿首拜书。

候选知县、乙酉科举人、年愚侄王骏烈[③]顿首拜篆。

人之身无百年不敝者，其不敝者令名遗泽耳。乡里推之，子孙守之，而学校知之。至当途之知不知，不求其知，知则我如是，不知亦如是，极夫终不我知，乃益见我不求知。孔子曰："不患莫己知，求为可知也。"旨哉言乎！窃尝论士而未仕者之分际如此。

汲郡敏修[④]比部，余及门士也。其伯兄霁东[⑤]广文，亦以弟师称师，谦居弟子。自辛卯守卫莅兹，通家往来，知其堂称具庆而未识封翁先生为何许。越二年，公余，行燕饮礼，始因柬邀一见。维时霁东昆仲皆外出，而先生始至，接席倾谈，谦谨和雅，矩矱先民，乡里之名，子孙之泽，宜乎其未有艾也。甲午冬，忽以疾卒。霁东昆仲皆去官奔还，余往吊而询葬事，乃踞求铭石于幽宫。噫！余与先生仅一见耳，无所知，乌乎志？然自一见先生而重先生，因历询先生于知先生者，及霁东昆仲泣述于余，请所以志先生者，乃于是知之。盖惟先生不求人知，而所知乃无不实，以实志之，宜也，非谀也！

先生李氏，讳荣鼎，字禹农。始祖盛，自晋泽东迁，遂家于汲。三世

---

　　① 曾培祺（1833—1908），一作培旗，字与九，号武靖村夫，又号有乐堂主人、寿轩，汉军正白旗，奉天（今沈阳）人。同治十年（1871）进士，授编修。光绪九年（1883）迁御史。丁艰回籍，主讲沈阳萃升书院。光绪十七年（1891）授卫辉府知府。政尚宽大求实，注重教育，爱惜人才。后改发山西潞安府知府。光绪三十四年（1908）归里省墓，卒。著《有乐堂诗文集》《题跋杂稿》等。按，光绪十一年（1885）八月乡试，李敏修中式，王筱汀落榜，主考官即曾培祺。

　　② 何兰芬：即何棪。事见本书李时灿《中华民国赠少卿京师税务监督何君墓志铭》。

　　③ 王骏烈：光绪十一年（1885）乙酉科举人。无传。

　　④ 敏修：即李时灿。本书清于沧澜《创建经正书舍记》有注。

　　⑤ 霁东：即李启灿（1857—1923），字霁东，号小农。李时灿之兄。拔贡，获选朝考，授教职，历任修武县、武安县训导。民国建立，教官废，告归故里，萧然孤斋，人以"守约自高，不屑屑逐市尘"誉之。民国十二年（1923）卒于里第。事见王锡彤《清武安县训导李君霁东墓志铭》。

祖良，以明经为山东宁远县佐，有惠政，后以儒学世其家。十三传至曾祖堂，郡庠生，积学早世；妣氏崔，以节祀节孝祠。祖登瀛^①，附贡生，治家有法；妣氏安。父安澜^②，咸丰壬子举于乡，授鄢陵教谕，提躬训士，一宗正学；妣氏张。生子五，先生其长也。幼有至性，为大父所钟爱。稍长，苦志下帷，应童试，辄冠军，旋入邑庠。四上乡举，不售，乃绝意进取，以父司铎，因长司家政焉。先生恪承祖训，曰孝友，曰吃亏，兢兢焉，罔敢失坠。历侍大父母及父母疾，几废寝食，延医检药，虽困惫不假于人，累年如一日。治丧，遵遗嘱，皆以礼待诸季，怡怡以和。居家简静，喜愠不形。喆嗣能读其书，遵功令，习举业，惟孳孳勖其向学，未尝以得失为欣戚。盖性也，而学可知已。尤严闲检，澹泊家居，未尝一字及有司。乡人以请托干者，婉词喻谢，亦皆感其诚以去。或以横逆来，观者积不能平，先生夷然处之，坦坦如平时，终身不以形诸口。以故乡党戚友无亲疏少长皆啧啧称善人，此尤学而有养者，义利必辨，非分之得，一介不染。昆季子侄间甘苦共之，姻族中贫不能给者皆竭力资助，以敦任恤。而自奉俭约，衣补缀，食粗粝，贫病困蹙，人所不堪，而先生宴然自怡，弗以境累。霁东诸昆弟行将日起矣，端谨有守，一秉父风，而克为先生肖子，蓄久弥光，皆先生之德之教也。余尝谓穷达有命也，而士之贤否得失不与焉。名显而裂，身荣而败，达亦穷也；孝友为政，泽延于世，穷亦达也。如先生者，可以风矣！以实志之，宜也，非谀也！

先生生于道光十五年八月初十日，卒于光绪二十年十月初七日，享寿六十岁。以子贵，封中宪大夫。配傅氏，封恭人。子四：长启灿，乙酉拔贡，修武训导；娶胡氏。次时灿，壬辰进士，刑部主事；娶张氏。次昕灿^③，业儒；娶阎氏。瑞灿^④，亦业儒，聘林氏。孙二：在庄^⑤，在敬^⑥，启灿

---

① 登瀛：即李登瀛，号翰仙，汲县附贡生，李时灿曾祖。河南省卫辉市地方史志办公室2008年版《河南通志·汲县采访卷》下卷《人物志·隐逸》有传。

② 安澜：即李安澜，字静舫，号少白。李时灿祖父。咸丰二年（1852）举人，历署修武训导、光州学政、济源训导、祥符教谕，仕终鄢陵教谕。事见王辂《皇清敕授修职郎鄢陵县教谕静舫李先生墓志铭》。

③ 昕灿：即李昕灿，清增广生员出身。李荣鼎之子，李时灿之弟。曾任民国举县议会议长。

④ 瑞灿：即李瑞灿，清宣统元年（1909）拔贡。李荣鼎之子，李时灿之弟。民国时，历官武陟、荥阳、贵县知事。

⑤ 在庄：即李在庄。附生，荥阳农业中学校毕业，供职陕西省署。

⑥ 在敬：即李在敬。河南高等学校毕业，授荐任职，待次开封。

出。以光绪二十一年（1895）正月辛巳葬于本邑石瓶村先茔之次。

铭曰：

惟德基福，惟善致庆。青青一衿，孰解苍苍？岂知先生，潜德幽光！讵于其身，子孙其昌！先生之□，不显而传；先生之泽，不斩不蹇。谓山峨峨，维水潺湲。取譬在即，大行原泉[①]。郁郁幽宫，森森□□。有崇者邱，归来形魄。风兮益清，月如斯白。我铭在兹，终古此宅。

【简析】

本碑乃李时灿之父李荣鼎墓志铭。原石难觅，仅存志文拓片。该拓高48厘米，宽58厘米。行间有网格线。正书小字。结体舒展，清秀挺拔，骨力遒劲。书丹者何兰芬为汲县"何氏双骄"之一，弃文从武，随袁世凯征战各地。袁世凯被清廷解除官职后，何兰芬为其选择卫辉安家，并结识了李敏修、王筱汀等一大批河南名士，为袁世凯的东山再起打下了坚实的基础。后反对袁世凯称帝，在一次赴宴时暴毙，成为悬案。波谲云诡的历史画卷往往因一个小人物而改变，何兰芬的经历堪称特异。其书沉稳刚毅之中尤显清峻之气，符合何兰芬以儒入武，挥洒果决，英气勃勃的个性。

本碑的撰文者乃沈阳进士曾培祺。曾培祺曾担任河南乡试主考官，是李敏修的座师。其担任卫辉知府时，曾极力称赞王筱汀的文章，并出资资助王筱汀赴京赶考，同时，修缮赈灾，拓展文教，多有善政。他与墓主李荣鼎仅有一面之缘，但在碑文中却紧扣李荣鼎"不求人知""谦谨和雅"的个性，铺陈其种种"令名遗泽"。从文中看，李荣鼎（1835—1894），字禹农，汲人，鄢陵教谕李安澜长子。"幼有至性"，却"四上乡举，不售，乃绝意进取，以父司铎，因长司家政焉"，可见其亦为科举考试的失败者，失意于功名，专注于家政。李启灿、李时灿兄弟的崛起，与其操持家政，言传身教有密切关系。

文中还梳理了李氏家族的发展史。此支李氏源自山西泽州，始祖李盛东迁于汲，三世祖李良"以明经为山东宁远县佐"，家族渐兴。李荣鼎曾祖李堂，祖父李登瀛，父李安澜，到李安澜时，李氏已成当地望族。李荣

[①] 大行：即太行山。《书·禹贡》："大行、恒山，至于碣石，入于海。"《左传·襄公二十三年》："齐侯遂伐晋，取朝歌。为二队，入孟门，登大行。"杜预注："大行山，在河北郡北。"原泉：即源泉。《诗·卫风·竹竿》："泉源在左，淇水在右。"毛传："泉源，小水之源。"此处指卫水。

鼎之子李启灿、李时灿名震一时，尤以李时灿名气与功绩最大。同时，文中称赞李荣鼎"恪承祖训，曰孝友，曰吃亏"，从而透露出李氏祖训中有关于"孝友""吃亏"的重要内容，为我们研究李时灿的品性、思想、成就提供了家庭文化背景的参考。

关于李荣鼎，河南省卫辉市地方史志办公室2008年版《河南通志·汲县采访卷》下卷《人物志·儒林》有传，依其家传编写，可与本碑互补。

徐君墓志铭

（清）贺涛

武强贺涛[1]撰文。天津华世奎[2]书丹。临清徐坊[3]篆盖。

君讳嘉贤，字少珊，天津徐氏。曾祖讳城[4]，河南南阳县知县。祖讳廉锷[5]，湖南即用知县。父讳思穆[6]，河南中河通判。南阳君卒于官，寄居卫辉，未及归，而通判君复官河南，遂家焉。

君少英果严毅，有特操，不苟言笑，虽至亲无私语，人咸以大器目

---

①　贺涛（1849—1912），字松坡，直隶武强人。光绪十二年（1886）进士。后为刑部主事。主讲信都书院及兼冀州讲席凡十八年。从吴汝纶、张裕钊学桐城派古文，卓然为一大家。有《贺先生文集》四卷、《读史札记》三卷等。

②　华世奎（1863—1941），字启臣，号璧臣。祖籍江苏无锡，迁避于天津。家教严格，拜名士杨香吟为师，29岁中举。破格入宫，任内阁中书。庚子事变后考入军机处，荐升领班章京。辛亥革命后，返回天津，从此告别宦海，以卖字为生，居近代天津四大书法家之首。

③　徐坊（1864—1916），字士言，号梧生，一号蒿庵，直隶州临清（今山东临清）人。出身世家，捐户部主事。光绪二十六年（1900），追随两宫西逃。二十七年（1901），擢国子丞。后为宣统皇帝之师。宣统元年（1909），京师图书馆创办，任副监督。辛亥革命后弃官，以遗老自居。卒谥忠勤，国史馆立传。藏书颇富，著《徐忠勤公遗集》。

④　城：即徐城（1777—1843），字印川，国学生，历任河南光山、南阳县知县，历署新安、武陟、汤阴、荥泽、汲县知县，特用同知，直隶州知州，诰授奉政大夫，晋赠朝议大夫。子二：廉锷、蓉镜；女三。

⑤　廉锷：即徐廉锷（1796—1837），字方颖，号新庵。廪膳生。道光十二年（1832）举人，十六年恩科进士。曾任湖南晃州知县、直隶厅通判。敕授文材郎，诰封朝议大夫，晋赠光禄大夫、建威将军。著《会心堂诗》《文集》。子四：寿彝、思穆、思浩、思九。

⑥　思穆：即徐思穆，字笔珊，一字质夫。清代官员，徐世昌祖父。原任河南中河通判，历署下南下北河同知，商虞中河通判，代理黄沁同知，候补直隶州知州，补缺后以知府用。钦加盐运同衔，赏戴花翎，诰授朝仪大夫，累赠光禄大夫、建威将军。子三：嘉贤、嘉猷、嘉言。

之。咸丰三年，粤贼窜河北，督师讷尔经额①公檄通判君治军怀庆，君随往。结筏渡兵，贼对岸施枪炮，众怯欲退，君奋然率之以进，遂渡。贼结栅，与官军相持。已而无声，众莫测虚实。君单骑夜往侦之，贼已遁矣，拔难女数百人以归。时君年十七耳！讷公壮君胆略，特疏荐于朝。疏为贼劫，不得达，而讷公去，事遂寝，人以是益奇之，又重惜之。而君绝口不言往事，益肆力于文学，究行水之法。通判君治河有声，君之助也。咸丰十一年，以疾卒，春秋二十有五。以子官赠奉直大夫。配刘氏②，旌表节孝，封宜人。

宜人，桐城人，父讳敦元③，廪贡生，以文称于时，其骈体文见奇于宣宗，著述多散佚；宜人独搜藏数种，今尚存也。宜人初入门，即佐姑治家，姑没，一以自任。自曾王姑以下家数十人，有事于宜人谋之，所需于宜人索之。宾祭昏嫁，所以致敬而达情者；疾病死丧，所以济急而饰哀者，惟宜人是赖。有遗孤子女，惟宜人是依。怂心瘁神，恒辍餐寝，久而弗怠。通判君既卒，家无余财，君之从祖④有官鄢陵知县者招之往，宜人不肯，既不欲以家累人，又恐幼子之习于安逸而不知自厉也，遂不往，而贫困乃不可支。

宜人善教子。君没时，子世昌甫七岁，世光⑤五岁，即教以礼让，违辄谴呵，至是督学益严。稍长，出就外傅。弱冠，假馆四方，益教以择交

---

① 讷尔经额（？—1857），费莫氏，字近堂，满洲正白旗人。清朝大臣。嘉庆八年（1803）翻译进士。道光元年（1821）任山东兖沂曹道，迁湖南按察使。后历任山东按察使、山东布政使、漕运总督、山东巡抚、湖广总督、热河都统、直隶总督。咸丰二年（1852），以直隶总督协办大学士，拜文渊阁大学士。后因剿贼不利，被逮下狱，遣戍军台。七年（1857），卒。按，咸丰三年（1853），太平军林凤祥、李开芳部北伐，朝廷命讷尔经额防守大名，遏贼北窜。义军自汜水渡河，陷温县，犯怀庆。诏授讷尔经额为钦差大臣，节制河南、北诸军。

② 刘氏（1833—1896），安徽桐城县人。廪贡生刘敦元之次女。旌表节孝，诰封宜人、晋赠淑人，累赠一品夫人。

③ 敦元：即刘敦元，字子仁，号笠生，桐城人。诸生。有《悦云山房集》。

④ 从祖：即从祖祖父，祖父的亲兄弟。按，同治五年（1866），徐世昌的叔曾祖徐士醇时任鄢陵知县，且其艰难，主动提出"全眷移往依之"，以便就近接济。但是，刘夫人"力持不可，婉言谢绝，谓恐家世极衰之后，托人余荫，从小受人帮助，衣来伸手、饭来张口，罔知艰苦，无复有克己振兴之日可期"（见《徐世昌年谱》）。

⑤ 世光：即徐世光（1857—1929），天津人。字友梅，号少卿。徐世昌之弟。光绪八年（1882）中举。十二年（1886），以捐纳同知分发山东，任知府。二十六年（1900），补青州知府，调任济南知府。三十一年（1905），署济东泰武临道及粮道，任河防局、营务局等要差。宣统元年（1909）简授登莱青胶道，兼东海关监督。辛亥革命时，逃至青岛，成为寓公，仍蓄辫以清室遗老自居。后迁居天津租界内。又督办濮阳河工。竣工后，复居天津，致力慈善事业，任中国红十字会会长。民国十八年（1929）病逝于天津。

处世之道。二子亦兢兢于母教，不敢背。光绪壬午，二子同举于乡。丙戌，世昌成进士，入翰林，遂迎养京师。宜人始归，即服勤习苦。通判君既没，家中落，勤苦益甚。及来京师，犹秉初志，而其教子亦未尝少宽于昔时也。光绪二十二年十一月二十三日卒，年六十有四。

君初聘黎氏[①]，未娶而卒。君父母欲葬黎氏于徐氏之墓，不果；及君卒，每致祭，宜人必设黎氏位，令其子母之，岁时拜其墓。子贵，赠宜人。世昌，翰林院编修。世光，山东同知，保卅知府。女[②]适吴县赠光禄寺卿、河南候补道、谥诚毅颜公[③]子士栋。姑没后，夫妇同殉，并旌孝行。孙一，孙女一，皆幼。

涛与世昌同举于礼部，以文学相切劘。将以某年月日奉宜人之柩与君合葬于汲之唐冈，以状来请，为铭墓之文。君以异材伟抱，少年夭逝，未克一施；而宜人主持门户数十年，上事三世，下教二子，二子皆有贤行，再兴其家，厥功甚大，故志君之墓而于宜人事尤详也。

铭曰：

既韫厥美，欲为时起。将翼以飞，忽劫而止。遂郁所抱，未施而终。畴弭我憾，子犹童蒙。子有贤母，作而振之。勿谓我母，而父而师。卒使二子，才任世用。人称母贤，母心弥痛。痛且苦矣，所成巨矣。先我逝者，其我与矣。

辉邑□□□、马友德□刻。

【简析】

本碑为徐世昌父母之墓志铭。原石无存，平原博物院存拓。此拓呈方形，不知尺寸。有界格，为乌金拓，墨色黑亮，字迹清晰，保存完好。连题32行，满行32字，共计941字。文后有两行小字，应是刻碑者之题名，模糊不清。

墓主徐嘉贤（1837—1861），字少册。徐世昌之父。太学生、国学生，候选县主簿，累赠光禄大夫、建威将军。著《治蔷书屋诗草》。宜人刘氏（1833—1896），安徽桐城县人。廪贡生刘敦元之次女。徐世昌之母。旌表节孝，诰封宜人、晋赠淑人，累赠一品夫人。

---

① 黎氏（1837—1852），顺天大兴县人。河南桐陵县知县黎文楷长女，累赠一品夫人。
② 女：指徐世梅。无传。
③ 颜公：指颜怀忠。吴县人。赠光禄寺卿、河南候补道。谥诚毅。

文中详细叙述了徐嘉贤的生平事迹和为人品性。徐嘉贤幼历坎坷，但"英果严毅，有特操"，"人咸以大器目之"，曾随父剿匪，并助父治河，颇有功绩。但天不假年，英年早逝，令人慨憾。同时，虽为徐嘉贤作墓志，但不拘藩围，挥洒自如，以"宜人主持门户数十年，上事三世，下教二子，二子皆有贤行"，故"志君之墓而于宜人事尤详也"。文中用了大量篇幅叙述刘氏治家有方、训子甚严之事迹，娓娓道来，灵动自然，感人至深。所以，此文也可以说是徐嘉贤夫妇合葬之墓志铭。

本文作者为桐城派古文名家贺涛。贺涛曾被徐世昌"延主其家"，袁世凯督直隶，开文学馆以聘之。本文简明达意，条理清晰，善抓细节，充分体现桐城派古文平易清新、清真雅正的特色。本文的书丹者为天津书法名家华世奎。华世奎的楷书取颜字之骨，气魄雄伟，骨力开张，凝重舒放，苍劲挺拔，居近代天津四大书法家之首。本文布局谨严，字字沉稳，一丝不苟，气韵浑然，当为精心构撰之名作。只是其颤笔的特色表露不明显，可能因刻碑所致。篆盖者为清代藏书家徐坊。徐坊曾为宣统之师，参与创办京师图书馆。可惜该铭盖已不传，无法睹其真颜。

本文虽为徐世昌父母之墓志铭，但文中详细叙述了此支徐氏的由来及徐世昌的成长历程，对研究徐世昌及民国史有重要的史料价值。其撰文、书丹、篆盖，皆出自名家之手，艺术价值极高，应为研究者所重视。

中华民国赠少卿京师税务监督何君墓志铭

（民国）李时灿

同里李时灿①撰文。王瀚②篆盖。原武乔纯修③书丹。

---

① 李时灿：即李敏修。本书清于沧澜《创建经正书舍记》有注。

② 王瀚：名江洲，汲县人。清光绪十四年（1888）举人。其他事迹不详。

③ 乔纯修：字懋卿，号卷楠逸人，原武县贺厂村人。光绪二十三年（1897）拔贡，录为七品吏部小京官。民国改制，归里，曾当选县议会议员。后又在本省安阳、卫辉、沁阳、开封、洛阳、南阳等地从事教育工作。民国十一年（1922），县长刘启泰请绅董熊润修等人筹资编纂县志，乔纯修被聘为修志局长兼纂修，后因财政拮据而停工。翌年，乔应聘北京之教，公务之暇，与苗元勋二人搜集数据，编辑志稿，经数年，已成十之六七。民国十七年（1928）秋，二人相携归里，终于民国二十三年（1934）功成。一直未付刊。现藏原阳县档案局。

中华民国五年一月七日，京师税务监督、汲县何君卒。元首项城袁公闻讣震悼，遣祭赐赙，恩礼有加。灵輀返卫，都人士络绎奔赴，衢巷为塞。抵里，郊迎者逾千百人，时以为荣。或慨然太息，悲君未竟其志。越两载，其孤嘉升将葬君汲北黄土岗新阡，乞文志墓。时灿与君相知久，不敢辞。

君讳棁，字芷庭。明季，卫有何都司继爵①阖门殉流寇难事，具邑乘。都司兄弟行讳继祖，君始祖也。数传至君曾祖考士培，清嘉庆辛酉拔贡，仕禹州学正；妣陈氏，赠孺人。祖考峦，增广生员，赠中宪大夫；妣张氏、贺氏，均赠恭人。考登杰，廪贡生，候选训导，赠中宪大夫；妣刘氏、陈氏，赠恭人；费氏，封恭人。昆季五：君与伯氏桂芬②，字芳五，刘恭人出；其出自陈恭人曰藻芬；出自费恭人曰檩、曰桦。

初，芳五习举业，名噪甚。君雅不措意，独喜涉猎史鉴，旁及说部，抵掌时局，炎炎惊四座。性豁达，能急人难。尝在汴馆，王氏合家病疫，亲知裹足，独检视医药，不少避。中国奋贵士贱商，君时牵牛服贾，或持筹入市，同人讥诮，弗恤也。光绪癸巳，登贤书。乙未，闻项城练兵小站，往从之。中复佐聂忠节公③幕。项城抚山左，君赴德州转运。拳匪方炽，环局设疑幕，匪不敢近。嗣以知县分鲁，历任沂水、黄县。仅岁余，尽心民事，因病去职。适丁父艰，越岁戊申，项城养疴回籍，寓彰德洹水上，属君修苏门先贤祠宇、浚邺郡天平渠。宣统辛亥，武昌事起，项城出督湖北军务，入组内阁，委君后路转运提调事宜。抵京，派军需处总务科长。民国建元，兼筹边支应局庶务科长。嗣任命秦关榷运局长，未赴，旋给三等文虎章。甲寅，任北京商税征收局长，改简京师税务监督兼拱卫军粮饷局坐办。乙卯，叙官，授中大夫，加上大夫衔。既卒，追赠少卿。其

---

① 何继爵：按，清乾隆乙亥版《汲县志》卷之十《人物中·忠烈》："何继爵，其先山西洪洞人，以世袭任卫辉千户，遂家于汲。生平谦以律己，谨以奉公。迁南阳守备。竭力整饬营务，剔蠹除奸，而仍寓以和平，不事苛细。抚按交章荐，擢河南都司署都指挥佥事。为阉党所排，旋里。崇祯甲申春，流贼入卫，不屈被杀。妻支氏，从殉。一女，年十七，死尤烈。"

② 桂芬：即何桂芬（1857—1897），字芳五，号耐秋。早年"厉志食贫"，苦读成才，以府试第一入邑庠，但中岁科举困顿，再试再黜，后以"思积书，训其子"终生。

③ 聂忠节公：即聂士成（1836—1900），字功亭，安徽合肥人，清朝将领。光绪十年中法战争爆发，聂士成奉命率军赴台，授山西太原镇总兵。甲午战争时，随提督叶志超援朝，驻军牙山。以功授直隶提督。光绪二十六年（1900），力主镇压义和团。7月9日，在城西八里台中炮阵亡。

闲，自共和胚胎暨革命再起，迭奉项城密旨，赴鲁赴宁，赴汴赴沪，维持调剂，务底和平。君从项城二十年，屡更夷险，未尝少渝初衷，至平日眷顾寒微，尤期清浊无失。乙卯秋冬闲，忽感念时局，愁然隐忧，兼以民国堤防溃决，士夫闲习为流氓，益怵于民生彫困，时时形于词色，不意君之竟不起也。

君生于同治乙丑五月十三日，年仅五十有二。娶张氏，妾刘氏。有丈夫子四：嘉升，山东高等学校毕业，现充京师税务署顾问；嘉锟，汲县中等农校毕业；嘉晨，县丞职衔；嘉晟。孙男一：乃祜。女三人。

为之铭曰：

呜呼！谓君为不遇兮，曾受知命世之英；谓君之果遇兮，迄未著赫赫之功。吾欲翘首问天，而天梦梦。无奈得失在我，无关身外之穷通。崇岗逶迤兮，河流在东；漠漠广土兮，是为吾子之宫。

男嘉升等泣血纳石。古共靳三友刻。

【简析】

本碑为何棪（何兰芬）墓志铭。原石无存，平原博物院存拓片。长37厘米，宽92厘米。该拓由两个长方块组成。每块又分四部分，各部分之间有空行和界线。布局疏宕，呈册页状，十分精美。此拓纸面干净，黑白分明，字迹清晰，品相完好。从拓片看，原石也应极为精美，刻写细腻，可见不计成本，十分重视。上块前两小方格为篆盖，每块2行，每行5字，即“中华民国赠少卿京师税务监督何君墓志铭”。笔画圆润，内蕴骨力，结体略方，庄重古雅。篆盖者王江洲举人出身，从此盖看，王江洲之书不事浮华，沉稳内敛，凝重浑朴，功力深湛；只是不知其生平事迹，甚为可惜。正文分为10格，共59行，满行16字，共计884字。后有小字“古共靳三友刻”。正文楷书，有浓郁的魏碑之风，端庄凝重，古朴浑厚，一丝不苟，气韵沉雄，为书法珍品。本文的书丹者为乔纯修，拔贡出身，曾编原武县志，其书法功力深厚。

何棪（1865—1916），字芷庭，汲县人。何桂芬（字芳五）之弟。光绪十九年（1893）举人。二十一年（1895），闻袁世凯练兵小站，往从之。入聂士成幕府，随袁世凯治理山东。三十四年（1908），随袁世凯养疴彰德，修苏门先贤祠宇、浚县天平渠。辛亥革命时，受袁世凯命，任军需处总务科长。民国元年（1912），兼筹边支应局庶务科长。三年（1914），任北京商税征收局长，改京师税务监督兼拱卫军粮饷局坐办。四年（1915），授中大夫，加上大夫衔。卒，追赠少卿。

何燊是中国近代史上举足轻重的人物，他的命运沉浮与袁世凯密切相关。何燊早年也曾投身科举，但性格豪放，关心时局，目光远大，很快弃科举，做实业，顺应潮流，面对"同人讥诮"而"弗恤也"。其政治嗅觉敏锐，当听说袁世凯小站练兵后，依然投奔从戎，追随袁世凯，走改变中国积弊之路。尤其在袁世凯的人生处于低谷时，向袁世凯请命回汲县搞实业，积累财富，广罗人才（如王筱汀、李时灿，皆是通过何燊等结识袁世凯的），为袁世凯蛰居汲县、彰德铺下根基。随着袁世凯逐步兴起，何燊的事业达到了顶峰，官居京师税务监督，权倾一时。文中叙及"自共和胚胎暨革命再起"时，他奉袁世凯密旨，奔波全国，调停各方，俨然袁世凯之左膀右臂。文中感慨"君从项城二十年，屡更夷险，未尝少渝初衷"，可见其对袁世凯忠心耿耿。

何燊卒于袁世凯称帝前夕。碑文中没有交代何燊对袁世凯称帝的态度。实际上，作者不是不知，而且难以言说。何燊之死，是近代史上一个难解的公案。何氏后人传言，何燊反对袁世凯称帝，被人下毒而暴死。王筱汀《抑斋自述》中也有何燊"暴死"的记载。何燊丧葬十分隆重，应有掩饰之嫌。真相究竟如何，已不得而知，但"暴死"是肯定的。李时灿把原因归为"忽感念时局，怒然隐忧，兼以民国堤防溃决，士夫间习为流氓，益怵于民生彫困，时时形于词色"，也许为尊者讳吧。其实，李时灿还是有所吐露的，如铭语中的"谓君为不遇兮，曾受知命世之英；谓君之果遇兮，迄未著赫赫之功""无奈得失在我，无关身外之穷通"，隐现出传统士人对"知遇者"与"独夫"集于一身的袁世凯的复杂情感，充满了难言的无奈。

所以，本拓是研究袁世凯统治集团的形成、覆灭及民国初期专制与共和的斗争等历史事实的重要资料，应加以重视。

另，何桂芬、何兰芬为汲县何氏家族的佼佼者。两人都投身科举，但结局迥异，两相对比，颇能反映时代剧变时青年学子对人生道路的不同追求。平原博物院藏李时灿《清封奉政大夫芳五何君墓表》（邑人李时灿撰文，王静澜书丹并篆额）拓片，颇为可读。

汲县王先生墓志铭

（民国）袁克定

项城袁克定[①]撰。丰润张允亮[②]书。

　　吾友王先生，中州硕耆也。中州学术胎息周程，君能得洛学之精华，不袭其面目。古云"善《易》者不谈《易》"，君其人耶？光绪末叶，先公入赞枢务，暇颇延接士显，一日宾退，谕定曰："适王某来见，话甚欢。吾阅豫人士多矣，未有如其该博者，才器超迈，汝当友之。"未几，两宫升遐，先公服孝未满百日，以足疾去职，退休洹上。余留宦京师，与君朝夕过从，说经论史，间与法友巴和评究欧西各国宪法，以为建国永久，莫如共和，免易姓易代之惨，殃及国人。而君更进之曰："唐虞传贤不传子，公之天下，合共和之精义。"信哉，斯言也！君谈论古今，义证精确，多类此。辛亥，共和揭帜，或称乱，或阻兵，遍及各行省，余与君思顺世运之推迁，防蠢莠之嚣动，以为非共和不能救国，非共和不能保五族，非先公不能膺元首之推戴。《易》云："穷则变，变则通，通则久。"又云："观其会通，以行其典礼。"典礼者，事之宜也。值此鼎革之际，岂可以扬汤止沸，抱薪救然？君乃与二三同心奔走河南北，晓以世运所趋，袁公必不违天时。共和议起，怀疑者多，其贪功利、希爵禄、谋旧制之存在者不鲜矣。于是伤君之谤起，君处之怡然，自谓持此议报袁公之知，伸爱国之谊，祸福所不计。共和建国，君不言功，君其今之王光[③]、鲁仲连耶？

---

　　①　袁克定（1878—1958），字云台，别号慧能居士，河南项城人。袁世凯长子。幼年随袁世凯历任各地，清末荫候补道员，后升任农工商部参议、右丞。民国元年（1912）任开滦矿务总局督办。鼓吹帝制，发起组织筹安会。袁世凯死后，袁克定迁居天津隐居。抗战期间，拒绝与日合作，生活贫困。1949年后，出任中央文史馆馆员。1958年病逝。

　　②　张允亮（1889—1952），字庚楼，别号无咎，河北丰润人。袁世凯女婿。宣统三年（1911）毕业于北京京师译字馆。考列最优等，奖举人出身，以主事职分度支部补用。北洋政府时在财政部任金事。自幼攻经史，后即专门从事古书版本目录研究，先后在故宫博物院、北平图书馆、北京大学图书馆、北平古物陈列所，任编纂员、善本部主任、研究员、图书馆主任等职。著《故宫善本书影》《故宫善本书目》《北京大学善本书目》《方志目》《故宫善本书志》等。

　　③　王光：即介子推，因"割股奉君"，立下大功。但面对论功行赏，隐居"不言禄"。死后葬于介休绵山。晋文公深为愧疚，遂改绵山为介山，并立庙祭祀，由此产生了"寒食节"。

君初选拔明经，先公为输粟，得官郎中①，欲以荐致大用，不果。民国初，欲使长豫，以疾辞，述介子言"窃人之财谓之盗，贪天之功又何如"②。先公薨位，君忧世，即终隐于津市。

君讳锡彤，字筱汀，世居汲县，代有文德。曾祖汝熊③，岁贡生。祖忠相④，父宝卿⑤，皆诸生。母夫人罗氏。⑥君十六失怙，事母以至孝闻，教养少第，一家雍睦。汲县，殷牧野地，人士茂朴，君言信行果，急人之阨，有古烈士风。庚子后，变法维新，吾豫见闻闭塞，汲尤甚。君创学堂，为乡人谋智育，讲学于省郡州县近二十年。豫人显达中，非弟子行即后学，故群以"王先生"称之。晚岁，婴沈疴，卧蓐经年，然犹枕藉经书，顷刻不释。辟净室，署其楣曰"抑斋"，朔望奉先，刚柔⑦读书。余赠联有"陈案纵横万卷富，绕床奔走百孙欢"之句，乃实境也。阛阓之暇，隐几著述，撰《清鉴》，精于《论衡》，惜未终编而长逝矣，痛哉！先公中道云殂，君亦于邑终古，一生抱负如荆山瘗玉、沧海遗珠，光黝黯而终晦，魄浮沈而不彰。然承嗣者贤，善述先志，父有书，子能读之；考作室，子肯构之，亦可慰君于九原矣！

---

① 按，关于王筱汀捐款买官之事，《抑斋自述》之《燕豫萍踪》："（宣统三年六月），时袁公既锐意办罗山银矿，且使余领衔递呈。余以清朝事例，领衔者必须达部，恐非草茅所宜。袁公曰：'现正办振捐，请奖一郎中，岂非京官乎？'因于呈稿上即注'候选郎中王某'。即至京，不能不实此言，因托人探问，以余拔贡就职之直隶州州判加捐六千两可得郎中。捐款七折，计银四千二百两，即如愿。因借款为之。"由此志可知出借者乃袁世凯。

② 按，《左传·僖公二十四年》："晋侯赏从亡者，介之推不言禄，禄亦弗及。推曰：'献公之子九人，唯君在矣。惠、怀无亲，外内弃之。天未绝晋，必将有主。主晋祀者，非君而谁？天实置之，而二三子以为己力，不亦诬乎？窃人之财，犹谓之盗，况贪天之功以为己力乎？下义其罪，上赏其奸，上下相蒙，难与处矣！'"

③ 汝熊：即王汝熊，字太占，一字恩元，汲县人。王筱汀曾祖父。岁贡生，喜读书，好吟咏。

④ 忠相：即王忠相，字普霖，汲县人。王筱汀祖父。增广生。为民辩诬，不遗余力。调停有司与地方帮会之间的矛盾，但知府食言，王忠相至死以为憾。

⑤ 宝卿：即王宝卿，字鹤汀。王筱汀之父。从文中看，王氏家族到王宝卿时，已显衰败之势，"家产微也"。再加上社会动荡，农民起义不断，灾荒连连，他"龂龂持家，掊挂艰阨"。科考不顺，仅为县学附生出身，慨然放弃科考转而经商；但遇到灾荒年月，经商收益不大而又卷入两场官司，损失巨大，39岁因疾卒于修武商肆。

⑥ 罗氏（1841—1910），王筱汀之母。出身并不富裕，家教甚严。年十九出嫁，"以坚苦卓绝之行曲施其教育恩勤之谊"（王筱汀语），为人赞叹。王筱汀在《抑斋自述》中从孝行、坚忍、明达、慈而不溺、俭而中礼、破除迷信六个方面详记其实。事见清华辉《诰赠奉政大夫鹤汀王君暨配罗太宜人墓志铭》。

⑦ 刚柔：昼夜。《易·系辞上》："刚柔者，昼夜之象也。"孔颖达疏："昼则阳日照临，万物生而坚刚，是昼之象也。夜则阴润浸被，万物而皆柔弱，是夜之象也。"

　　君生于清同治五年五月初三日，殁于民国戊寅五月十二日，享年七十有三。以己卯年十月初四日葬故都西山普觉寺东阡，以夫人赵氏①祔。夫人有贤德，先君壬申十月二十日卒。子男二：长泽敷②，邑庠生，河南省议会议员；次泽攽③，以庠生游学海外，国体改革，任参议院议员。女泽荃：适秋浦周氏④。孙男女二十人。曾孙男女四人。

　　余少习戎马，壮有右行⑤文字之癖，寓文坎石，所不恒为。然与君交至深，重其哲嗣之请，所不敢辞。

　　铭曰：

　　三世为德，天祚以国。累叶行善，芝生墓侧。君之孝友，为世作则；君之言行，为人辨惑。有弟急难，有子克谐；旌以义门，其号不乖。积金有尽，积德无厓；世祚悠悠，西山与偕。

【简析】

　　本拓铭、盖共两张，俱方形，铭边长59厘米，盖边长56厘米。篆盖"汲县王筱汀先生墓志铭"共4行，首行"汲县"与第三行"先生"字略大，第二行"王筱汀"和第四行"墓志铭"字略小，大小高低，错落呼应，优雅简洁，清丽严谨，如同篆章一般，富有创造性，十分精美。正文33行，满行34字，共计1018字。楷书，结体稳重，运笔内敛，字形微带行意，清秀洒脱，劲骨犹然。篆盖、书丹者为一人，即民国初期著名学者张允亮，他是河南巡抚张人骏之子、袁世凯之婿，但在政坛上成就一般，在金石学、古书版本目录学上颇有建树。其家族中善书者多，自幼受到熏

---

　　①　赵氏（1865—1932），讳蓉轩，王筱汀之元配夫人。年十九出嫁，夫家贫苦，"家四壁立"。夫人以"一身兼子妇仆媪之役"，以坚忍辅佐丈夫成立功业，持家有礼，教子有方，良善颇多。事见李时灿《王母赵夫人墓志铭》。

　　②　泽敷：即王泽敷，字敬五，王筱汀长子。邑庠生，河南省议会议员。事见李时灿《王室张氏陈氏两夫人墓志铭》。

　　③　泽攽：即王泽攽（1885—1943），字仲刘。王筱汀次子。曾游学日本，参加同盟会。归国后，应袁克定之请解甲进京。1912年，创办《大自由报》。1914年，《大自由报》被禁。1917年，当选众议院议员。1925年，子承父业，担任启新洋灰公司董事、协理等职。1943年病故，其子王功直继任启新洋灰公司董事。

　　④　秋浦周氏：指周明龢。周馥孙，周学辉次子，清末民初实业界巨擘"周氏家族"（代表人物为周馥和周学熙）之重要人物，曾长期管理北京自来水公司。

　　⑤　右行：文字写法自左至右。《法苑珠林》卷十五："昔造书之主，凡有三人：长名曰梵，其书右行；次曰佉卢，其书左行；少者苍颉，其书下行。"

陶，其书功力深湛，文人味、金石气浓郁，以底蕴深厚取胜。按，宣统元年（1909），44岁的王锡彤受被迫罢职的袁世凯重用，兴办实业。十二月二十一日，张允亮娶袁世凯之女，王锡彤主其事。

墓主王锡彤（1866—1938），字筱汀，世居汲县。其家族虽屡有起伏，但毕竟是当地的名门大户，王锡彤自幼受到了良好的教育。王锡彤身受科考重压，屡战屡败，又值天下大乱，天灾人祸不断，家道中落，他一边设法谋生，一边四处求学，但始终困顿科场，不得已开馆授徒，渐成一方名士。后来，社会巨变，推行新政，王锡彤顺应时潮，兴办学堂，注重实业。真正使之人生命运发生转折的是袁世凯，袁隐居卫辉，静观时代风云变幻，广罗人才，培养自己的势力。王筱汀、李时灿经人介绍结识袁世凯，而王筱汀成为袁世凯的重要幕僚，后人称之"天子师爷"。文中首先叙述王筱汀为推行共和国体和支持袁世凯党争而四处奔波的情景，这不仅仅是报答知遇之恩，而且还是看清了中国社会的发展方向的高瞻远瞩的体现，说明王筱汀是有政治远见的。后来，共和成功，但袁世凯沉渣泛起，恢复帝制，王筱汀反对称帝，黯然引退，文中多写其学介之推而"终隐于津市"，实际上是讳言其反对帝制。

从一位贫穷儒生成为民国要人，在政治舞台上呼风唤雨，王筱汀的变化和人生价值的体现可谓具有传奇色彩。他远见卓识，足智多谋，依然制止不了袁世凯背叛共和，开历史的倒车，这恐怕也是其晚年以学者终身的原因吧。其实，他对国计民生的贡献最大的不是政治，而是实业。在袁世凯的支持下，王筱汀充分展现了自己的经济才能，他涉足煤矿、铁矿、自来水、棉纱、水泥等诸多产业，并取得了不俗的成就，奠定了中国近代民族工业发展的基础，对后世影响深远。

王筱汀在经济上的成就如此之高，可文中却极少提及，这与撰文者的心态有关。撰文者袁克定是袁世凯长子，有雄才，也有政治野心，参与袁世凯的军政事务，逐步掌握了军政大权。后来鼓吹帝制，遭到了人民的唾弃。他在文中集中笔力叙述王筱汀的政治成就，把王筱汀塑造成一位功高身隐的名士，巧妙地掩饰和解读王筱汀对帝制的反对和抛弃，个中滋味颇令人玩味。据王锡彤《抑斋自述》，两人私交甚笃。宣统二年（1910）二月，袁克定患重病，王锡彤聘请名医助其痊愈，故"云台每与余言，辄称先生；见诸纸墨，则曰吾师。余再三解谢，至是乃约为兄弟"。

　　民国时期，风云变化，个人遭遇与社会动荡相交错，演绎出一幕幕的悲喜剧。中国人讲究盖棺论定，墓志铭虽多"谀墓"之词，但如同挽联一样，都有对人物的基本评价在其中，所以，请谁撰写，怎样撰写，评价基调，遣词用语等都是人们所关注的地方，这也是民国墓志铭的独特性所在。由袁克定为王筱汀撰写墓志铭，本身就有许多戏剧因素在其中，这也是此铭吸引后人之处。

　　按，《北图中国历代石刻拓本汇编099》收录此文，但注为"民国二十八年十月四日葬于河南汲县"，与本文"葬故都西山普觉寺东阡"不符，属明显错误。另，王筱汀墓冢位于北京市海淀区普觉寺（北京植物园内）。墓前有墓碣，即《故参政员参政王君墓碣铭》，由杭县许丹撰文，武进徐宗浩书丹。

新乡县篇

大齐天保九年岁次戊寅二月八日鲁思明敬造

　　夫玄途杳迈，爰驰驷于苦津；太冥虚寂，甘有作于造像。□□□□□，□□□□□照。使昏夜永幽，为屯云而翳景；伏宝盈家，为无明以□□。□□□□□□，□□□□能人①。睹出没之无常，怜六趣②之苦毒；怀慈悲于大千，□□□□□。□□□□，□□十方。定灵基③于运未之初，吐神源于无始之际。披惠□□，□□□□□；□□□□，□解于低枝。内镜三明④，外运六通⑤。旷寂无为，开万法之□□。□□□□，□□□□□；□鼓一鸣，则九会⑥俱悟。故移驾鹿菀⑦，唱四冥之玄；回轸王舍⑧，明般若之□。□□□□□，宣二常之极。可谓玄宗云举，众目备张矣。故能顷浊波于四□之渠，□□□□□□，四非会于涅槃；九源以兹

---

　　① 能人：能化之人也，即佛。《观经玄义分》："安乐能人，显彰别意弘愿。"

　　② 六趣：即六道。佛教语。谓众生轮回的六去处：天道、人道、阿修罗道、畜生道、饿鬼道和地狱道。按，佛家有"六趣轮回"之说，谓众生各因其善恶业力，而在六道中轮回生死。

　　③ 灵基：舍利佛塔。唐玄奘《大唐西域记·那揭罗曷国》："城西南十余里有窣堵波，是如来自中印度凌虚游化，降迹于此。国人感慕，建此灵基。"亦指佛寺。

　　④ 三明：佛教语。指天眼明、宿命明、漏尽明。《文选·王中〈头陀寺碑〉》："气茂三明，情超六人。"李周翰注："三明，谓天眼明、宿命明、漏尽明。"

　　⑤ 六通：佛教语。谓六种神通力。按，"三明六通"指阿罗汉所具之德也。《观无量寿经》曰："闻众音声赞叹四谛，应时即得阿罗汉道三明六通具八解脱。"

　　⑥ 九会：按，《华严经》又称《七处九会说》。此处指佛经。

　　⑦ 鹿菀：应为"鹿苑"。按，"鹿野苑"为佛教在古印度的四大圣地之一，位于印度北方邦瓦拉那西以北约10公里处，是释迦牟尼成佛后初转法轮处，原始佛教的最初僧团也在此成立。此处指僧园、佛寺。

　　⑧ 王舍：指王舍城。地名。即古印度曷罗阇姞利呬城。传说其西南佛陀迦雅为释迦牟尼成道之地。此处借指佛国、佛寺。

断流，三障①用斯云扫。自非灵照□□，神光□□□□。□□既周，应缘异域，忻悑觉花，游神更迹，遂使真仪匿曜，玉响□□。是以□□□□，□□栴檀。②今正法摧纲，经像奖世；十力慧日③，沉晖唯远；无明重□增障，珍□□□□；□斯弘业，绍隆三宝④者哉。

　　然摩诃上士⑤姓鲁，名文字，字道慧，□□于石□，□□□□□，俾侯于东国。奕世上公，著芺⑥春秋。大汉初基复封，世祖不□嘉侯。子□，□□□□□劫，积惠种于遐代；抱明珠以镇心，佩白日而照物。禀性天资，非蓬麻□□，□□□□能；建卓尒之颠，秀于众人之上；立希有之功，挺在群物之□。复率弘□□，□□□□空。行合等心，一时俱唱，遂舍伽蓝地两区，立寺置僧。悉是杖锡大德，□□□□□□田。于是近者不劝而来，远方自辇而至；合邑千人，共崇弘业。敬造珍□，□□□□□八；绣像一区，合有千佛人中。⑦石像两区，宝车一乘。龙灯一□，造经千□，□□□□□，□得度饰；运至难辞，时来叵抑！春秋年七十有五，寝疾□□焉。

　　其息□□、□□、□□，汪汪之风，早令童年；珪璋之称，遍满人口。纂修父业，追勤上□；奖率□□，□□□□；圆满巧图妙状，八十种好⑧充备；即是正觉再显于道王，大悲□□于□□。□□□□，建宝塔三区。升玉砖以构宇，磨碧石而营基。隆崇耸峻，□□□□□□；□□□□，荆琨请工极于久□。雕饰绮丽，逾潜光之妙貌；剞劂殊异，方

---

① 三障：佛教语。指烦恼障、业障和报障。此为求解脱的三大障碍。《大智度论》卷五："三障中，业力最大故，积集诸业，乃至百千万劫中，不失、不烧、不坏，与果报时不亡。"

② 栴檀：梵文"栴檀那"的省称。即檀香。

③ 十力：佛教谓佛所具有的十种力用。南朝齐谢镇之《与顾道士书》："运十力以摧魔，弘四等以济俗。"亦指如来。唐王维《西方变画赞序》："唯兹十力所护，岂与百身之赎。"慧日：佛教语。指普照一切的法慧、佛慧。亦指佛释迦牟尼。

④ 三宝：佛教语。指佛、法、僧。《释氏要览·三宝》："三宝，谓佛、法、僧。"后指佛教。《南史·梁昭明太子统传》："太子亦素信三宝，遍览众经。"

⑤ 摩诃：亦作"摩呵"。梵语译音。有大、多、胜三义。《翻译名义集·法宝众名》："摩诃，此含三义，谓大、多、胜。"佛经中对菩萨的称呼。《释氏要览·称谓》引《瑜珈论》："无自利利他者，名下士；有自利无利他者，名中士；有二利，名上士。"

⑥ 芺：按，碑中字形即此。芺，治也。《扬子·太经》："干柔芺金。"或为"夫"之误写误刻。

⑦ 人中：指"人中尊"。佛之德号。佛于人中最尊最胜也。《法华经序品》曰："有佛人中尊，号日月灯明。"

⑧ 八十种好：佛教语。指如来善相的八十种细微特征，如无见顶相、鼻高不现孔、眉如初月、耳轮垂埵等。亦转为"八十二好""八十一种好"。

□□□□□。□□□，□抽干而陵云，或低柯以蔽日。花草色色而婳烂，百果行行而□□。□□者□□□□，行路者仰圣颜而徘徊，稽首者慕灵容而颂叹。

其地势也，面眺黄□□□，□□□□，则山川之爽垲，土地之沃壤，万物饶演，人丰礼让。宅□□□，□□□□□；□□□□，化六合宁一。中宫内外，宰相群官，州郡令长，忠贞职□□。□□□□□，□□□□□；弥勒三会^①，俱逢上首。逮及法界有形，普同斯福，乃作□□□□，□□□□：

□□□□，文像东行。授记^②弥勒，下济群盲。恋心仰慕，图写真灵。其一

□□□□，□□□□。□□□神，灵相在中。虽未宣化，气泽流风。其二

茫茫易远，龙运□□。□□□□，□□□□。□□挺绝，时一无双。其三

奇哉大士，唯鲁道惠。练解苦空，□□□□，□□□□，□□□□。其四

【简析】

本碑原立新乡市凤泉区鲁堡百官寺，后藏于新乡市博物馆，1998年移入河南省博物院。高200厘米，宽116厘米，厚31厘米。碑额为六螭盘绕，额心为圭状佛龛，龛内造像已不存。龛两侧线刻二胁侍菩萨，头饰花髻，圆项光，上有流云纹饰。龛下刻"上为皇帝陛下"六字，字体与正文一致，周围有界线。碑身上部刻三列供养人：第一列中题"东西二寺都僧主鲁文字"，左右线刻供养人像各四，其左间题"息鲁佛度""息鲁思明""息罗田县令鲁思贵"（从左到右），其右留有题名之处，却没有题名；第二列中题"寺主鲁相举"，左右线刻供养人像各六，其右间题"八

---

① 三会：指弥勒佛的三次说法大会。佛教称兜率天弥勒降生翅头末城，学道成佛，在华林园龙华树下开三次法会。初会说法，九十六亿人得阿罗汉；第二大会说法，九十四亿人得阿罗汉；第三大会说法，九十二亿人得阿罗汉。

② 授记：佛教语。谓佛对菩萨或发心修行的人给予将来证果、成佛的预记。《法华经·五百弟子受记品》："其五百比丘，次第当作佛，同号曰'普明'，转次而授记。"

关斋主王敬宗""都唯那吕黑太""太息吕终洛"（从左到右，另外两处无题名），其左留有题名之处，无题名；第三列左右分别线刻供养人像各六，无题名。正文31行，满行26字，共计801字。本碑下部砌于座中，遮埋数行，新乡市博物馆展拓明显比河南博物院所拓字多，但也不全，笔者据文意及文后韵语判断，其满行应为26字。笔者仅见碑照及拓片，不知其碑阴、碑侧之状。从拓片开，其右上部漫漶严重，有缺字。正文每字皆有界格，布局舒展精美。其字体为正书，具有浓郁的魏碑、隶书笔意。结体方严敦厚，不枝不蔓，气韵沉雄；运笔力道千钧，拙中有俊，动静相宜。为北齐书法珍品。

文中记述北齐天保九年（558）二月八日，鲁思明造佛像之事。从文中看，鲁氏为当地名族，"奕世上公，著芙春秋"。鲁思明之父鲁文字（字道慧）倾慕佛学，担任"都僧主"，僧主即僧正，为佛教僧官名，可见鲁文字在当地佛教界地位很高。同时，其子鲁思贵担任罗田县令，鲁佛度、鲁思明等皆为名士，说明鲁文字父子在当地政界、佛教界具有一定的影响力。正因为如此，他们的一系列崇佛盛举才能一呼百应，呈现"近者不劝而来，远方自举而至；合邑千人，共崇弘业"之盛况。

细研本文，鲁文字父子敬佛之事并非一宗。先是"舍伽蓝地两区，立寺置僧"（可见百官寺有可能创于此时），然后"绣像一区""石像两区"，最后又"建宝塔三区"，此非具有强大财力和号召力者所能完成。由此可见北齐时太行东麓之豫北一代建造佛像的风气之盛。天保九年（558）正是北齐国力强盛之时，高欢代东魏而自立，建都邺城，其为人深沉，善于计谋；又知人善任，以法驭下。此时的北齐不仅政治清明，而且农业、盐铁业、瓷器制造业都相当发达，与同时期的陈、西魏相比最为富庶。北齐宫廷崇佛之风颇甚，佛寺众多，费时费力费财的造像之俗愈演愈烈。国力强盛，朝廷倡导，处于战乱之中的人们亦借此抚慰心灵，故而使得北齐造像成为佛教史上的奇观；另外，耗资巨大的造像运动亦使社会财富急剧减少，加之高欢为开拓疆土而连年征战，朝廷内乱隐显，社会矛盾滋生。天保十年（559），为荒淫生活所累，高欢病死，北齐立刻陷入内乱和衰败之中。北齐最终被北周所灭的原因虽然很多，但始于高欢的大规模造像运动应是隐患之一。

本碑用语多为四六骈偶，华丽炫美，朗朗上口。先阐述建造佛像与苦心修行的关系，然后以"移驾鹿菀，唱四冥之玄；回轸王舍，明般若之□"为典强调创建佛寺、佛像、佛塔的意义，为下文叙述鲁文字父子的崇佛行为张本。在叙述鲁文字父子的种种事迹时，作者有意识地渲染当时社会的崇佛造像之风，为后人了解北齐佛教文化的发展和豫北一代北齐佛造像的风俗缘起提供了原生态的描述。其后对百官寺地势及周围环境的描写"其地势也，面眺黄□□□，□□□□，则山川之爽垲，土地之沃壤，万物饶演，人丰礼让"，又为人们了解北齐时鲁堡的地理风貌提供了形象的认知。

本碑是北齐佛造像中的精品，能保存至今，实属不易。其为研究北齐造像艺术、文字演变、书法技巧等提供了第一手数据，应予珍视。

本碑为古今金石学者所关注，但大多直述之状，少有著录。新乡贺超先生及台湾颜娟英研究员用力极深，多有创建，本文所述多有借鉴。碑拓缺损太多，笔者尝试补之，定有不当之处，以待方家指正。

大观圣作之碑

（宋）宋徽宗

学以善风俗、明人伦而人材所自出也。[①] 今有教养之法而未有善俗明伦之制，殆未足以兼明天下。孔子曰："其为人也，孝悌而好犯上者鲜矣；不好犯上而好作乱者未之有也。"[②] 盖设学校、置师儒所以敦孝悌，孝悌兴则人伦明，人伦明则风俗厚而人材成、刑罚措。朕考成周之隆，教万民而宾兴以六德六行[③]，否则威之以不孝不悌之刑；比已立法，保任孝、悌、

---

① 按，此句出自《孟子·滕文公上》："夏曰校，殷曰序，周曰庠，学则三代共之，皆所以明人伦也。"旧时各地孔庙的大殿称明伦堂，本此。人伦，指封建礼教所规定的人与人之间的关系。特指尊卑长幼之间的等级关系。

② 按，出自《论语·学而》："有子曰：'其为人也孝弟，而好犯上者，鲜矣；不好犯上，而好作乱者，未之有也。君子务本，本立而道生。孝弟也者，其为人之本与？'"孔子学说的核心是"仁"，孝悌乃"仁"之根本。人能够有孝悌之心，自然能有仁心仁道，从而博爱天下。而为学的基本前提是重德。做好人是做好学问的基础和保障，作好学问是做好人的提升和超越。

③ 宾兴：周代举贤之法。谓乡大夫自乡小学荐举贤能而宾礼之，以升入国学。兴，犹举也。 六德六行：周大司徒教民的六项道德标准和六种善行。《周礼·地官·大司徒》："以乡三物，教万民而宾兴之。一曰六德：知、仁、圣、义、忠、和。二曰六行：孝、友、睦、姻、任、恤；三曰六艺：礼、乐、射、御、书、数。"

姻、睦、任、恤、忠、和之士。去古绵邈，士非里选，习尚科举，不孝不悌有时而容，故任官临政，趋利犯义，诋讪贪污，无不为者，此官非其人、士不素养故也。近因余暇，稽周官之书，制为法度，颁之校学，明伦善俗，庶几于古。

诸士有善父母为孝，善兄善弟为悌，善内亲为睦，善外亲为姻，信于朋友为任，仁于州里为恤，知君臣之义为忠，达义利之分为和。

诸士有孝、悌、睦、姻、任、恤、忠、和八行，见于事状，著于乡里；耆邻保伍以行实申县；县令佐审察，延入县学；考验不虚，保明申州如令。

诸八行：孝、悌、忠、和为上，睦、姻为中，任、恤为下。士有全备八行，保明如令，不以时随奏，入太学免试，为太学上舍。①司成以下引问考验，较定不诬，申尚书省，取旨，释褐命官，优加拔用。

诸士有全备上四行或不全一行而兼中等二行，为州学上舍上等之选；不全上二行而兼中等一行或不全上三行而兼中二行者，为上舍中等之选；不全上三行而兼中一行或兼下行者，为上舍下等之选；全有中二行或有中等一行而兼下一行者，为内舍之选；余为外舍之选。

诸士以八行中三舍之选者，上舍贡入；内舍在州学，半年不犯弟二等罚，升为上舍；外舍，一年不犯弟三等罚，升为内舍。仍准上法。

诸士以八行中上舍之选而被贡入太学者，上等在学，半年不犯弟三等罚，司成以下考验行实，闻奏，依太学贡士释褐法；中等，依太学中等法，待殿试；下等，依太学下等法。

诸士以八行中选，在州县，若太学皆免试，补为诸生之首选，充职事及诸斋长、谕②。

诸以八行考士为上舍上等，其家依官户法；中下等免户下支移、折

---

①　上舍：宋代太学分外舍、内舍和上舍，学生可按一定的年限和条件依次而升。初学者入外舍，由外舍升内舍，由内舍升上舍。《宋史·选举志三》："及三舍法行，则太学始定置外舍生二千人，内舍生三百人，上舍生百人。"

②　诸斋长、谕：即斋长、学谕。按，斋长，宋学校职事名。宋各类学校皆分斋教学，每斋学生约三十人，置斋长一员。太学斋长由学生充任，按斋规分五等处罚犯规学生，每月记录本斋学生品行学艺，委录送学谕考核，再逐次交学录、学正、博士考核，最后由本斋长官考核。年终校定后，注于簿籍以俟复试，按校定之数参验序进。学谕，掌以所授经传教谕学生。熙宁四年（1071），太学各斋学谕选上舍生充任，每经二员。崇宁元年（1102），太学、外学、辟雍亦置学谕。

变、借借①、身丁；内舍免支移、身丁。

诸谋反、谋叛、谋大逆（子孙同）及大不恭、诋讪宗庙、指斥乘舆，为不忠之刑；恶逆、诅骂、告言祖父母、父母，别籍异财、供养有阙，居丧作乐自娶、释服匿哀，为不孝之刑；不恭其兄，不友其弟、姊妹、叔嫂，相犯罪杖，为不悌之刑；杀人、略人、放火、强奸、强盗若窃盗、杖及不道，为不和之刑；谋杀及卖略缌麻以上亲，殴大功以上尊长、小功尊属若内乱，为不睦之刑；诅骂、告言外祖父母、外姻、有服亲若妻之尊属，相犯至徒、违律为婚、停妻娶妻若无罪出妻，为不姻之刑；殴受业师、犯同学友，至徒，应相隐而辄告言，为不任之刑；诈欺取财，罪杖，告嘱耆邻保伍有所规求避免或告事不干己，为不恤之刑。

诸犯八刑②，县令佐、州知通③以其事自书于籍，报学。应有入学，按籍检会施行。

诸士有犯不忠、不孝、不悌、不和，终身不齿，不得入学；不睦，十年；不姻，八年；不任，五年；不恤，三年。能改过自新，不犯罪而有二行之实，耆邻保伍申县，县令佐审察，听入学；在学一年又不犯弟三等罚，听齿于诸生之列。

大观元年九月十八日，资政殿学士兼侍读臣郑居中④奏乞，以御笔八行诏旨摹刻于石，立于宫学，次及太学、辟雍、天下郡邑。二年八月二十九日，奉御笔赐臣礼部尚书兼侍讲久中⑤，令以所赐刻石。

---

　　① 借借：借出。按，碑中字形确为"借借"。但宋杨仲良《皇宋通鉴长编纪事本末》卷第一百二十六《徽宗皇帝·八行取士》作"借倩"，暂借，借用。宋欧阳修《本论上》："今厢禁之军，有司不敢役，必不得已而暂用之，谓之借倩。"

　　② 八刑：周代对八种犯罪行为所施加的刑罚。《周礼·地官·大司徒》："以乡八刑纠万民。一曰不孝之刑，二曰不睦之刑，三曰不姻之刑，四曰不弟之刑，五曰不任之刑，六曰不恤之刑，七曰造言之刑，八曰乱民之刑。"后来总称刑法为八刑。这里指对应"八行"而反向制定的八种惩罚措施。

　　③ 知通：知州和通判的并称。

　　④ 郑居中（1059—1123），字达夫，开封人。举进士，历任起居舍人、给事中、翰林学士等要职。大观元年至四年（1107—1110）官拜同知、枢密院事知枢密院事，政和三年至七年（1113—1117）再拜知枢密院事、太宰，宣和二年至五年（1120—1123）三拜领枢密院事，连封崇国公、宿国公、燕国公。为迎合帝意与争夺权力，先是串通刘正夫攻击张商英和刘逵，助蔡京复相；继而步张康国之后尘事与京作对，一时为士论所望。暴卒。追封华原郡王，谥文正。

　　⑤ 久中：即郑久中，曾任礼部尚书兼侍讲。《宋史》无传。事见《摛文堂集》卷四《中书舍人郑久中可除给事中制》《承议郎试殿中监郑久中可朝奉郎依前试殿中监制》《给事中郑久中可殿中监制》等。

通直郎、书学博士、臣李时雍①奉敕摹写。

承议郎、尚书礼部员外郎、武骑尉、臣葛胜仲。②

朝散郎、尚书礼部员外郎、云骑尉、臣韦寿隆。③

承议郎、试尚书礼部侍郎、学制局同编修官、武骑尉、陇西县开国男、食邑三百户、赐紫金鱼袋、臣李图南。④

朝请郎、试礼部尚书兼侍讲、实录修撰、飞骑尉、南阳县开国男、食邑三百户、赐紫金鱼袋、臣郑久中。

太师、尚书左仆射兼门下侍郎、上柱国、魏国公、食邑一万一千二百户、食实封叁阡捌佰户、臣蔡京⑤奉敕题额。

【简析】

该碑现存于新乡市红旗区，简称"大观碑"，亦称"御制八行八刑碑"。北宋大观二年（1108）八月立于文庙，现存新乡市红旗区人民政府院内。碑高1.26米，宽1.26米，厚0.42米。共27行，满行71字。碑面多漫漶，下部数字残缺。龟趺座。碑额半圆形，上刻二龙戏珠和缠草图案，中刻"大观圣作之碑"6字。碑文四周浅刻二方连续藏地卷龙缠枝牡丹花边，下刻云气纹饰。北宋徽宗大观元年（1107）九月十八日，资政殿学士郑居中"奏乞以御笔八行诏旨摹刻于石，立之宫学，次及太学、辟雍，天下郡邑"。大观二年（1108）八月二十九日，礼部尚书郑久中令以徽宗皇

---

① 李时雍：字致尧，号适斋，成都华阳人。官至殿中丞。其家三世以书名。崇宁间与米芾同为书学博士，能声高出米芾。能以襟袖濡墨走笔作大字。丹青不凡，黑竹尤高，与文同齐名。人称其"结字妩媚，虽乏遒劲，然亦自成一家"。

② 葛胜仲（1072—1144），字鲁卿，常州江阴人。绍圣四年（1097）进士。历任杭州司理参军、兖州教授、太学正。大观元年（1107），充提举议历所检讨，兼宗正丞。二年（1108），迁礼部员外郎，以事责知歙州休宁。政和三年（1113），召复原职。四年（1114），擢国子司业。六年（1116），除国子祭酒，以言事落职提举江州太平观。宣和元年（1119），起知汝州，徙湖州。六年，移邓州，以在湖州时忤朱勔，落职食祠禄。建炎四年（1130），起再知湖州。绍兴元年（1131），致仕归。谥文康。有《丹阳集》八十卷、外集二十卷，已佚。

③ 韦寿隆：钱塘人。元丰八年（1085）进士。政和中为国子司业，宣和中为国子祭酒，擢给事中。

④ 李图南：字彦远，政和三年（1113）以朝奉大夫充显谟阁待制知，移庐州。终述古殿直学士，赠宣奉大夫、开府仪同三司。

⑤ 蔡京：字符长，兴化仙游人。熙宁三年（1070）状元。先为地方官，后任中书舍人，改龙图阁待制、知开封府。崇宁元年（1102），为右仆射兼门下侍郎，官至太师。先后四次任相，共达十七年之久。北宋末，太学生陈东上书，称其为"六贼之首"。钦宗即位，被贬岭南，途中死于潭州。《东都事略》卷一○一、《宋史》卷四七二有传。

帝所赐御笔刻石。碑文由书学博士李时雍按徽宗御笔摹写。碑额《大观圣作之碑》由太师蔡京题写。据悉，此碑国内现存七处，分别在河北赵县、河北平乡、河南新乡、泰安岱庙、陕西兴平、陕西耀州和西安碑林。

碑文由宋徽宗赵佶撰并书，为瘦金体，其运笔特点"直如矢，劲如铁，横画收笔带钩，竖画收笔带风，撇如匕首，捺如刀切，竖细长，个别连笔如游丝袅空"。

按，大观元年（1107）三月十八日，宋徽宗下诏，以八行取士。六月十五日，从江东转运副使家彬奏请，御笔令诸州学以御制八行、八刑刻石。八月十七日，资政殿学士、中太一宫使兼侍读郑居中乞以所赐御书八行、八刑模刻于石，立之学宫。十二月初一，宋徽宗从提举福建路学事陈汝锡奏请，御笔"八行、八刑之士，所在皆得以名闻，不限在学不在学，令学制局申明行下"。从中可见"八行取士"刚开始施行时的情况。

本碑属实行"八行取士"制之诏书。详细阐述了"八行取士"的由来及内涵，是我国学制发展史上的重要一环。故该碑对研究北宋教育、取士制度和书法艺术，提供了重要实物资料，具有较高历史价值。

大宋卫州新乡县穆村重修太公庙记

（宋）邢泽民

德厚者流泽远，功大者飨报丰。绵祀寝久，泽有时而竭，报有时而熄，非人心之薄，德与功微^①，历世既多，可以忘也。祀废而不讲，庙圮而不修，其以是夫！

新乡县东北距邑二里余，冈之上有太公庙，载祀典，飨血食，盖几世几年。庙像摧剥，元祐间，里人即旧而新之，殿宇廓然，塑像俨列，乃人心有无穷之报，以公之泽有无疆之施也。州之西有公之泉，揭石以纪其谱谍，文古书隶，继缺不完而尚可考，由是知公其卫人也欤！石记今在丞相

---

① 功微：按，明天一阁版《正德新乡县志》作"微功"。如此与前句相连，即"非人心之薄德与微功"，文意更为贯通。"薄德与微功"指不重视德行和事功。薄，轻视、看不起。微，认为其微小（轻视）。或元时重刻有误。

茔寺。迹其兆应非熊^①，功归不载，拯生民于涂炭，奉武王以《丹书》^②，赐履^③分封，韬经^④遗世，宜其位袭王爵，礼崇西学^⑤，编户皆吕姓，继世有显人。

比年，大丞相汲国公^⑥因祀曾祖茔域，亲诣祠下，称四十七代孙。庙去公之先茔，逾淇水，东西正相对。有院曰"报先旌德"，噫，春秋祈报，亿万斯年而无已者，以今之人人心较之，即后之人必也，有继而莫之忘也。

里人张庆实为之倡始。其子天保尝从余学，愿得文以纪之，且以附岁月云尔。

绍圣元年五月十五日，濮阳邢泽民^⑦记并书篆额。

时大元元贞二年八月二十一日，重修三门，创置东郎。本村法乐坊：匠人王概刊，维那头周福，□^⑧维那头孙荣。

【简析】

该碑通高135厘米，宽60厘米，厚13厘米。碑趺佚。碑左下角略残。圆额，素面无饰，上刻3行6字《重修太公庙记》，篆书，饱满规整，力度充沛，有遒劲丰腴之感。正文，共15行，满行32字，共计403字。正书，

① 非熊：据《六韬·文师》，文王将往渭水边打猎，行前占卜，卜辞曰："田于渭阳，将大得焉，非龙非彲，非虎非罴，兆得公侯。天遣汝师以之佐昌。"后果见太公坐渭水边垂钓，与之语而大悦，遂同车而归，拜为师。古熊罴连称，后遂以"非熊"为姜太公代称。

② 《丹书》：按，传太公佐武王伐纣，以安天下，授以《丹书》之诫，封于齐。

③ 赐履：《左传·僖公四年》："赐我先君履，东至于海，西至于河，南至于穆陵，北至于无棣。"杜预注："履，所践履之界。"后因以"赐履"指君主所赐的封地。此处指君王分封。

④ 《韬经》：指《六韬》。古代著名兵书，又称《太公六韬》《太公兵法》，旧题太公所著。其实为后人伪托，作者已不可考。此书成于战国时代。

⑤ 西学：周代小学名。《礼记·祭义》："祀先贤于西学。"郑玄注："西学，周小学也。"孔颖达疏："周之小学在西郊。"

⑥ 大丞相汲国公：指吕大防（1027—1097），宋京兆蓝田人，字微仲，吕大忠弟。仁宗皇佑初进士。调冯翊主簿，改永寿令。英宗即位，为太常博士，迁监察御史里行。神宗时，除知制诰，降知临江军。元丰初徙永兴军。哲宗即位，召为翰林学士，迁吏部尚书，拜尚书右丞，进中书侍郎，封汲郡公。元祐三年（1088），为尚书左仆射兼门下侍郎。与范纯仁等同掌国政，凡八年。绍圣中，以党论累贬舒州团练副使，循州安置。卒谥正愍。有《吕汲公文录》《韩史部文公集年谱》等。

⑦ 濮阳邢泽民：按，明天一阁版《正德新乡县志》作"汉阳邢泽民"，乾隆十二年版《新乡县志》中只列"绍圣元年五月十五日"。据新乡县元祐五年（1090）七月二十八日刊立《修寰桥碑□□》"濮阳邢泽民题"等，应为"濮阳邢泽民"。

⑧ □：此字缺左半边，似作"同"或"祠"。

结体修美，运笔洒脱，大气清雅，朴实无华，毫无滞涩沉抑之感，为宋楷上品。可惜对篆额书丹者邢泽民了解甚少，不知其书法渊源及代表之作、书坛地位，甚为可惜。此碑现存新乡市平原博物院，笔者仅见拓照。从拓照看，此碑左下角确有残缺。杜彤华《〈重修太公庙记〉碑及新乡牧野考》（见《平原大学学报》1990年第4期）有完整录文，或者作者曾见过原碑残缺之处，或者作者亦据方志补之。

从文中看，此碑原立新乡太公庙。据明天一阁版《正德新乡县志》卷三《庙宇》："太公庙，在县东北二里。宋绍圣元年汉阳邢泽民撰记立石。元元年贞二年重修。"此处"元元年贞二年"抄录有误，应为"大元元贞二年"。另据清乾隆十二年版《新乡县志》卷二十四《祠祀志上·太公庙》："在凤冈。宋绍圣、元贞年间重修。国朝康熙间知县李登瀛修复之，置祀田，后裔春秋奉祭。"并在录文中有意加上"卫河之傍，茹冈之上"以标识。

本碑为重刻碑，记述了北宋绍圣元年（1094）重修新乡太公庙的情况，称赞太公"拯生民于涂炭，奉武王以《丹书》"的功绩，渲染太公"赐履分封，韬经遗世""编户皆吕姓，继世有显人"的影响。此类活动较为普遍，本无甚奇异，但因牵涉太公故里的归属及牧野地望的确定，此碑突然之间身价倍增。

太公在中华文化中的影响力之大毋庸置疑。因此，关于太公的出生地、隐居处、埋葬地等历代争议不断。此碑在叙述新乡太公庙的具体方位时，特别提出"（卫）州之西有公之泉，揭石以纪其谱谍，文古书隶，继缺不完而尚可考，由是知公其卫人也欤"，可见至少在北宋时卫州之西有太公泉，还有记载太公谱谍的石刻存世，并且夹注"石记今在丞相茔寺"，此处的"丞相茔寺"应指祭祀吕大防的祠祀。但此处并没有列出"太公故居""太公墓"等遗存，说明至少在北宋时，诸如"太公故居""太公墓"等遗存或无。北魏郦道元《水经注》在叙述太公遗迹时，也仅仅提到太公隐居此地、汲县太公庙及古碑刻等信息，亦没有"太公故居""太公墓"的记载，可见本碑所述是可信的。

碑中又记载北宋吕大防"因祀曾祖茔域，亲诣祠下，称四十七代孙"等，说明北宋时蓝田吕氏之根在汲郡，蓝田吕氏的代表人物、北宋重臣吕大防曾祖茔域尚在此地，吕大防自称为"四十七代孙"，可见吕氏为太公之后、汲郡为吕氏姓源地、吕大防先祖为汲郡人等论断皆为确论。北宋朝廷封吕大防为"汲国公""汲郡公""汲公"等也是有根据的。当时,汲郡吕氏以太公为始祖的吕氏谱牒犹存,辈分不乱。这些历史信息对研究吕氏在卫辉、新乡一带的发展繁衍提供了宝贵的资料。

方志之学往往崇古抑今,借助名人效应张扬本地文化,往往剪裁历史资料为我所用,制造了许多"伪史""妄史",令人遗憾。本碑原立于北宋绍圣元年(1094),重刻于元元贞二年(1296),尚能保持其原貌,实在难得。但明清编纂方志时,明天一阁版《正德新乡县志》、清乾隆十二年(1744)版《新乡县志》皆录其文,但分别做了程度不同的"剪裁"。如碑题"大宋卫州新乡县穆村重修太公庙记",《正德新乡县志》作"卫州新乡县重修太公庙记",乾隆《新乡县志》作"宋邢泽民记",皆避开了原题中的"穆村",可见当时"牧村"为牧野大战之地的说法已经甚嚣尘上,方志编者有意识忽略"穆村"是为了保护"牧村"说法的正统。再如内容上,《正德新乡县志》尚能最大限度地秉承旧文,乾隆《新乡县志》却有意识窜入"卫河之傍,茹冈之上",改"逾淇水,东西正相对"为"逾水相向",如此等等,皆是编纂者私心在作怪。

正因为有如此的争论,此碑在构建卫辉、新乡地区太公文化体系中作用非凡,其蕴含的众多历史文化信息可以帮助人们正本清源,窥知历史的真貌。

新乡县重修合河店石桥记

(明) 于应昌

南京陕西道监察御史、前知新乡县事、洪洞于应昌[①]撰文。新乡县儒

---

① 于应昌:号晋山,山西洪洞人。嘉靖四十年(1561)举人,隆庆五年(1571)六月任新乡县知县。清乾隆十二年《新乡县志·循吏传》称其"清操自矢,悉屏馈遗,执法不少屈人亦不敢干焉。每戴星出入,以勤公务,暇则诣学宫与士子讲课不倦,建合河桥,以便舆徒"(按,此段记述尽出自邑人梁问孟所撰去思碑)。万历三年(1575)四月,以"治最"擢南台御史,民立祠祀焉。后任福建道御史。

学教谕、南阳赵楫[①]书丹。训导、保定任天民[②]篆额。

夫合河，新乡镇店也。距县二十余里，□□大川，□曰御河，发源出自苏门山，由古共而逝新、卫，接淇、漳众会，派衍京师。凡商贾、货殖、军储、漕运，胥赖焉。

我朝稽古，议制宜民，而桥梁未始少废；况合河者，邑之通衢也！建桥旷远，其原莫记。至嘉靖丙午，县尹邹翁[③]令乡逸朱恭等重修石桥五窦。迨今岁久，沁水倾圮。岁辛未，余承命来治斯邑，经历届期，见民徒涉，恻然曰:“禹思天下之溺，由己溺之[④]；子产亦以乘舆济溱洧之民[⑤]。吾奚忍恝然坐视而不为之所乎！”遂谋诸士夫，询诸乡耆，佥以老人朱宠者荐。宠因陈词，诸上尹皆曰：“苏堤遗爱，郑渠为利，自古宜也。责委诸子，不可不慎。”宠曰：“鸠工无肆，器用不预，厥功匪成。”乃于作房建焉，饩廪给焉，灰石集焉，三者备而大事可举。于是，羣斯革斯，易隘而为广；经之营之，更五而为七。分水有石，边界有栏。虽云施财助役出于士民之众，而命匠纠工、以董其事者，则皆宠辈尽心律力者为之也。

是役也，昉于壬申之春，讫于是岁之冬。自是民无病涉之患，舆无濡轮之危。虽夏禹之凿龙门，秦皇之驱石驾虹[⑥]，邓文之凿石通道，迨异事而理同焉。昔人曰“睹河洛而思禹功”，吾亦曰“睹斯桥而知宠绩”。其视商

---

① 赵楫：桐柏人。万历元年（1573）任新乡县儒学教谕。升周府教授。

② 任天民：定兴人。隆庆五年（1571）任新乡县儒学训导。《畿辅通志》卷七十九《文翰·保定府·明》：“任天民，字拙斋，定兴人。好读书，凡所涉览，口能枚举。事亲孝，亲殁，屏寝室者三载。妻死，不更娶。由贡生任灵宝教谕，势豪侵学宫基，力争不得，乃乞归。辑县志三卷。”

③ 邹翁：即邹颐贤。德州人，正德八年（1513）举人。嘉靖十二年（1533）任新乡县知县。调阳城县。

④ 按，《孟子·离娄下》：“禹思天下有溺者，由己溺之也；稷思天下有饥者，由己饥之也，是以如是其急也。”古语有“人饥己饥，人溺己溺”，指把别人挨饿看作自己挨饿，把别人被淹没看作自己被淹没。比喻设身处地，急他人所急，替他人着想。

⑤ 按，《孟子·离娄下》：“子产听郑国之政，以其乘舆济人于溱洧。”子产，春秋时郑大夫公孙侨的字，一字子美。郑简公十二年为卿，二十三年起执政，治郑多年，有政绩。郑声公五年卒。郑人悲之如亡亲戚。《论语·公冶长》：“子谓子产，有君子之道四焉，其行己也恭，其事上也敬，其养民也惠，其使民也义。”

⑥ 按，晋伏琛《三齐略记》：“秦始皇于海中作石桥，海神为之竖柱。始皇求与相见。神曰：‘我形丑，莫图我形，当与帝相见。’乃入海四十里，见海神，左右莫动手，工人潜以脚画其状。神怒曰：‘帝负约，速去。’始皇转马还，前脚犹立，后脚随崩，仅得登岸。画者溺死于海，众山之石皆倾注，今犹岌岌东趣，疑即是也。”后遂用“驱石”指神助秦始皇驱石造桥的典故。喻造桥有如神助。

羊①起舞，不为御水之防；长鲸怒涛，忍视横流之祸者，相去又何如耶？维时新皇颁诏而锡宠寿官，谁云不宜？《书》所谓"德懋懋官，功懋懋赏"②，此之谓也。

岁丙子春，余南巡制归，复届于兹，冀弗记无以传世，乃不愧剪肤，留俚言以垂记于万代不朽云云。

新乡县县丞谢成鳌③，典史顾一鹤。④赐进士直隶南京巡按检查都御史郭庭梧。⑤赐进士四川参政前兵科都给事中梁问孟。⑥儒学生员：张焕、张宗政、梁聘孟、赵如松、朱敬、郭嘉安、路检、张时行。时万历五年岁次丁丑季夏六月上旬吉旦，全立。

【简析】

该碑现存新乡县合河乡合河村北门外合河古桥边，保存尚完整。不见碑额，止存碑身，且已见风化漫漶之处。前四行为题目及撰文、书丹、篆额者之官职姓名。正文9行，满行64字，碑阳共计637字。正楷，舒展自然，运笔有力。有碑阴，皆为题名，不录。

正如文中所言，合河古桥"建桥旷远，其原莫记"。但其所处的地理位置十分重要。西山诸泉汇于丹河第二渠入清河，至此与卫河水合流。合河古桥横跨二水交汇之处，为新乡县、辉县、获嘉之交通要道。明初建桥三窦；嘉靖二十五年（1546），知县邹颐贤命令朱恭等重修石桥五窦；隆庆六年（1572），知县于应昌命令朱宠重建，增至七窦，长十五丈，阔三

---

① 商羊：传说中的鸟名。据云，大雨前，常屈一足起舞。《孔子家语·辩政》："齐有一足之鸟，飞集于宫朝，下止于殿前，舒翅而跳。齐侯大怪之，使使聘鲁问孔子。孔子曰：'此鸟名曰商羊，水祥也。昔童儿有屈其一脚，振讯两眉而跳，且谣曰：天将大雨，商羊鼓舞。今齐有之，其应至矣。急告民趋治沟渠，修堤防，将有大水为灾。'顷之大霖，雨水溢泛。"

② 按，《书·仲虺之诰》："德懋懋官，功懋懋赏。"孔传："勉于德者则勉之以官，勉于功者则勉之以赏。"懋，勉也，指勤奋努力。

③ 谢成鳌：四川德阳人，恩贡。万历三年（1575）任新乡县县丞。

④ 顾一鹤：吴县人。万历四年（1576）任新乡县典史。

⑤ 郭庭梧：字子材，号养斋，新乡县人。嘉靖四十四年（1565）进士，任山西曲沃令。刑清政举，吏民畏服，有廉直声。擢御史，升顺天府丞、南京通政司右通政。再升贵州巡按。年六十，乞骸归。著《曲水园诗文集》。祀乡贤。

⑥ 梁问孟：号静斋，新乡县人。八岁能文。嘉靖四十四年（1565）进士，授浙江西安令，人意包拯呼之。历兵科都给事中。以不阿权贵，迁陕西布政，擢宁夏巡抚。上嘉之，晋中宪大夫，召内台。逾月，丁艰归里。后捐资建学官，以振兴人文。卒，赠右副都御史。

丈有奇，翼以石栏。现存之石桥，基本保留了此次重修之原貌，前后两窦已淤塞。每窦上的石兽头还在，券拱完好，分水桥墩依然。

由于山谷陵易，山水锐减，载重车辆越来越多，此桥亦仅仅承担交通功能，破烂不堪。但它是辉县、新乡县、卫辉境内卫河流域唯一正在使用的石桥，而卫河又称御河，是大运河的重要组成部分，在大运河申遗成功的今天，合河古桥是大运河发展史上的活化石，具有厚重的文化积淀和历史价值。

同时，此桥处于通衢枢纽，围绕它形成了重要的文化交流、经济交流中心。合河镇一度经济繁荣，文化昌盛。此碑之阴罗列了助修者的姓名及店铺名称，从中可知当时基本的社会生态，领会到店铺林立、商业繁荣的情景。

正因合河地处三县交界之处，经济繁荣，文化发达，形成了独特的"文化小气候区"，其方言系统与周围有异，所以，此碑具有文化原生态之美，有深入研究的价值。

碑中涉及的人物，如于应昌、赵楫、任天民、谢成鳌、顾一鹤等皆为当地名宦，郭庭梧、梁问孟等为当地名绅，他们在新乡县的发展史上具有重要的地位。他们共襄此举，造福人民，为自己的人生留下了浓彩重抹的一笔。

2006年6月8日，合河石桥成为河南省人民政府公布的"河南省第四批省级文物保护单位"。

大元故中奉大夫侍御史赠河南江北等处行中书省
参知政事护军追封魏郡公谥庄肃慕公墓志铭

（元）吴炳

公讳完，字完甫，姓慕氏，□慕容氏也。□于晋，显于魏、齐、周、随之间。公先世居新乡，后徒于卫。四世祖炕，仕宋，由进士□丹州宜川令。曾祖考亿，不仕。祖考摅，累赠嘉议大夫、礼部尚书、上轻车都尉，追封炖煌郡侯。考讳津，国初尝以□先职授卫州管民提领，累赠集贤侍讲学士、中奉大夫、护军，追封魏郡公。妣孟氏、蒋氏，追封魏郡夫人。□大考①而下二世，不颓然。积善之□，卫人至今能道之。勋爵之贵，虽由公贵实有以自致云。

公幼颖异，生十有三岁而孤，蒋夫人勉使□□。长益重厚，寡言笑，魁然令器也。蒙推选为府史，贡河南廉访司书吏，选掾察院②，转礼部令史，擢掾御史台，遂为中书右司掾③，两府尝与共事者翕然称之，自此大用矣。延祐二年，台奏除淮东道廉访司经历。未赴，丞相惜其去，留之，选为上都留守司都事。五年，迁户部主事。未几，改刑部，供修《仁庙④实录》。至治二年，出为江西行省左右司都事。未赴，台除山东道肃政廉访司经历。建言卫士驼马□秣于林，□□便宜，令州县聚饲之。从之，至今称便。泰定元年，拜监察御史，擢奉仪大夫。遇事多所言益，迁中书左司都事。二年夏，除朝列大夫、佥燕南河北道廉访司事。是时议重盗马□之□，□录囚□问，以新命未下，辄处以平典，获生者数十人。九月，选为家令，丞见，赐绣衣。三年二月，除朝散大夫、御史台□事。六月，除朝请大夫、淮西道廉访副使。蕲黄因有以伪币及夺人财久系者，公以□谳出之。合肥有□□□以贿免者，公正其狱，抵故纵吏罪。天历元年冬，迁中议大夫、燕南廉访副使。未之，除刑部侍郎。公在□□时，□□□马牛律太重，今盗者皆死，是以畜易人也。议久未决。至是，卒从公□。二年八月，□中书右司郎中。至顺□□，□□□□□廉访副使。至官，平公需之钱，使民不病；修养济院八十间，以舍无告之人；□建学延师，以教方□，□□□□□□□籍者四十余家，旧俗为变。四月，入为中书左司郎中。时修《经世大典》⑤，公莅缮为上之□□□□□中书省事。十一月，除江南诸道行御史台治书侍御史。元统元年十月，迁太中大夫、刑部尚书、

① 大考：称已故的祖父。宋王安石《尚书度支郎中葛公墓志铭》："贯，曾大考也；遇，大考也；旺，累赠都官郎中，考也。"

② 选掾察院：即选为御史台察院掾吏。

③ 中书右司掾：中书省右司的属官。

④ 仁庙：指元仁宗爱育黎拔力八达。其庙号仁宗，故称"仁庙"。

⑤ 《经世大典》：元代官修政书。又名《皇朝经世大典》。元文宗至顺元年（1330）由奎章阁学士院负责编纂，赵世延任总裁，虞集任副总裁，次年五月修成。全书八百八十卷，目录十二卷，附公牍一卷、纂修通议一卷。据《元文类》所收《经世大典序录》记载，全书分为十篇：君事四篇，即帝号、帝训、帝制、帝系，别置蒙古局负责修纂；臣事六篇，即治典、赋典、礼典、政典、宪典、工典，各典复分若干目。

□□□□□燕南廉访使。及陛辞，赐锦衣一袭，慰喻遣□，□□□□□然。三年十月，迁嘉议大夫、治书侍御史。至元元年，特授中奉大夫、侍御史。

□□□□□□□里□，□许。未几，请还。改□□□于□□。中丞耿公先以葬去位，上面谕曰："耿中丞未还，当侯其来，□□□注也。"且□□事竟勾留，仍□□□□许公书碑①以赐之，并中统钞三百定以给葬费。二年八月，迁魏郡公暨□□□之枢葬于新乡县冈上邨之先茔，而树碑表焉。十一月，台奏，赐上尊酒二瓶，遣使乘□至卫□□□。公□□固辞。时年六十七，即乞致仕，章三上乃允，诏给其奉之半以优养之，命□□月致焉。

公□得请，乃构室以居，号曰"容斋"。达官要人至卫者，以公先达，诣之，无虚日。公所言于义礼忠信□如也，未尝一及人之短长。间延儒士谕书史，手不释卷，摘其中忠孝事以训其子弟，且曰："吾以寒族不才遇明时，承先泽，遇宇器，使令四十余年矣。惟持廉慎以寡过，今幸免，夫汝等识之。"至正五年九月庚寅薨，享年七十有七，赠河南江北等处行中书省参知政事、护军，追封魏郡公，谥庄肃。

公以才见用，为上□遇，扬历中外，终始无一瑕可指，奏对明敏，多称旨意，□眷注优渥，流亚少及焉。公□娶贾氏，卒；继室李氏，至正辛卯八月丙午卒，享年七十有五；皆名族也，俱封魏郡夫人。李氏三子：曰瑾、曰珨，皆早世；其季曰瓒，由国子生除太常太祝，复用荫除彰德路判官，有惠政，升奉训大夫、济州知州，被服先训，凝然有立，文行之美能绍其家者也。女三人：长适大都留守经历、进士伯颜，次适儒士尚恪，次适监察御史孟伪。庶子一：未名。孙曰文炳。其年九月丁酉②葬于先茔之次，夫人贾氏、李氏祔焉。公殁，而以公行状来请文，故不辞而铭之。

铭曰：

瞻彼淇澳，卫武之域。人诵其诗，思蹈前躅。展矣慕公，惟时之逢。兴自其躬，惟正之从。始奉简书，有文无害。养其□□，以去稊稗。乃历宪台，乃赞中书。嘉言屡敷，惟圣之俞。锦衣上尊，使蕃来锡。高而知式，凤夜以惕。载拜稽首，请刻墓辞。□□台臣，汝宜书之。情事既申，其退已亟。□□□言，养以禄秩。家食十年，学者是仪。公今其亡，思如

---

　　① 许公书碑：此处或误，应为"虞公书碑"。此碑应是虞集《慕氏世德碑》，慕完以迁父母葬事请求归乡，朝廷敕名臣撰碑而赐，此乃惯例。而许有壬《故中奉大夫侍御史慕公墓志铭》应撰于慕完卒后。

　　② 九月丁酉：碑文即此。按，此处"九月丁酉"可能有误。至正十一年（1351）九月没有"丁酉日"。

在时。公有贤子，惟公之似。勒铭于幽，用示无已。

翰林待制、浚仪吴炳撰并书。

至正十一年十一月十一吉日，男慕瓒立石。

【简析】

本墓志出土时间、地点皆不详，现存新乡市博物馆石刻仓库。志、盖俱全。篆盖为盝顶，长61厘米，宽57厘米；四杀厚4.5厘米，下部长81.5厘米，宽78厘米，沿厚24厘米。素面无纹饰，有阴格，阴格内双钩篆书"大元故侍御史赠参知政事慕公墓志铭"16字。志长83厘米，宽78厘米，厚32厘米。志文40行，满行45字，共计1489字。该石右上角略残，左上角及中部有数片剥蚀漫漶之处，故缺字较多，在一定程度上影响力对文意的准确把握。

关于慕完墓之所在，《正德新乡县志》卷三《陵墓·慕卫公墓》："在县东北三里。元时累官至参议中书省事，拜治书侍御史。念祖父之恩德，求翰林侍讲虞集为墓表以彰之。至元丙子追封卫郡公。"乾隆十二年（1747）《新乡县志》卷二十六《邱墓·慕完墓》："在县北三里茹家冈。完，刑部侍郎，至元间封卫郡公，葬此。"可见，本墓志应出土于新乡市近郊茹冈附近，此处应为慕氏家族祖茔所在。关于此支慕氏家族在金元之际的繁衍情况，元虞集《慕公世德碑》记载甚详，如"慕氏本慕容后，有所避，去'容'易'完'，系出隋西河府君三藏，至宋进士、承直郎、丹州宜令烑始显。烑之后曰忆，忆生撼及五郎，撼生津，津生子曰完、养子曰宁……完三子：谨、玠卒，次瓒；女三人。宁及二子俱亡。"与本文所载略同。更为可贵的是，虞集文中还记载了慕五郎一支的繁衍情况："五郎生源，源生子曰宥、曰宾、曰宪、曰尚、曰宣。宥生福兴。宾生瑛、琪，女一人，适李世英。瑛生钧、铎、鉴。琪生锡。宪生珍、瑞、琼、瑜，女一人，适张从政。宣生珪。"可见，慕完一支较慕五郎一支并不兴旺。

按，慕完之父慕津（1196—1281），字巨川，新乡县人。自新乡徙卫城，以学推为吏。金正大九年（1232），金亡，慕津率家族五百余口内附。明年夏，为真定五路万户府所辟，知管补卫州提领案牍，累授卫州等处提领。新乡慕氏由此兴盛。

墓主慕完（1269—1345），幼颖异，十三岁而孤。生性重厚寡言，魁然令器也。先为府史、廉访司书吏、察院掾史、礼部令史，后擢御史台掾史、中书右司掾，为官场人士所推重。延祐二年（1315），任上都留守司都事。五年（1318），迁户部主事，改刑部主事。至治二年（1322），任山东道肃政廉访司经历。泰定元年（1324），拜监察御史，擢奉仪大夫，迁中书左司都事。二年（1325），除朝列大夫、佥燕南河北道廉访司事。九月，选为家令。三年（1326）二月，除朝散大夫、御史台□事。六月，除朝请大夫、淮西道廉访副使。天历元年（1328），除刑部侍郎。二年，任中书右司郎中。又为中书左司郎中，修《经世大典》，除江南诸道行御史台治书侍御史。元统元年（1333），迁太中大夫、刑部尚书、□□□□□燕南廉访使。三年（1335），迁嘉议大夫、治书侍御史。至元元年（1335），特授中奉大夫、侍御史。二年（1336），致仕。至正五年（1345）卒，享年七十七岁。赠河南江北等处行中书省参知政事、护军，追封魏郡公，谥庄肃。

从慕完仕历看，其仕途比较平稳，进展比较顺利，没有大起大伏的情况。其人"明敏有大志"，其政"持法平允，决诉如流"，为一代干臣。慕完为金朝旧臣之后，元入主中原后，大量任用金朝文士，慕完即通过"世官制"进入官场。他在官场崭露头角之时，正是元朝延祐复科之时，汤阴许有壬考中进士，而许有壬与慕完相交甚厚，有同僚之谊。慕完卒后，许有壬撰《故中奉大夫侍御史慕公墓志铭》，称其"早孤，能自树立，以亢厥宗，推封二代，虽先世流泽有自，亦公之恪持厥身，靖共尔位，有以致之也""若吾完夫，盖吏名而儒行，殊途而同归"，对慕完评价甚高。

本文撰写至正十一年（1351），应是慕完继室李氏卒后，与慕完合葬，慕完之子慕瓛请翰林待制吴炳为其撰文并书丹。吴炳，字彦晖（一作彦辉），汴梁（今河南开封）人。经马祖常、王结、董讷、许有壬、宋本等人举荐，得授艺文监典簿，官至翰林待制、国史院编修。与之游者，有赵孟頫、柳贯、宋褧、危素等。工篆书，著有《待制集》一卷。按，吴炳曾收藏"定武兰亭"拓本，人称"吴炳本"，现藏日本东京国立博物馆，为传世的"五字未损本"之一。许有壬《至正集》卷七十五《荐吴炳、陈绎曾》称其"业专圣学，文造古人，特立不渝，真积力久，忘情轩冕，守道衡茆，势利不足以动其心，贫窭不足以累其志"。吴炳善书，源出兰亭一路，深受赵孟頫等影响，行楷尤妙，骨力清峻，洒脱优雅，深得赵孟頫道媚秀逸，圆熟严整之韵。本志虽残损严重，但敦实清雅之气仍扑面而至，不失为吴炳书法的成熟之作。另，卫辉出土《大元故嘉议大夫中书工部尚书致仕韩公墓志铭》，志、盖俱全，由"翰林待制、从仕郎兼国史院编修官吴炳撰并书篆盖"，可参阅。

新乡慕氏乃慕容氏之后，该志与许有壬《故中奉大夫侍御史慕公墓志铭》、虞集《慕公世德碑》并称，为研究新乡慕氏的源流、繁衍、成就、影响的重要史料。除此之外，焦作市温县武德镇乡慕庄村有慕氏祠堂立虞集《慕庄肃公世德碑》（重刻碑）、《元奉训大夫亳州知州灵峰慕公（瓒）碑》（光绪二十八年重刻），河南省许昌县灵井镇大慕庄始祖坟茔前立清乾隆五十九年《慕氏始祖墓志碑》等，皆为研究新乡慕氏乃至河南慕氏的第一手资料。

新乡市博物馆杜彤华对该志研究颇深，曾撰《〈慕完墓志〉及其相关的几个问题》，发表于《中原文物》1984年第2期，可参阅。

皇明直隶苏州府同知进阶奉政大夫瞻澳郭公墓志铭

（明）朱赓

赐进士、光禄大夫、柱国、少保兼太子太保、吏部尚书、文华殿大学士、知制诰、经筵日讲、玉牒总裁、山阴朱赓[①]撰。

赐进士、光禄大夫、柱国、少保兼太子太保、礼部尚书、文渊阁大学士、知制诰、经筵日讲、玉牒总裁、归德沈鲤[②]书。

赐进士、光禄大夫、少保、兵部尚书、协理京营戎政、前奉勅统理河道、总督川湖贵州军务、巡抚四川辽东地方、提督山东河南学校、长垣李

---

①　朱赓（1535—1608），明浙江山阴人，字少钦，号金庭。隆庆二年（1568）进士。万历六年（1578）以侍读为日讲官然。二十九年（1601）以礼部尚书兼东阁大学士，参与机务。朝政日弛，屡请更新庶政，神宗终不施行。言者不谅，交章弹劾。旋以老病卒官，谥文懿。有《朱文懿文集》。

②　沈鲤（1531—1615），明河南归德人，字仲化，号龙江。嘉靖四十四年（1565）进士。授检讨。为东宫讲官。万历时，迁编修，累迁吏部左侍郎。十二年（1584），拜礼部尚书。因屡请立太子、复建文年号、重修《景帝实录》，为中贵忌，引疾归。二十九年（1601），拜东阁大学士，入参机务。与沈一贯共事相左，后与一贯同罢。有《亦玉堂稿》《文雅社约》。卒谥文端。

化龙①篆。

盖自直道不行于世，而人士每依阿淟涊，辄诿于直之难容，然亦有曲意狥物或反召侮而取败，孰与侃侃自揤，见风概之为重哉？"斯民也，三代所以直道而行"②，乌知夫今与昔异否耶？余读宫允君湄③所述父郭公行履，而有感于遗直之复见云。

公讳蒙吉，字子正。生而严毅。自为儿时即如老成人，比长，敦伦仗谊，矩步绳趋，言必信。筑精舍卫水之阳，弦诵其中，自号曰"瞻澳"，盖尚慕卫武公而欲景行其盛德也。为诸生，试辄冠曹。偶乃省试，辄不利。辛卯，以郡国士入成均。己亥，谒曹，得临清州同知。公雅志高尚，不欲往。既思赠公④与母宜人教之书，意在沾一命以显扬也，乃往。临清，四方要塞也。商贾辐辏，衙市魁为民蠹贼，不可诘治。又珰税马堂⑤、陈增⑥者，恣虎冠棋布为虐，毋敢撄其锋。公慨然曰："吾知守吾法耳，不知其它！"州贰职盐务兼治盗，盐以引计，弊在浮出洎私贩，前吏多与，比获例金。吏胥微讽公，公斥之，集诸贾，严论以干法不少贷，诸贾凛凛。奉约束中贵有私贩者，当治罪，而马堂为之嘱，公曰："税监职课，有司

① 李化龙：按，事见本书所录明张鼐《少傅长垣李公神道碑》。

② 按，语出《论语·卫灵公》："子曰：'吾之于人也，谁毁谁誉？如有所誉者，其有所试矣。斯民也，三代之所以直道而行也。'"朱熹注："斯民者，今此之人也。三代，夏、商、周也。直道，无私曲也。言吾之所以无所毁誉者，盖以此民即三代之时所以善其善、恶其恶而无所私曲之民，故我今亦不得而枉其是非之实也。"

③ 宫允君湄：指郭湄（1563—1622），字原仲，号苏门，别号苏门山人，新乡县人。万历十六年（1588）举人，二十三年（1595）进士。任翰林院庶吉士，升国史院编修、起居注、管理六曹章奏。辛丑科（1601）会试同考官，癸卯科（1603）江西正主考。历右春坊、右中允、右谕德、右庶子、兼翰林院侍讲、壬子科（1612）北直正主考。归里，家居十载。起南京詹事府少詹事、掌南京翰林院事，升礼部右侍郎兼翰林院侍读学士。享年六十岁，赐祭葬，赠荣禄大夫、礼部尚书。祀乡贤、忠义两祠。著《绿竹园诗文集》四卷、《苏门山房文草》四卷、《苏门山房诗草》二卷、《东事书》一卷、《郭氏家乘》一卷等。

④ 赠公：即郭千之（1510—1582），字自强，号后山，新乡县人。嘉靖十年（1531）岁贡，初授湖广武冈州幕，升四川名山县主簿，迁赵府典宝正。祀乡贤。以子郭蒙吉贵赠承德郎、直隶凤阳府通判。以孙郭湄贵赠资政大夫、礼部右侍郎。

⑤ 马堂：明宦官。万历中为天津税监，兼辖临清。率亡命数百人，白昼行劫，抗者辄以违禁罪之。中人之家破者大半，远近为之罢市。二十七年（1599）临清州民三四千人纵火焚其署而逐之，毙党徒三十七人。后十余年擅往扬州，曾遭巡盐御史徐缙芳疏劾。

⑥ 陈增（？—1605），明万历时人。矿税太监。奉敕开采山东矿产。二十四年（1596），初至山东，即劾罢福山知县韦国贤。巡抚尹应元奏增二十大罪，不问。复命增兼征山东店税，益肆无忌惮，在山东作恶十年始死。

职法，何相与耶？"持益峻。会富民以筑垣，获瓦甓，贮古文钱，祸之者谓黄白各数十万。监司重其事，公曰："今税焰方张楚，掘冢撤屋，摊赔及缙绅，而此忽自发难，端东邦商民皆区盖①也。"监司感悟，谢曰："微公言，几遗祸。"有米商暴死，弃尸于河干。逮死者数人，公鞫之。谛视米商弟狰狞，而所衣厕牏可异，诘之，色动愕然，曰："此兄衫也。"衫新澣，向暑映，有痕，黯然血也。公佯语曰："兄诣汝约，醉而击杀之，犹呼碎其齿。汝为负出。分所以，汝复何辞？"其人遏惊，服。盖米商齿半碎，衣背有痕也。其剖断明决类此。

尝署武城篆。陈增委官榷舟税，时河冰，绝往来，而奸民诱使税市人。公禁之，悉收诸《奸民重掠榜庄馗移文》白增："曩所税舟也。河既冻，当暂已，而不逞者教之攫市人金，且激变。有司不得不豫弭。所治特奸民，今当白台司闻之。上而委官者老已，走愬增。增盛怒，及阅牒毕，急谓曰："官自治彼民耳。幸为我谢郭公，勿遽闻。"事竟寝。

又尝署范县篆。珰税行县，括积羡。他县争赂百金，侈共张。至范，为设草具，酬数金而已。曰："范斗大瘠甚，无以相歆。"而杨尉从旁卒然曰："是犹可！若观城者，才数里，实瘵邑也。"公目摄之，既而曰："范也僻，无歌舞，为杯酒娱。"尉又卒然曰："有之。距城数里而近江南之佳者集焉。"公迪尔笑，客亦笑，竟去无所侵牟。而杨尉者佯为之，实惮祸祈自免也。公每值税使横，为民蔽翼，动与抵牾。而马堂者业已具掣肘状，示治兵使者，会得解乃已。

稍迁凤阳府通判，驻颍州治盗。颍连三省，地旷远，盗薮也。富民夜被劫杀，以十数大姓者主之，连游儌，行赂遗盘，互不可破。公至，约曰："盗，往者姑置，而后不悛者诛不贷。"烈卒纵真盗，逮无辜，靡的据者坐以其罪。令既具，所缉获悉盗魁，皆立毙。复致其主盗者谕之曰："汝犯当死，今与汝帖释往罪，许缉盗自赎。"其人感泣去，旦日，自诣庭乞帖者累累，盗□绝迹。而是岁饥，盗业已失生计，坐待毙，则请之抚台，出粟疗之。明年秋，以祝釐行，盗复然，州人悲之，扬言："郭公至，旬日寂然。既而愈猖獗，则以公且至也。"李大荣者，集众数千，散掠汝颍

---

① 区盖：即丘盖。谓疑而不明。区，通"丘"。《荀子·大略》："言之信者，在乎区盖之间，疑则不言，未问则不立。"杨倞注："区，藏物处；盖，所以覆物者。凡言之可信者，如物在区皿之间，言有分限，不流溢也。"

间。公将至，而州南偏夜渡者舟辄数十人，既至，扑灭其余，执大荣歼焉。是岁大饥，粟仰给汝蔡舟贩者，遭劫，粟斗值二钱。而蔡颍间省祭汪兰，巨盗主也。计致之，曰："汝窝盗劫贾舟，即杖死，何辞？能为我制群盗，使粟通者犹可免。"兰欣然任之。舟往来无恙，粟值斗一钱。莅颍三载，抑强锄暴，人咸快之。

公官仅州郡佐，所遭遇悉一时巨变卒发，数以身尝之，弭衅塞决，卒能有济，几不免于爇刵。此与夫都荣拥贵，缩朒自全，无裨利害者何如也？然公卒以直道受知于上下，谁谓直之果不可容哉？秩满，得以恩赠父母。公曰："吾所以忍念诎体，不卑下乘，挑毒螫，沥肝胆，决去而旋已者，为是典也。吾愿毕矣，复何求？"寻擢苏州府同知。飘然归里，竟不赴。营别业于苏门之山，曰："吾与孙登神交千古足矣。"夫登隐而公仕，迹悬殊，乃公初不愿仕，其仕也，欲以显扬为孝亲；既显而亟归，盖志常怀高尚也。

公孝友出于天性，与昆弟怡怡无间。居乡，披衷愫，不设城府，温温长者至其治家整肃，内外斩然。训诸子严，不以色笑徇人意。嫉恶如仇，往往为邪佞所忌，媒孽百端，坦然不为念，曰："吾所信者理，所恃者天，安能改容易貌，事乡里儿求容耶？"尝窃叹依阿者刑法，澳涩者刑议，议失而检荡矣，法失而奸张矣。嗟乎！夫子恶乡愿，为其曲行逢世，发不由衷也。若公者，直心为德，庶其有当乎！

公世为新乡人。自胜国兵燹，其先不可考。迨明兴，而始祖钦[①]者居郭村之安仁里。钦生永坚[②]，以贡任陵川县主簿。永坚生温[③]。温生郁[④]，登弘治己酉乡荐，任武昌府通判。郁生孔嘉[⑤]。孔嘉生千之，以贡任名山县主簿，赠凤阳府通判；配李氏，赠安人。生三子：次即公。公生以嘉靖庚子

①　钦：即郭钦。新乡县定国村郭氏始祖郭五老之子。先居县东十里铺，后迁葬郭五老于定国村，遂居于此。务本力农。配李氏，继席氏，合葬于定国村祖茔。以子贵赠迪功郎。

②　永坚：即郭永坚，字子固。邑庠廪生。明宣德年间岁贡，初授迪功郎、山西陵川县主簿。载循吏传，祀名宦，载邑乘。享年九十四岁。配张氏，继席氏，合葬定国村祖茔。

③　温：即郭温（1435—1518），字德彰。郭永坚长子。寿官。以子贵赠文林郎、山东临邑县知县。

④　郁：即郭郁（1456—1517）字文盛，号诚斋，新乡县人。弘治二年（1489）举人。初授文林郎，湖广岳山县知县。丁艰。服阕，补山东临邑县知县。升承德郎、湖广武昌府通判。正德十二年（1517）六月初八日，以忤楚藩暴卒于官署，享年六十二岁。以子孔完贵赠中顺大夫。

⑤　孔嘉：即郭孔嘉（1490—1539），医学训科，精颜鲁公书法。

四月九日，卒以万历丁未二月七日，享年六十有八。配王氏，累封宜人。子浤①，廪生，蚤卒；娶王氏，相继卒。次即涒，乙未进士，仕右春坊中允；娶高氏，卒，赠孺人；继李氏②，封孺人。次涤③，鸿胪寺序班；娶王氏。次浣④，举人，娶茹氏⑤。女一，适举人王锡类⑥男庠生孟谦。孙士柟⑦、士楷⑧、士标⑨，俱幼。孙女三：长许聘举人岳凌霄⑩男恬中，次许聘进士王近愚⑪男效真，次尚幼。诗文若干卷。以今岁丁未十二月十四日葬金掌山中台之原。

铭曰：

淇澳之竹，直节惟古。匪澳是瞻，瞻厥卫武。苏门之山，凤鸾声长。音追孙登，高风洋洋。淇水清流，苏门深幽。郁哉斯丘，同不朽兮千秋。

【简析】

本墓志不见原石，仅有拓片传世，现存新乡市定国村郭氏宗祠。笔者仅见拓照，故不知其尺寸。其拓不见篆盖。篆盖者为长垣名士李化龙。李化龙进士出身，历官嵩县知县、南京工部主事、河南按察司提学佥事、山

---

① 浤：即郭浤（1561—1588），字伯方，号松石。邑庠廪生。郭蒙吉长子。

② 李氏（1574—1613），郭涒继妻，南城兵马司指挥李得时女。封孺人。按，李得时亦为潞王朱翊镠妃之父。

③ 涤：即郭涤（1565—1624），字叔新，号孟门。郭蒙吉第三子。鸿胪寺序班，钦颁河南王府哀诏。一子士莱。

④ 浣：即郭浣。按，事见本书明王铎《明通议大夫陕西参政孟诸郭公墓志铭》。

⑤ 茹氏（1577—1654），归德府仓大使茹拱女，累封恭人。

⑥ 王锡类：字仲孝，号洞怀，获嘉县人。万历元年（1573）举人。为郎官不达，勤于著述。

⑦ 士柟：即郭士柟（1597—1640），字公本，号中区。郭浣长子。幼失明。配周氏（1596—1620），都察院右都御史周咏孙女。

⑧ 士楷：即郭士楷（1603—1638），字公瑞，号中湖。郭浣次子。邑庠增生。配王氏，知州王国宁女。

⑨ 士标：即郭士标，字公望，别号中水，新乡县人。参政郭浣子，继宗伯郭涒后。以荫入监生。年十八，涒殁。后随郭浣观察河西，筹划御寇方略，累获战功，但无意仕途。世乱，闭户修谨，益不谈举子业。读书乡间，多有善举。晚年与孙奇逢相印证，有水乳之合。年八十三而卒。著《俊杰隐逸传》《宿好录》等三十二种。以子晋熙贵，赠朝议大夫，祀乡贤。

⑩ 岳凌霄（1563—1630），字抑生，号广霞，获嘉人。天启五年（1625）进士，任宣城令。天启七年（1627），检校南闱乡试。后调任武进。宣城、武进民众称其"白面包公"。升大理评事，转兵部职方主事。崇祯三年（1630）归家。著有《绿萝园全集》8卷、《绿萝园诗集》2卷、《绿萝园乐府》1卷、《夏镮草》1卷、《万历田史》1卷、《九华诗草》1卷等。其诗意境高远，气势雄浑，能自成一体，楷、行、草书皆有造诣。

⑪ 王近愚：获嘉亢村人。万历二十三年（1595）进士，曾任静乐知县。

东按察司提学佥事、河南布政司左参政、太仆寺少卿、通政司右通政使、都察院右佥都御史兼理巡抚辽东、兵部右侍郎、总督湖广川贵军务兼理巡抚四川、工部右侍郎、兵部尚书、柱国光禄大夫少傅兼太子太保，卒后追赠少师、加赠太师，谥号襄毅。其文治武功为一时之俊，为人称誉，有一代名臣之范。同时，李化龙对郭蒙吉之子郭淓有知遇之恩。孙奇逢《中州人物考》卷五《郭尚书淓》："（郭淓）性端谨，出语惊人。为诸生时，李襄毅公化龙称为中州第一秀才。"后来，两人又有同僚之谊。故李化龙应郭淓之请为郭蒙吉篆墓志铭之盖，实属情理之中。但李化龙之书传世不多，撰文更为少见，此盖不传，甚为可惜。志文45行，满行51字，共计1952字。碑中有剥蚀漫漶之处，加之字数众多，字体较小，有字模糊难辨。正书，结体求方，运笔瘦劲，刻写不精，有欠圆润敦实。书丹者沈鲤为归德人，进士出身，历官至东阁大学士，入参机务。但多限于党争之中，成就不大。本志的撰文者朱赓亦为进士出身，曾以礼部尚书兼东阁大学士，参与机务，又独当国，为朝廷重臣。一方墓志的撰文、书丹、篆盖之人皆为朝中重臣，可见郭淓以及郭氏家族的地位之高和影响之大。

　　墓主郭蒙吉（1540—1607），字子正，号瞻澳，新乡县人。为诸生时，"试辄冠曹"；参加省试，"辄不利"。直至52岁时，"以郡国士入成均"。万历二十七年（1599），以贡生的身份得临清州同知。尝署武城、范县篆，迁凤阳府通判。秩满，得以恩赠父母。寻擢苏州府同知，但不赴任而飘然归里，营别业于苏门山，隐居而终。享年68岁。综其一生，早年汲汲于仕途而无所获，52岁时出仕，"官仅州郡佐，所遭遇悉一时巨变卒发，数以身尝之，□衃塞决，卒能有济，几不免于絷刖"。文中多叙述其剖断明决、抗击阉珰、为民请命、抑强锄暴等种种政绩，突出其身居"州郡佐"之卑职，而不畏艰险，安靖一方之毅力和干才。身逢乱世，不惧邪佞，"所信者理，所恃者天"，以直道行于世，决不依阿渱忍、曲行逢世，这种"直心为德"的修养和品性在本文中得到了充分的展示。

　　本文是在郭淓提供的行状基础上撰写而成，但又不拘泥于行状，而有所概括和提炼、升华。上述的身处乱局却"直心为德"既是对墓主的高度评价，又是借他人之行实浇胸中之块垒。郭蒙吉卒于万历三十五年（1607），而朱赓卒于万历三十六年（1608），此文写于朱赓辞世之前一年。朱赓晚年曾"独当国"，位高权重，但朝政日弛，纲纪日隳，朱赓独撑危局而屡遭弹劾，终以老病卒官。他在为一位仅居"州郡佐"的同僚之父撰写墓志时，揉进了自己对世态人情、朝政纷争、国家走向、仕隐矛盾等真切体会，这是本文的独特性所在。所以，细研本文对洞悉万历晚期乃至明代后期的社会生态有一定的帮助。

文中详细叙述了新乡县定国村郭氏家族的由来和繁衍。文中明确指出"世为新乡人"，虽说溯至元代已经"其先不可考"，但其为新乡县"土著"世族无疑。文中详细叙述了此支郭氏从始祖郭钦以下数代的演变情况，脉络清晰，线索分明，对研究其发展史及与新乡一带世族的姻亲、交往等提供了宝贵的资料。如郭蒙吉之女嫁于新乡举人王锡类之子、长孙女嫁于获嘉县举人岳凌霄之子、次孙女嫁于获嘉县进士王近愚之子等，就把新乡郭氏与新乡王氏、获嘉岳氏、获嘉王氏等大家族连为一体，为认识明清之际豫北社会盘根错节的世族关系提供了"实物"。故本志有补史之功。

关于郭蒙吉的研究，除了郭湄撰写的"郭公行履"及本文外，清乾隆十二年（1747）《新乡县志》卷三十《人物上·郭蒙吉传》及所附赵用光《苏州府同知郭公传》也颇为可读，可参阅。

御赐潞简王圹志

王讳翊镠，乃穆宗庄皇帝[①]第肆子，孝定皇后[②]出，今上皇帝[③]同母弟

---

① 穆宗庄皇帝：即明穆宗朱载坖（1537—1572），明世宗朱厚熜第三子，母杜康妃。非长子，其母失宠，故幼年不得志。嘉靖十八年（1539）二月，被册立为裕王。四十年（1561）二月，就藩。在裕王邸生活13年，了解到明王朝的各种矛盾和危机，特别是严嵩专政、朝纲颓废、官吏腐败、"南倭北虏"之患、民不聊生之苦等。四十五年（1566）十二月即位，改元隆庆。勤心政事，革弊施新，又得高拱、陈以勤、张居正等尽力辅佐，天下大治，史称"隆庆新政"。有四子：宪怀太子朱翊钅、靖悼王朱翊铃，明神宗朱翊钧，潞简王朱翊镠。

② 孝定皇后：即李氏（？—1614），翼城（今山西翼城）人。父武清侯、赠太傅、安国公李伟。李氏先侍穆宗于裕王府，生神宗朱翊钧。穆宗即位后，于隆庆元年（1567）三月册封为皇贵妃。隆庆六年（1572）穆宗卒，神宗即位，上尊号"慈圣皇太后"。徙居乾清宫，重用张居正，教帝甚严。万历四十二年（1614）二月卒。与穆宗合葬昭陵。

③ 今上皇帝：即明神宗朱翊钧（1563—1620），明朝第十三位皇帝，明穆宗朱载坖第三子。10岁即位，年号万历，在位48年，为明朝在位时间最长之帝。即位初，重用张居正，实行改革。亲政后，励精图治，生活节俭，有勤勉明君之风范，开创了"万历中兴"局面。后期荒于政事，倦于朝政，朝政衰败。庙号神宗，葬十三陵之定陵。

也。隆庆贰年贰月初伍日生，隆庆伍年贰月贰拾柒日册封为潞王，万历拾柒年叁月拾玖日之国。肆拾贰年贰月拾伍日，闻孝定皇后丧，哀慕不已。至伍月拾伍日，感疾薨逝，享年肆拾柒岁。妃李氏，顺天府学生员、钦赐叁品服俸、仪卫副李得时之女。次妃赵氏，则孝定皇后钦赐随封侍媵，卒后，奏请追封者。之国壹纪，未有子嗣，奉特旨命选妾媵杨氏、贺氏、郭氏、邢氏、陈氏、常氏、梁氏、李氏、孔氏、诰氏拾人。子肆人：第壹子，杨氏出，未请名①，殇卒；第贰子常溶，贺氏出，殇卒；第叁子常溁，杨氏出；第肆子，贺氏出，未请名。女肆人：第壹女，妃李氏出，未之国，殇卒，奉勅葬于西山；第贰女，杨氏出，未请封，殇卒；第叁女、第肆女，俱贺氏出，未请封。

上闻讣，辍朝叁日。遣勋臣谕祭，命有司治丧葬如制。又特遣内使往吊，令赍王妃管理，勅书以往，赍予赙赠，备极优厚，称异数云。穆庙皇妃、皇太子并赐祭典，及在京文武衙门皆致祭焉。以肆拾叁年捌月贰拾贰日葬于卫辉府西五龙岗。

呜呼！王以帝室懿亲，分茅大国，富贵虽极，享国非遥，乃因罔极之哀遽促方长之寿，家国轸痛，朝野尽伤，王之孝德令名感人深矣！爰述其概，纳诸幽圹，用垂不朽云。

万历肆拾叁年捌月贰拾壹日。

【简析】

本碑为明代潞王墓志铭。现存新乡潞王陵主墓室内。两块，方形，均边长87厘米，厚17厘米。篆盖"大明册封潞简王圹志"，结体横长，与传统篆书细长不同；每字皆有界格，界格曲折如篆文笔画，整体给人玉玺篆印之效。加之四周云龙飞腾纹饰的衬托，尤显得雍容富贵，沉谨肃穆，韵味醇厚，大气磅礴。志文连题27行，满行27字，共计439字。正书，饱满丰赡，劲骨挺拔，高低错落，疏密有致，为馆阁精品。四周亦有云龙纹饰，皇家气度呼之欲出。此篆盖、墓志虽字不多，却体形硕大，雕刻精

---

① 请名：按，明代宗藩制度中有比较严格的"请名制度"。包括王府代奏、宗人府审核、礼臣拟名、皇帝赐名四个步骤。宗室成员年满五岁，需通过亲王府属官长史代其奏请，经宗人府审核合格后，由礼部官员按照派语取名，最后以皇帝名义赐名。请名成功后，再依次请封、请婚、请禄，可以得到相应的政治、经济待遇。请名制度作为明代宗藩制度的重要一环，基本与明王朝相始终。

美，幽亮如新，为明代藩王墓志中之神品。

志文中详细介绍了潞王的身世、封藩、之国及"感疾薨逝"的情况，对研究明代封藩制度以及藩王生活、王府构成、礼仪规制等具有一定的参考价值。对潞王治藩的成就及品性，只以"王之孝德令名感人深矣"概括，没有具体的铺陈和阐述。

潞王乃明神宗之同母弟，深受孝定皇后的宠爱，在同时期藩王中的实际地位最高。据史料记载，在潞王之国及两世潞王享国过程中，攫取的经济利益及特权是巨大的，生活是奢靡的，就从潞王陵及次妃墓的形制用料看即有逾制之嫌。所以，潞王府、潞王陵在明代藩王文化中独树一帜，潞王墓志铭当然就尤显珍贵。

新乡郭君墓志铭

（民国）李时灿

安阳马吉樟①篆盖。汲县李时灿②撰文。三原于右任③书丹。

清季变法，诏海内兴学。时④在里，促郡守于沧澜⑤开卫辉中学校。

---

① 马吉樟（1859—1931），字积生，号子诚，晚年号坚壮翁。光绪五年（1879）中举，六年进士，选庶吉士。任翰林院编修、国史馆协修、会典馆总校、侍讲、侍读、日讲起居注官、河北按察使等职。光绪三十一年（1905），创办"豫学堂"，任监督。1907年从日本留学回国，授任湖北按察使。1911年武昌起义，任湖北提法使、袁世凯总统府内史、北洋政府总统府秘书等职。1917年去职，寓居北京，精研金石，潜心著述，有《益坚壮斋稿》。

② 李时灿：即李敏修。本书清于沧澜《创建经正书舍记》有注。

③ 于右任（1879—1964），原名伯循，字诱人，后以"诱人"谐音"右任"为名。陕西三原人。光绪年间举人，因讥讽时政被通缉。早年加入光复会和同盟会，创办《神州日报》《民立报》宣传民主革命。历任南京临时政府交通部次长、国民联军驻陕总司令、审计院院长、监察院院长，是国民党元老。任南京政府交通部长、国民政府审计长、监察院长，前后共任监察院院长34年。随国民党退居台湾。他是中国近代书法史上的大家、一代书圣，爱国政治家、革命家。

④ 时：李时灿自称。

⑤ 于沧澜：按，本书所录清于沧澜《创建经正书舍记》有注。

逾年，来学者新乡郭仲隗，性不羁，勇果敢为，以传布革命系郡狱[①]；得释，进益厉，遍走燕、晋、蜀、吴、楚。入民国，佐陕西胡师长景翼[②]军，任参议。十四年，胡督汴，寻卒。仲隗浩然归里。孟秋，以书来，曰："先父生性谨悫，因贫废学。以农事起其家，喜公益，尝破产兴里中小学校。成童，失恃；逾十年，失怙。生仲隗兄弟四人。仲隗幼不自检，屡遭颠踬。兄金城，性疏豪，走代郡、雁门，垦塞荒十四年，略见成绩，去夏来归。仲隗亦拟解甲还乡，稍修子职。志未遂，已惸惸作无父之孤。淹柩未葬，幸先生有以铭之，庶先父为不亡也！"

按状，君讳文滋，字润渠。先世明初自洪洞迁新乡。五世祖公路，定居大召营。曾祖考兴德，妣张氏。祖万成，妣张氏。考有信，妣刘氏，娶于徐。有丈夫子四：金塘、金城、仲隗、金环。女三。孙男四人：文灿、文炳、文煊、文炤。女孙六人。卒于民国十二年十月初十日，距生于清咸丰三年九月廿五日，享年六十有九。仲隗等将以君殁三年十月葬君本村之原。

铭曰：

古有四民农为贵，衣食源泉邦本寄。当宁[③]贤哲民严畏，尼山策卫崇富教。遗俗流风世相诏，敦尚淳朴绝漓浇。君勤四体最农工，愿将弦诵化兵戎，烺烺大义古今同。

中华民国十四年双十节。

北京陈云亭双钩刻石。

---

① 按，关于郭仲隗"以传布革命系郡狱"之事，郭仲隗之子郭海长《郭仲隗传略》有详细记载，即"1908年同盟会东京河南支部派封丘人杜潜回豫等组省内支部，仲隗经友人介绍率先加入。在校（河朔中学堂）秘密翻印同盟会宣传品《急救中国策》，广为散发，并秘密联络同志，策划起事。不久被学堂监督侦知，告密官府。时值寒假，仲隗返里，河北兵备道派兵星夜包围其大召营住宅。仲隗不愿连累家人，挺身而出，被捕后押解卫辉府讯办。当时豫北各地加入同盟会的人很多，都担心牵连自己；开审时，仲隗慨然承担一切，没有牵涉任何人。后赖亲友及同志营救，幸得不死，而终以'大逆不道'罪判'永远监禁'。于关押期间，仍与卫辉府中学堂教习、同盟会员刘粹轩、暴式彬、张希圣等秘密联络，频频聚会，议论天下大事和反清形势，并秘密策划乡村会社组织'在园会'造反。系狱4年，至辛亥革命胜利，中华民国建立，始获释"。

② 胡景翼（1892—1925），字笠僧，陕西富平人。1910年入同盟会，辛亥革命时期在耀县组织起义失败后流亡到日本。1915年护国战争时奉派回国。1917年护法战争期间加入于右任在陕西组织的靖国军，任第四路司令。1920年直皖战争后被直系收编为陕军第一师。1924年第二次直奉战争期间，暗与冯玉祥、孙岳联合倒直，发动北京政变。后任国民军副司令兼第二军军长。11月，任河南军务督办。1925年4月病逝于开封。

③ 当宁：处在门屏之间。宁，古代宫室门内屏外之地。君主在此接受诸侯的朝见。这里借指皇帝。

【简析】

本拓呈方形，现藏平原博物院。拓面干净，虽略有泛白，但字迹清晰，无折痕缺漏，品相完好。郭氏后人撰写的回忆录中附有该篆盖之拓照。篆盖者马吉樟进士出身，是安阳马氏的代表人物，曾任湖北提法使、袁世凯总统府内史、北洋政府总统府秘书等职，为一代风云人物。晚年精研金石，其篆书为一时之雄，国子监祭酒盛昱说："当代篆书，首推积生，因其无派，故超乎众派。"正文24行，满行22字，共计459字。后有小字"北京陈云亭双钩刻石"。楷书，书丹者于右任为近代书法大家，以碑意入行草，为行草书巨擘。本拓似出《张黑女碑》或《张猛龙碑》，用笔古朴，不事雕琢，看似笨拙，却内蕴骨力，气韵沉雄；结体较方，似飘实正，洒脱流畅，随心所欲，可谓神品。据碑中记载，郭仲隗"入民国，佐陕西胡师长景翼军，任参议"，而胡景翼在护法战争期间加入于右任在陕西组织的靖国军，郭仲隗与陕西革命元老于右任之间渊源颇深，应郭仲隗之请，为其父捉笔书丹也就在情理之中了。

墓主郭久滋（1853—1823），字润渠，新乡县大召营人。文中对其生平、品行的记载十分简单，仅"生性谨悫，因贫废学。以农事起其家，喜公益"数句，可见这是一位务农乡间，勤恳朴实的长者形象。

本文真正的关注点是郭久滋之子郭仲隗。郭仲隗（1887—1959），新乡县大召营村人，字燕生。1907年加入同盟会。辛亥革命成功后，曾任国民党总部机要秘书，后积极从事反袁斗争。1931年，任河南省第一区保安指挥官。抗战期间兼任河南省第三、第四区行政专员。1945年，任豫鲁监察使。解放后，曾任河南省人民政府委员、省人民政府参议室主任等职。他是现代河南民主主义革命先驱，曾任第二、第三届国民参政会参政员，并当选为驻会委员，屡次为民疾呼。1942年河南大灾，饿死500余万人，郭仲隗带着观音土奔赴重庆，大骂政府，终于促成中央对豫拨款平粜。所以，郭仲隗在河南民间声誉极高。本文虽是其父郭久滋的墓志，但对研究郭仲隗的世系、家风、经历、影响等都有帮助。

撰文者李时灿是一代大儒，他撰写墓志不循规蹈矩，不着意颂谀，而是注重生活情境，选择最真实的素材，有则多述，无则俭约，读来真实可感，生活味浓。本文从认识郭仲隗写起，自然过渡到叙述郭久滋的生平，行文自然，简练朴实，确为大家手笔。

辉县市篇

卫州共城县百门陂碑铭并序

（唐）辛怡谏

前成均进士、陇西辛怡谏[1]文。张元琮[2]记。□□玄长安四年九月九日立。

昔者结而为山岳，融而为江海。炎上作苦，实表阳九之德；润下作咸，克明阴八之数。上泄雨露，纯阳流沛之道也；下疏川渎，凝阴润物之理也。是以雨露为长物之本，川渎为润物之宗，故称之以灵长，亦赖之以通济，则知水之为德其大矣哉！

百门陂，案《水经》："出自汲郡共山下，泉流百道，故谓百门。会同于淇，合流于海，鱼盐产利，不可谈悉。"尔乃□温夏渔，飞濡漱沫；负群岩以作固，涵细溜而成广；酌而不竭，挹之弥冲；带苏门以雾杳，望太行而烟接。借如楚国云梦、庐峰太湖，樊丘之隈，小溪抱寒而永注；东海之外，大壑潦流而靡极。上有崐岭四水、阳山二泉，叙浦[3]见美于郧歌，蓬池[4]久通于汴邑；斯并昭著方册，备经绵世，分派虽众，为利不弘。岂

---

① 辛怡谏：陇西人。按，《新唐书》记其曾任职方。清赵钺《大唐御史台精舍题名考》在"殿中侍御史并内供奉"下列辛怡谏。《大唐故朝散大夫并州太原县令裴府君墓志铭并序》为"左拾遗辛怡谏"撰文。洪颐煊《平津读碑记》卷五《卫州共城县百门陂碑并阴两侧》："《新唐书·宰相世系表》：'辛怡谏，寿州刺史。'《元和姓纂》作职方员外郎、寿州刺史。皆是其所历官。"

② 张元琮：生卒年、籍贯、事迹不详。武后时人。《全唐文》存文一篇。

③ 叙浦：即溆水之滨。唐武德五年（622）析辰溪县置叙浦县，今指湖南省怀化市溆浦县。

④ 蓬池：古泽薮名。即逢泽。在今河南省开封市东南，战国魏地，本逢忌之薮。三国魏阮籍《咏怀》之十二："徘徊蓬池上，还顾望大梁。"

与夫导源迅激，积润潜涌；比魏代之龙号，同汉官之雁名；或以熨斗[①]标奇，或以玄武[②]为称；仙公[③]卧隐，闻诸抱朴之篇；叔度[④]凝清，出在林宗之论[⑤]！

洎夫洗累荡秽，扬清激浊，所以显乎义也；浴及群生，泽流万祀，所以昭乎仁也。弱而难胜，即其勇也；变盈流谦，即其智也。以此四德，以利万生，悠悠既凑，滔滔不息。加以背阴绝，面形胜，奔溜暴洒，层波迭跃，或沃日以收潋，忽因风以作涛。其利也，则商榷畎浍，吐纳疆场；蓄为屯云，泄为行雨；沐时稼以俱就，喜年谷之屡登。其清也，则湛若狐渐，净犹蟾魄；可以洽洗耳之乐，兴濯缨之歌；皎镜不限于冬春，洞澈无隔于深浅。其险也，则仰晲崇岫，俯临遐潭；洞壑窈窕而助□，葛萝□沈以增峻。其神也，则不行而至，不疾而速；惟恍惟忽，若有若无；祯应克著，休祥闲发；无幽不显，有感必通。

祠堂满阴，灵石周险。每至玄律，既谢韶阳。肇开紫茑娇春，红蕚笑日；申祈者倏来忽往，奠祭者烟交雾集；绮罗缛野，远增芳岁之色；泉濑吟吹，暗合云酥之音。乐哉，盛哉！抑亦旷古之异迹也！

县令曹府君讳怀节[⑥]，仞宇峻邈，德声昭宣；轩轩霞容，湛湛海量；凤

---

① 熨斗：指熨斗泉。在济南历城。金代《名泉碑》和明代《七十二泉诗》著录。传说因水温高如熨斗而得名。泉池呈井形，上窄下阔，常年不涸。

② 玄武：指玄武泉。按，江西三清山有长年不竭的玄武泉。

③ 仙公：指葛仙公，即葛洪（284—364），东晋丹阳句容人，字稚川，自号抱朴子。少贫好学，尤好神仙导养之法。惠帝太安中，以破石冰功，拜伏波将军。后还乡里，赐爵关内侯。入东晋，闻交趾出丹砂，求为句漏令，迁广州，止罗浮山炼丹，积年而卒。有《抱朴子》《金匮药方》《神仙传》《集异传》等。

④ 叔度：指黄宪，东汉汝南慎阳人，字叔度。年十四，颍川荀淑与语，比之为颜回。陈蕃、周举、郭泰与交接，皆叹服之。初举孝廉，又辟公府，人劝其仕，宪暂到京师而还，竟无所就。卒年四十八。

⑤ 林宗之论：按，《后汉书》卷五十三《周黄徐姜申屠列传·黄宪》："郭林宗少游汝南，先过袁闳，不宿而退；进往从宪，累日方还。或以问林宗。林宗曰：'奉高之器，譬诸氿滥，虽清而易挹。叔度汪汪若千顷陂，澄之不清，淆之不浊，不可量也。'"

⑥ 曹府君讳怀节：即曹怀节。据《河南通志》卷五十五《名宦》："唐曹怀节，贞观初任共城令。辛怡谏撰《百泉铭》称为'恺悌君子，民之父母'。赵澄谓'共城第一令'。"

明抚字之要，载缩弦歌之秩；虞君①莅俗，正创三科②；滕令③移风，时兼六县。可谓恺悌君子，人之父母者也。丞齐颢，德量冲远，器业通明；抱信以居忠，养真以凝粹；光八顾④之清范，韬七州⑤之敏学。主簿程列，刚毅有断，执谦自牧。尉王表，霜雪其操，芝兰其芳。尉霍南金，不受私谒，闲于公政。顷以西郊失候，南亩思泽，未浃滂沱之润，尚劳云汉之谣。曹君恤人疾苦，伤时稼穑，躬率僚佐，亲祠庙坛，叩头流涕，拜手启祝，曰："怀节滥司铜墨，时属炎阳；思与幽冥，实仁灵佑。若商羊起舞，报以牲牢；如川燕不飞，覆其梦橑。"于是樽俎具列，弦歌三请；下湘君于鳞屋，水马吹泉；期太一于蛟馆，云鱼喷浪。俄而景贶昭发，飞甘骤零；实符三□之请，颇叶一旬之验。或时独云郁起，密雨晦飞；又以启晴，应时获霁。岂不以至诚允切，神道遥征，故得岁异人和，风行草偃，休咏盈于道路，美声逸于都鄙！虽复江陵灭焰⑥，维氏祈日⑦，何以加也！

　　其庙有二古碑，篆隶磨灭，不可复睹。乡望前泗州徐城县尉乐处机，获嘉公贾粗、光古，录事隗允、张明、张福等，或焉弈簪屦，或优游耕凿，击壤食太平之粟，长歌悦文明之代，金以为百门之利，千载无易，增

---

① 虞君：指虞诩，东汉陈国武平人，字升卿。年十二，通《尚书》。拜郎中。安帝永初四年（110）羌人起兵，邓骘欲弃凉州，诩驳之，遂为骘所恶。出为朝歌长，有治绩。迁武都太守，以少胜多，大破羌人，且自将吏士，烧石伐木，开漕船道，水运通利。累迁尚书仆射。诩好刺举，数忤权戚，屡遭刑罚，性终不屈。顺帝永和初迁尚书令，去官卒。

② 正创三科：按，《后汉书》卷八十八《虞诩传》："及到官，设令三科以募求壮士，自掾史以下各举所知，其攻劫者为上，伤人偷盗者次之，带丧服而不事家业为下，收得百余人。"

③ 滕令：即滕抚，东汉北海剧人，字叔辅。为涿令，有文武才用，太守委任郡职，兼领六县。顺帝末，拜九江都尉，参与镇压扬州、九江农民起事。入为左冯翊。性方直，不交权势，为太尉胡广文奏黜，卒于家。

④ 八顾：东汉士大夫互相标榜，称郭林宗、宗慈、巴肃、夏馥、范滂、尹勋、蔡衍、羊陟等八人为八顾（旧题晋陶潜《圣贤群辅录》有刘儒，无范滂）。又田林、张隐、刘表、薛郁、王访、刘祗、宣靖、公绪恭亦称"八顾"。顾，谓能以德行引导他人之意。

⑤ 七州：指东晋的辖境。相传舜分天下为十二州，东晋有七，故云。

⑥ 江陵灭焰：此处用"反风灭火"之典。汉刘昆为江陵令，县多火灾，昆向火叩头，多能降雨止风；后为弘农太守。先是崤黾驿道多虎穴，行旅不通。昆为政三年，仁化大行，虎皆负子渡河，光武帝闻而异之，以为德政。《后汉书·儒林传上·刘昆》："诏问昆曰：'前在江陵，反风灭火，后守弘农，虎北渡河，行何德政而致是事？'昆对曰：'偶然耳。'左右皆笑其质讷。帝叹曰：'此乃长者之言也。'"后以"反风灭火"比喻施行德政。

⑦ 维氏祈日：维氏，亦作"缑氏"。按，《太平广记》卷四《神仙四·王子乔》："王子乔者，周灵王太子也，好吹笙作凤凰鸣，游伊洛之间。道士浮丘公，接以上嵩山。三十余年，后求之于山，见桓良曰：'告我家，七月七日待我于缑氏山头。'果乘白鹤，驻山岭，望之不到，举手谢时人，数日而去。后立祠于缑氏及嵩山。"

修旧烈，不亦可乎！犹恐岁光忽变，灵迹无纪，式刊翠琰，将表鸿休，乃作铭曰：

阴□润下，德称灵长。既成物而弘济，□发源乎滥觞。涵仁不测，垂利无疆。广矣浩浩，潾焉汤汤。郦卫之野，共山之下。爰出灵泉，洗雾游烟。祯应昭显，祠堂岿然。神乐泠吹，珍羞迥莛。分派逾广，飞湍靡极。吐纳堤防，周流稼穑。序迫炎亢，时乖播植。几劳云汉之篇[①]，徒望湘滨之翼。曹君为政，乐不可支。敬羞苹藻，式荐灵祇。景觌潜发，浮甘远洎。允符束皙之请[②]，岂谢刘琨之异[③]。蕤宾在月，谷雨盈旬。酌彼行潦，荐于明神。稽首请止，获霁于辰。天长地久，岁不留刊。石纪铭表，祯休□□，□□凌千秋。

孙去烦[④]书。

【简析】

该碑现存辉县百泉卫源庙大殿东侧，有碑首、碑身、碑座三部分组成。碑身高169厘米，宽109厘米，厚83厘米。北京图书馆藏该碑碑额、碑身、碑阴之拓。碑额之拓为长方额心，大字阳文篆书"百门陂碑"，2行，每行2字；高32厘米，宽30厘米；笔画浑实，结体内收，内蕴深厚，外显劲锋。碑阳之拓高121厘米，宽80厘米；29行，满行44字，共计1263字；以楷为主，间以行意意，稳重坚实，流动自然，每字独立而呼应关联。书丹者孙去烦，虽于史无传，但千余字巨碑一气呵成，无丝毫滞涩凝拘之处，实属难得，亦应是武则天时代善行书者。碑阴之拓高77厘米，

① 云汉之篇：《诗·大雅·云汉》："倬彼云汉，昭回于天。"郑玄笺："时旱渴雨，故宣王夜仰视天河，望其候焉。"后因以"云汉"为炎暑干旱之喻。

② 束皙之请：用"报束长生"之典。《晋书》卷五十一《束皙传》："束皙字广微，阳平元城人……太康中，郡界大旱，皙为邑人请雨，三日而雨注，众谓皙诚感，为作歌曰：'束先生，通神明，请天三日甘雨零。我黍以育，我稷以生。何以畴之？报束长生。'"

③ 刘琨之异：不知典从何出。按，刘琨（271—318），西晋中山魏昌人，字越石。少负志气，与祖逖为友，希为世用。初为司隶从事。晋惠帝时，以迎驾功，封广武侯。晋怀帝永嘉元年，为并州刺史，加振威将军。悯帝立，任大将军，都督并州诸军事。元帝称制，遣使劝进，转太尉。为晋廷招抚流亡，孤守河北，与刘聪、石勒抗衡。为勒所败，奔鲜卑贵族幽州刺史段匹磾。匹磾忌之，遂被杀。有《刘越石集》辑本。

④ 孙去烦：按，《御定佩文斋书画谱》卷二十六引《金石表》："孙去烦，武后时人。唐百门陂碑铭，长安四年辛怡谏文，张元琮记，孙去烦行书。"

宽76厘米；上为祈雨记，下为题诗；为李元勋、刘庭玉书丹，高思礼镌。按，该碑两侧刻写题名，失拓。

本碑为辉县唐代名碑，金石学家多有著录和考释。《金石萃编》卷六十五著录此碑之碑阳、碑阴、碑侧，又引金石学家的考证并作跋语，即：

《中州金石记》："百门陂者，《左传·僖十四年》：晋人'又败郑师及范氏之师于百泉'是也。《水经注》云'重门城有安阳陂，次东又得卓水陂，次东有百门陂。陂方五百步，在共县故城西'。《太平寰宇记》云'共城县有百门陂，在县西北五里，方五百步许。百姓引之，以灌稻田。此米明白香洁，异于他稻。魏齐以来，尝以荐御陂南通漳水'，即此地也。此碑引《水经》'出自汲郡共山下，泉流百道，故谓百门。会同于淇，合流于海'，今本无此语。碑阴载祈雨晴有验及诸人咏事诗句。篆额曰'百门陂碑'。"

《潜研堂金石文字跋尾》："右共城县百门陂碑，题云辛怡谏文，张元琮记。盖辛制铭而张撰序，与宗圣观尉迟迥、苏许公诸碑同例。《魏书·地形志》：'共县有柏门山、柏门水。''柏'与'伯'通，又与'百'通也。碑为县令曹怀节祷雨有应而作。'熨升'即'熨斗'，《汉隶》'斗'作'升'，行数，蝉联而上，与升几无别矣。忆壬申岁在都下见此碑于邵刑部暗谷所。访之三十年未得，顷严公子子进购一本饷予，为之欣然，而暗谷已墓有宿草矣。"

按，碑题目曰"卫州共城县百门陂"，《元和郡县志》："卫州属河北道汲郡，共城隶焉。百门陂在县西北五里。"碑引《水经注》云："百门陂出自汲郡共山下，泉流百道，故谓百门。"《太平寰宇记》："共山在共城县北十里。阚骃《十三州记》云：'昔共伯复归于国，逍遥得意，游于共山之首。'……沮洳山在县西。"又据《水经注·淇水篇》称"淇水出河内隆虑县西大号山。《山海经》曰'淇水出沮洳山侧，颓波潀注，冲激横山，山上合下开，可减六七十步，巨石礌砢，交积隍涧，倾澜漭荡，势同雷转，激水散氛，暧若雾合。'"此数语虽述淇水之源，大致亦与百门陂相似也。碑既述其地之胜，又叙其历次祈祷晴雨之灵。今《河南通志》载"百门泉上有威惠王祠，祷雨有应，殿色清辉，金宣宗因改州曰辉"，又"卫源神庙在辉县百泉之上，肇建于隋，称灵源公。宋宣和间封威惠王，似即谓此碑之神也。然碑所谓"其庙有二古碑，篆隶磨灭，不可复睹"者，当即自隋已来有之，特所谓灵源公者。碑无明文，志谓隋封，语恐未确也。碑纪县令曹怀节祈雨事起于长安二年（702），《通志·名宦传》载"曹怀节作，贞观初任共城令"则误甚矣。碑阴节取喜雨喜晴诗各一二语附刻，亦颂德政者创格也。

王昶的著录比较详尽和扎实，考证亦见功力。《全唐文》卷二百六十录此文，但有谬误。本文已加以改正。

该碑曾遭废弃，清道光间，知县周际华重修卫源庙时，于草泽中掘得。碑中记载了长安二年五月，时任辉县县令曹怀节率县丞齐颢、主簿程列、县尉王表、霍南金等祈雨有应之事，重在颂扬当地官员勤心王事，体恤下民，事神以诚，故得神灵眷顾，从而"岁异人和，风行草偃，休咏盈于道路，美声逸于都鄙"。语多阿谀，盛誉绚烂，华丽奢美，极尽渲染之能，符合隋唐滥用典故，专尚辞藻，声韵铿锵的骈俪文风，实在内容并不多。

本碑的价值主要体现在对百门陂的由来、规模、功用的描绘上。透过作者有意堆砌的辞藻典故的华美迷雾，我们依然可以感受到作者对百门陂这个兼具山水景观和水利工程（"吐纳堤防，周流稼穑"）两大特征的宏伟建筑的赞叹。作者秉承天人合一的原则，指出百门陂之水具有"义""仁""勇""智"四德，正因为具备了这四德，才能够"以利万生，悠悠既凑，滔滔不息"。然后，又从"利""清""险""神"四个方面对百门陂之水大加赞扬。水德即人德，水有四德，人亦应有四德，唯有如此，才能天人合一，神灵眷顾，风调雨顺，五谷丰登。所以，本文不仅仅是颂"水"，更重要的是劝诫为官者具有"义""仁""勇""智"四德，勤于职守，体恤民生，敬畏自然和神灵，做一方名宦。

卫水发源于苏门，属于季节性河流，旱时缺水，雨季易灾，百门陂有蓄水之功，调节水量，养育万民，为古代鄘卫之地著名的水利工程。所谓"佥以为百门之利，千载无易"，此说不虚。故本文是研究卫河文化及鄘卫之地水利发展的重要史料。

碑文中诸如"年""月""日""国""人""天""地"等字形特异，均为武则天所造新字，可见在武则天当政期间，所谓的"则天文字"是得到广泛使用的。

辉州重修玉虚观碑

（元）王恽

翰林学士、中奉大夫、知制诰同修国史王恽^①撰。

翰林学士承旨、荣禄大夫、知制诰兼修国史赵孟頫^②书并篆额。

功德主、资德大夫、中书左丞张思明^③。

嘉平道士介炼师范君赍礼币来谒，拜而请曰："弊观在苏门，顾惟狭陋，然历年久，实为自昔名额。敢托斯文，俾见兴建本末，洎师真住持所自，用传不朽。乃宿昔所愿言，幸内翰惠顾，越为光有赫。"

按所具事状，州西郭曰草市，城北走出广薪门百举武，有观曰玉虚。考其肇基，盖始于前宋政和间。大定初仍赐今额，为正殿一，旁小殿二，中设三清、四圣、元辰等像，函丈后列，神闼前敞，下至真官斋坛、宾客庖库之位，咸叙而即宜。承平久，法供大行，钟磬斋鱼之音隐然闻山水间，蔚为共前储祥胜地。壬癸^④兵余，日就荒落，厥后清虚弘道真人来主治之，月殿星坛，稍复于旧。寻冷公^⑤西归，属之通妙严君显，奉师训惟

---

①　王恽（1227—1304），字仲谋，号秋涧，卫州汲县人。中统元年（1260）姚枢宣抚东平，辟王恽为详议官，擢为中书省详定官。二年（1261）转翰林修撰，同知制诰，兼国史院编修官。至元五年（1268）迁御史台，拜监察御史，九年（1272）授承直郎，十四年（1277）除翰林待制拜朝列大夫，二十九年（1292）授翰林学士、嘉议大夫。元贞元年（1295）加通政大夫知制诰，同修国史。大德八年（1304）卒，赠翰林学士承旨资善大夫，追封太原郡公，谥文定。著有《相鉴》《汲郡志》《秋涧先生大全集》等。

②　赵孟頫（1254—1322），元湖州人，字子昂，号松雪道人。宋宗室。幼聪敏，为文操笔立就。以父荫为真州司户参军，宋亡，家居。世祖征入朝，授兵部郎中，迁集贤直学士。帝欲使与闻中书政事，固辞。每见，必语及治道，多所裨益。累拜翰林学士承旨。卒谥文敏。诗文清邃奇逸，书法兼工篆、隶、行草，自成一家。绘画亦善山水、竹石、人物、鞍马、花鸟。有《松雪斋文集》。

③　张思明（1260—1337），元辉州人，字士瞻。世祖至元十九年（1282），由侍仪司舍人辟御史台掾。累升为湖广行省都事。成宗元贞初，为中书省检校，六曹无滞案。仁宗时，左丞相哈散引以为助，拜中书参知政事，升左丞。英宗时，因拜住与铁木迭儿二相各树朋党，惧祸，欲去不得，竟被诬罢官。文宗时再起为左丞，以衰老辞归。卒谥贞敏。

④　壬癸：应指金正大九年或天兴元年（1232）、金天兴二年（1233）。天兴元年，金在三峰山战役中失败，主力全失。十二月，撤离汴京。金朝走向灭亡。元兵追归金兵至辉县、汲县，所到之处皆成废墟。

⑤　冷公：即前文提到的"清虚弘道真人"。据万里《关于〈辉州重修玉虚观碑的两则考释〉补正》（《世界宗教研究》2011年第6期）考证，冷公即冷德明，其为修武县人刘志敏的弟子，丘处机的直系法孙。修武清真观创建于金宣宗贞祐四年（1216），刘志敏遵丘处机之命担任首任住持。金宣宗兴定四年（1220）该观毁于兵乱，金哀宗正大八年（1231）由冷德明重新主持修复。此在元好问《清真观记》中有详细记载。按，文中的"冷公西归"指冷德明从辉州玉虚观返回修武清真观。

恪，乃创水硙、稻田、楮庄等业，虽馨刮衣盂，资赡徒侣，大有方便。丙辰①，严既示化，真人志虑弘深，召上足通真师梁志一谓曰："玉虚道场，藐尔子②共，今缮修颇完，资用苟有，第道匪人弘，何以行远？矧共山群彦所集，半为方外眷属，微汝曷克洞玉清之虚静，承文献之顾接哉？"于是唯而来嗣。饬治焚修，其用尤俨，已有者守之日固，方来者增而岁新，复于百泉西涯买田数亩，筑致爽亭，贮经史，植松竹，号嘉惠别馆。娱言一室，閟间儒墨，暇则鼓琴咏歌，将以挹蟾房之景气，接鸾凤之遗音，岂惟与泉石而为伍也！雪斋姚公③爱其幽胜，亦尝徜徉其间，与师为苍烟寂寞之友。《传》曰"尚友知人"④，梁之为道，盖可见矣！

既而师倦屦，尽以后事付高弟道灿。灿为人姿疏秀，气爽而象恭，志继而本立，守护传业，惟恐坠越，其徒称之曰"能"。道灿姓张氏，自童行③入道，今三十五年矣。尝观道家说有玉清、玉虚等号，亦犹天有九霄，神霄为最高，然充而用之，于道体何在？是固老子法，虚心实腹，守为清修。要者盖心不虚则道无以入，物无以容，教无以受，而腹无以充矣。坐进之功苟疏，凝存之理或熄，若道灿者，法寿方尔，主治院门甚力，至于接外，务崇本宗，诚能中虚而应物，以道腴而充腹者焉。政自师祖、师梁庸玉汝于成之旨也。若然，则其为后来纪纲是者，矜而式之，继为不朽，无穷之传也必矣。仍为门人作诗，俾歌之，以极道真之本。其辞曰：

苍苍共岩，桂连塞兮。杳焉余怀，仙游远兮。山空日寒，怅迭巘兮。宫居粒食，思展转兮。遐想仙标，玉雪质兮。彤车载花，红一色兮。醉鞭星驭，金虬蜿兮。粃糠尘世，宅阆苑兮。嗟嗟堪舆，一洪炉兮。往古来

① 丙辰：指元宪宗六年（1256）。按，《秋涧集》作"丙申冬"，丙申指元太宗八年（1236）。
② 子：按，碑中字形即此。疑为"于"之误。《秋涧集》作"于"。
③ 雪斋姚公：即姚枢（1203—1280），元初政治家、理学家。字公茂，号雪斋、敬斋。潜心研习程朱理学。后应忽必烈召至藩府，上书言治国之策，遂成为忽必烈的重要谋士。忽必烈即位后，他历任东平宣抚使、大司农、中书左丞、昭文馆大学士、翰林学士承旨等职，曾参与制定礼仪。
④ 尚友知人：尚友，指上与古人为友。《孟子·万章下》："以友天下之善士为未足，又尚论古之人；颂其诗，读其书，不知其人，可乎？是以论其世也，是尚友也。"按，孟子强调要论世知人而"尚友"古人，即与古人交朋友，所重不在其"言"，而重在"得其人之心""得其人之道"，即重在文化之生命精神上的沟通与契合。
③ 童行：旧指出家入寺观尚未取得度牒的少年。宋蔡绦《铁围山丛谈》卷五："忽有一人跃出，缊布衣，若僧寺童行状。"

今，烁无余兮。世外无物，须人徒兮。剐涤玄览，归静虚兮。服饵节饮，差少愈兮。弱志强骨，寿吾躯兮。庶几真筌，师同符兮。

先师老尊宿、提点前辉州道正、通玄弘教大师张道灿。徒弟、住持、玉虚观提点陈道盈。安仁达德大师、提点、法赐金阙紫服程道原，提举张玄德。岁次至元元年乙丑朔[①]吉日，辉州道门提举、充卫辉路怀庆路清虚弘道真人门下、宗门提点、赐锦复崇明真通玄大师陈道贤立石。

□□□定刊。

【简析】

本碑原立辉县西关玉虚观，后移百泉碑廊门外，现依存。据陈垣《道家金石略》："碑高七尺五寸，广三尺一寸，二十四行，行五十八字，行书，在辉县。"此碑有盘龙碑首，中有长方形篆额"重修玉虚观碑"，分2行。其体修长，运笔婉转繁复，流畅灵动，既有浑朴大气之韵，又有清婉俊雅之美。碑阳24行，满行61字，共计996字。碑阴尽为题名，分上下两列，上列16行，下列19行，共计325字。碑阳字体为楷书，有行意。其书用笔简约，线条爽利，纵横开张，柔中有刚。赵孟頫之书以行书为著，笔划圆秀，字势横展，腾挪起伏，沉稳匀净，既有唐楷之法度，又楷行结合，追求温润闲雅，轻盈流动之美。此碑之沉稳简利已经与早期的儒雅俊秀有明显差别，故应为赵孟頫晚期巅峰之作。但此碑碑末有"岁次至元元年乙丑朔吉日"，而元世祖忽必烈至元元年（1264）为甲子年，至元二年（1265）为乙丑年；同时，"岁次至元元年乙丑朔吉日"的记时方式很少见，"岁次"一般应在"至元元年"之后，"朔吉日"没有点明是何月之朔日，说明此处的记时甚为仓促和荒谬。另，至元元年（1264），宋未亡，赵孟頫尚未入元；而赵孟頫任"翰林学士承旨、荣禄大夫、知制诰兼修国史"是在延祐三年（1316）。所以，本碑乃后刻之碑，或刻于后至元元年（1335），追忆往事，难免有误；而此碑亦非赵孟頫亲笔，乃集赵孟頫字而刻之，故呈现出赵体巅峰之态。集赵孟頫字而刻碑，本碑不是孤例，安阳许熙载神道碑即茅绍之集赵字而勒。

---

① 至元元年乙丑朔：按，元世祖忽必烈至元元年（1264）为甲子年，没有"乙丑朔"。而元世祖忽必烈至元二年（1265）为乙丑年，但"乙丑朔"不严谨，不知为何月之朔。

碑文的撰写者王恽是汲县人，翰林学士，为元初名臣。其与辉、卫之地的太一道、全真教、正一道等交往甚密。本文记载辉县玉虚观入元之后，屡经修葺，渐为名观的经过。从文中看，玉虚观始建于北宋政和年间，金大定赐额，为"共前储祥胜地"。随着金朝的败亡，玉虚观亦多经兵燹，"日就荒落"。进入元朝后，清虚弘道真人冷德明复葺之，通妙道人严显继之，通真道人梁志一又继之，终得功成。名士姚枢曾徜徉其间，其梁志一结为"苍烟寂寞之友"。后来，梁志一弟子正通玄弘教大师张道灿进一步发扬光大，使得辉县玉虚观的发展达到一个巅峰。王恽应玉虚观提点陈道盈（张道灿弟子，玉虚观住持，或即文首的"嘉平道士"）之请，撰写此文，以记此事。

金元之际，卫州一代的宗教发展十分迅猛。流派众多，道观无数。但传承比较复杂，遗留的资料难成体系，为后人的梳理和研究带来了许多困难。关于此碑，陈垣《道家金石略》据艺风堂拓片进行著录，徐菲《关于〈辉州重修玉虚观碑的两则考释〉》（《世界宗教研究》2010年第6期）、万里《关于〈辉州重修玉虚观碑的两则考释〉补正》（《世界宗教研究》2011年第6期）用力颇深，万文更进一步将修武清真观的发展史与玉虚观联系起来，找出其中的关联，指出修武清真观、辉州玉虚观、修武县马坊清真储福万寿宫、卫辉路紫极万寿宫、获嘉县小程通仙紫徽万安宫、汲县山彪仙翁观等皆属"法亲院门"，为重阳一脉。故本文乃全真教在豫北一代的发展演变的重要史料。

文中对全真教所崇奉的"老子法"的内涵进行了详细的陈述，即"虚心实腹，守为清修。要者盖心不虚则道无以入，物无以容，教无以受，而腹无以充矣。坐进之功苟疏，凝存之理或熄""中虚而应物，以道腴而充腹"等，此为研究全真一派的教义发展提供了研究思路。

另，陈垣《道家金石略》著录此碑时没有见到碑阴拓片，故缺失。该碑阴为题名，上列16行17人，下列19行26人，从中能窥知当时卫辉路的政权构成和宗教管理机构的设置情况，具有重要的史料价值。

重修饿夫墓记

（民国）李时灿

饿夫墓者，明逸民彭了凡墓也。了凡，名子灿，蠡①诸生。明亡，来苏门，依孙征君夏峰，遍游大河南北，既不食，坐死孙登啸台侧。夏峰题曰"饿夫"，悲其志也。或谓："孙登无妻子，了凡亦鳏夫，殆有所悦于登而从之游耶？"或曰："非也！伯夷、叔齐耻食周粟，饿死首阳山，了凡盖怀故国之痛而与夷、齐古今式辙也！"夏峰乃曰："生少知识，乏才技，以衣冠子贫窭不能自养，遂甘心一饿，亦□矣。"然其所不可及者，生死之关勘破已久，欲死即死，绝无黏滞，此非有过人识力未足与语也。后人争为诗吊之，若不胜其景仰者，皆因夏峰而重饿夫也，岂所谓伯夷、叔齐得夫子而名益彰耶？

宣统之末，余友何梓庭②承项城袁公命，新诸贤祠并修饿夫墓，高其冢而建表墓前，属为文记之，未果。梓庭今亡逾二年，为述其实，镌诸石，不欲以不情罔后人，仍夏峰志也。

其墓修于康熙乙酉，辉令范景③；又修于道光甲午，辉令周际华④。夏峰题石久坏，今碑仍夏峰题识者。范景以夏峰能重饿夫，故重摹勒石云。

汲人李时灿⑤撰文。原武乔纯修⑥书丹。汲人何檩⑦督修。

中华民国七年夏时四月

---

① 蠡：指蠡吾，即河北蠡县。按，彭了凡为河北蠡县诸生。

② 何梓庭：即何楑。事见本书李时灿《中华民国赠少卿京师税务监督何君墓志铭》。

③ 范景：浙江秀水人。进士出身。康熙四十五年（1706）任辉县知县。

④ 周际华（1772—1846），字石藩，初名际岐，贵州贵筑县（今贵阳市）人。嘉庆三年（1798）举人，六年（1801）进士。授内阁中书，改遵义府教授。历任辉县知县、陕州知州、高淳知县、兴化知县、江都兼署泰州知州。在辉县时，率民疏浚河道，劝民植桑种树，毁淫祠，兴义学；在陕州时，修峡石驿道路；在兴化时，为水患，心系亿万生灵之性命，又教民间女子学习纺织，使木棉之利大兴；在泰州时，因江都沿江居民连年遭水灾，又请开义仓，赈济灾民，使人心稳定，英帝国主义侵犯长江时，江都民众一致对外。周氏祖孙三代工诗，文章出众。著有《省心录》《共城从政录》《海陵从政录》《家荫堂诗稿》《感深知己录》等。

⑤ 李时灿：按，本书所录清于沧澜《创建经正书舍记》有注。

⑥ 乔纯修：按，本书所录李时灿《中华民国赠少卿京师税务监督何君墓志铭》有注。

⑦ 何檩：汲县人。与何楑、何桂芬等为兄弟。事见李时灿《中华民国赠少卿京师税务监督何君墓志铭》（何楑墓志铭）、李时灿《清封奉政大夫芳五何君墓表》（何桂芬墓表）等。

【简析】

该碑现立辉县苏门山饿夫墓前。长方形，上边两端略有圆角。上部有大片空白，应为碑额所在，但无篆额，也无纹饰。碑面十分朴素，没有装饰。正文12行，满行42字，共计371字。楷书，运笔有魏碑之风，遒劲沉稳，力道内蕴，张扬有度；结体方正稍长，古拙大气。书丹者乔纯修是原武县人，拔贡出身，主要从事教育工作，善书，诸体兼备，独具风骨，人称"乔体"。本碑应是其精心构撰之作。

墓主彭了凡，名子灿，河北蠡县诸生。清兵入关，他惋惜明朝的灭亡，不愿接受清朝的统治，携带妻儿举家南迁，四处倡导反清复明。途中妻儿相继死于战乱，况且当时大局已定，绝望之中的彭了凡带着国破家亡的悲愤心情来到百泉，与同乡孙奇逢讲学著书的同时，希望能够一起谋划反清大计。但孙奇逢认为天下大势已定，应顺应潮流，然而刚直的彭了凡宁死也不屈从，他独坐苏门山巅，啸台之前，至七天七夜，仿效伯夷、叔齐耻食周粟之例，绝食而死。彭了凡死后，孙奇逢遵其遗愿葬之，并题写"饿夫墓"三字。后来，冯玉祥驻军百泉，为彭了凡的民族气节所感动，奋笔疾书"民族精神"，刻巨石立于墓前。

在朝代更替之际，彭了凡的行为体现的是儒家"舍生取义"精神，面对侵略者，大义凛然，视死如归，表现了崇高的民族气节。这种精神具有原型意义，鼓舞着许多正直君子抵御外侮，为国捐躯。

李时灿生活在晚清民初的动荡年月，对彭了凡身上的民族气节十分敬重；同时，作为"中州大儒"，他对孙奇逢的思想十分钦佩，故欣然撰写此文也在情理之中。文章开头就强调孙奇逢题写"饿夫"是"悲其志也"，然后摆出两种说法，一俗一雅，接着引用孙奇逢之语强调彭了凡行为的个人魅力。俗说不值一驳，雅说也不甚肯定，而借重孙奇逢之口强调彭了凡"生死之关勘破已久，欲死即死，绝无黏滞"的个性特点。从文中看，作者似乎并不十分赞同彭了凡之舍生取义，而是肯定其"欲死即死，绝无黏滞"性格；并指出彭了凡之所以为人敬仰，乃"因夏峰而重饿夫也"。李时灿的观点与流行的正统观点有异，说明李时灿对彭了凡饿死守志的行为持保留态度，这一点颇值得研究者注意。

本文乃为重修饿夫墓而作。此次修缮，乃何橖受袁世凯之命而为之。

汲县何氏家族与袁世凯颇有渊源，尤以何樾为最突出。他积极追随袁世凯，立下了汗马功劳。尤其在袁世凯的人生处于低谷时，向袁世凯请命回汲县搞实业，积累财富，广罗人才（如王筱汀、李时灿是通过何樾等结识袁世凯的），为袁世凯蛰居彰德、汲县铺下根基。随着袁世凯逐步兴起，何樾的事业达到了顶峰，官居京师税务监督，权倾一时。但反对袁世凯称帝而暴卒（民间传说被毒死）。此次重修的督工何槤与何樾、何芳五为兄弟，与李时灿关系密切。故本碑也是何氏家族名重一时的明证。

唐故仪同三司宁都公冯君卢夫人墓志铭

夫人讳旋芷，范阳涿人也。齐师吕尚，世系起于隆周[①]；燕王卢绾[②]，冠冕高于强汉。祖文伟[③]，刺举青州，贪泉可掬[④]。父宗道[⑤]，作牧营部，官烛不然。

夫人幼而闲惠，长逾明敦。既七色而相宣，示三英而独璨。年廿有九后聘于冯氏。躬俭节用，□在女功；辅佐君子，心无险诐。□夫尽礼，虔恭于大带；教子义方，恩深于最被。男女不通授[⑥]，蔡琰有辞；内职方机

---

① 隆周：强盛的周朝。按，春秋时期，太公十一世裔孙高傒任齐国正卿，在齐桓公即位的过程中建立奇功，受封于卢（今山东长清）。高傒后裔子孙以先祖封邑为姓氏，称卢氏，世代相传，史称卢氏正宗。

② 卢绾（前256—约前193），西汉沛人。随刘邦起沛。东击项羽时，为太尉，封长安侯。后与刘贾击灭临江王共尉，又从刘邦破燕王臧荼，有功，封燕王。高祖十二年（前196）陈豨反，绾使人前往联合，并与匈奴相勾结，事败，逃亡匈奴，匈奴以为东胡卢王。岁余，死于匈奴。

③ 文伟：即卢文伟（482—541），北魏范阳涿人，字休族。少孤，有志尚，颇涉经史。年三十八，举秀才，除本州岛平北府长流参军。说刺史裴儁按旧迹修督亢陂，溉田万余顷，民赖其利，而文伟亦以致富。北方将乱，文伟积谷范阳，多所赈赡，为乡里所归。韩楼据蓟城，文伟率乡闾守范阳，防守二年。楼平，以功封大夏县男，除范阳太守。孝庄帝崩，与刘灵助起兵攻尔朱氏，败投高欢。东魏孝静帝时，官至青州刺史。卒谥孝威。

④ 贪泉可掬：取"廉官可饮贪泉水"之意。按，贪泉在广东省南海县。晋吴隐之操守清廉，为广州刺史，未至州二十里，地名石门，有水曰贪泉，相传饮此水者，即廉士亦贪。隐之酌而饮之，因赋诗曰："古人云此水，一歃怀千金；试使夷齐饮，终当不易心。"及在州，清操愈厉。

⑤ 卢宗道：北齐范阳涿人，卢恭道弟。历尚书郎、通直散骑常侍，后行南营州刺史。尝于督亢陂杀牛聚会，有一旧门生酒醉失言，即被宗道沉之于水。后坐滥酷除名。

⑥ 按，此处用"蔡琰词章"之典。《后汉书》卷八十四《列女列传·董祀妻》："操因问曰：'闻夫人家先多坟籍，犹能忆识之不？'文姬曰：'昔亡父赐书四千许卷，流离涂炭，罔有存者。今所诵忆，裁四百余篇耳。'操曰：'今当使十吏就夫人写之。'文姬曰：'妾闻男女之别，礼不亲授。乞给纸笔，真草唯命。'于是缮书送之，文无遗误。"此处借蔡琰比墓主，强调卢旋芷的品德高尚和才华出众。

杼，斑姬①有传。夫人鉴识傍显，礼度咸彰；雅扶两绶，差无惭色。方绥福履，作范闺闱；为善无征，奄未朝露。春秋卅有一，大隋开皇六年正月四日卒乎凤州，以仁寿四年岁次甲子十一月癸巳四日丙申合葬于共城东北十五里柏尖之东，礼也。女仪遗训，□编公干②之文；妇则□徽，方传元凯③之记。

乃为铭曰：

渭川之沝，泗水之阳。□清韫玉，实产才良。情谐汉后，心□周王。建齐流誉，封燕播芳。猗欤淑德，膺兹□庆。琬琰居心，芝兰表性。公宫禀道，尸斋惟敬。内则燕修，仪刑傍瑛。膺图作配，言菜其薇④。凤珈起曜，榆翟生晖。野金宁□，苽荇无违。佳城未启，行云不归。营魂羁旅，关山迢递。镜掩鸾飞，帏空□蔽。暗堂余烛，尘筵虚祭。奄歹有期，叶同龟蓍。□輀启路，马獦⑤成封。挽凄歌断，云愁色浓。野开长隧，坟移细□。白日徒□，玄泉几重。

【简析】

本墓志不见原石，北京图书馆等单位藏拓，郝本性《隋唐五代墓志汇编·河南卷》以"冯君妻卢旋芷"为题录之，并注以"隋仁寿四年十一月四日葬。河南省辉县出土。志石断裂。北京图书馆等单位藏有拓片。拓片长67厘米，宽66厘米。正书"。此石斜裂为三块，拓面漫漶之处颇多，可能原石不佳。其书为正书，结体方正，厚重沉稳，不事奢华，淳朴蕴藉；

---

① 斑姬：即"班姬"。指班昭。

② 公干：指刘桢（？—217），东汉末东平宁阳（今山东宁阳县）人，字公干。汉献帝建安中，曹操辟为丞相掾属。博学有文才，使随侍曹丕。尝从丕饮，酒酣，命夫人甄氏出拜，坐中咸伏，桢独平视。以不敬被收，减死输作部。刑竟署吏。为建安七子之一。按，刘桢之母是元帝时京兆尹王章之玄孙女，琴棋书画，诗辞歌赋无所不通。她年轻寡居，把希望寄托在儿子及众任身上。刘桢在母亲的劝诫、督导与身教下，从小铸就了勤学好问、百折不挠的性格。

③ 元凯：指杜预（222—284），西晋京兆杜陵人，字符凯。司马昭妹夫。初为魏尚书郎。贾充定律令，预为之注解。晋武帝立，为河南尹，迁度支尚书。武帝咸宁四年（278），拜镇南大将军，都督荆州诸军事，镇襄阳，做灭吴准备。次年请伐吴。太康初，遣将攻吴，累克城邑，招降南方州郡，功封当阳县侯。官至司隶校尉。功成之后，耽思经籍。博学多通，著《春秋左氏传集解》等，自谓有"《左传》癖"。卒谥成。

④ 言菜其薇：按，用伯夷、叔齐"采薇"之典。

⑤ 马獦：即"马鬣"。獦，古同"猎"，此处同"鬣"。按，"马鬣封"指坟墓封土的一种形状。亦指坟墓。

运笔朴拙，内蓄劲力，有古隶、魏碑笔意。从整体风格看，与本书所录《前齐故仪同三司宁都公冯君夫人荆山郡君李氏墓志铭》稍显灵动不同，可见两志不是同一人所书。

本志墓主卢旋芷（556—586），范阳涿人。冯君之妻。从时间判断，冯君之妻李玉婍卒于北齐后主高纬武平三年（572），而卢旋芷29岁嫁给冯君，31岁去世，可见卢旋芷为冯君继配。两人于仁寿四年（604）十一月四日与冯君合葬于共城东北十五里柏尖山之东。

从《前齐故仪同三司宁都公冯君夫人荆山郡君李氏墓志铭》看，冯君妻李玉婍出身名门，其祖父李肃曾任泾州刺史，封顿丘公；其父李化曾任阳平郡太守，阶左光禄大夫；其自己被"诏除荆山郡君"。从本志看，卢旋芷更是出身名门。其祖父卢文伟官至青州刺史，卒谥孝威；其父卢宗道历尚书郎、通直散骑常侍，后行南营州刺史；其伯父卢恭道，除龙骧将军、范阳太守，卒后赠使持节、都督幽平二州军事、幽州刺史、度支尚书，谥曰定。三人皆史书有传。故冯君的地位应该比较显赫。但查不到其名姓、仕历和功绩。结合卢旋芷出嫁两年即亡，而冯君与两位夫人合葬已在33年之后判断，很可能冯君与卢旋芷死于非命即朝政动荡之中。志文讳之，不愿直言。

本志与《前齐故仪同三司宁都公冯君夫人荆山郡君李氏墓志铭》有关联，可对比阅之。或许两志背后有曲折的史事，有待更多的考古资料去证实。

冠山寂照通悟禅师徽公塔铭并引

（金）元好问

遗山真隐[①]撰。乡贡进士张文纲篆额。东林野人书丹。

师讳澄徽，出于平定何氏。弱不好弄，行植塔庙，如欲作礼然。七

---

① 遗山真隐：即元好问（1190—1257），金忻州秀容（今山西忻县）人，字裕之，号遗山。元德明子。七岁能诗。宣宗兴定五年（1221）进士，历内乡令。官至行尚书省左司员外郎。金亡，不仕。以著作为己任，收集金朝君臣言论遗事，为元人修《金史》所取资。辑《中州集》《中州乐府》，有《遗山集》传世。

岁，白其父，求出家。父知其夙植善根，送之冠山①大觉寺，师宗圆大德洪公。一日，诣洪公言："今释子回回，率言誓求佛果。如经所说，沙门修行历三数劫，以至大千世界，无一卧牛许地，非其舍身命处，乃得成道。信斯言也，世岂有一人可证佛果者？"洪虽心异之而不知所以答也。

崇庆初，以恩例得僧服。洪命师历讲席以求义学。不三四年，能为先学者指说。既久，厌于钞书之繁，投卷叹曰："渠宁老于故纸间也？"即拂衣去，依清拙真禅师于亳泗间。真一见师，知其不凡，赠之诗，有"三尺枯桐传古意，一根藜杖知归程"之句。再参少林隆②、宝应迁③，最后入龙潭④虚明寿和尚之室。虚明风岸孤峻，特慎许可。师扣请未几，即以第一座处之。有为虚明言者："公于徽首座推激过称，不重加炉锤，则吾恐一军皆惊将复见于今日矣。"虚明笑曰："君未之知耳！我二十年不了者，渠一见即了，尚待炉锤耶？"

癸未冬，佛成道日，众以师心光焕发有不可揜焉者请于虚明，愿为师举立僧佛事。师不得已升座，举岩头奯⑤法语云："见过于师，方可传授；见齐于师，减师半德。⑥今日徽首座为是，'见齐于师'为复'见过于师'。

---

①　冠山：位于平定县城西南大约5公里处，因山势秀拔，状若冠戴，故得名。此处有冠山书院，元代中书左丞吕思诚、明代兵部尚书乔宇都曾在此读书。

②　少林隆：即少林寺住持东林志隆。志隆号东林，世称东林志隆、东林隆公，金末曹洞宗高僧。参曹洞宗大师万松行秀为师，金贞祐三年（1215）至元光元年（1222）任少林寺住持。创建少林药局，元好问为其撰《少林药局记》；金兴定四年（1220），与居士王知非等重修面壁庵和雪亭西舍，李纯甫为其撰《重修面壁庵记》及《新修雪庭西舍记》。与元好问、耶律楚材、李纯甫、赵秉文（闲闲老人）、李纯甫（屏山居士）等交往颇多，为"孔门禅"的形成和发展做出了巨大贡献，而《重修面壁庵记》就是宣扬"孔门禅"理论的力作。东林志隆是曹洞宗禅师住持少林寺祖庭第一人，东林志隆之后，在万松行秀的安排下，木庵性英、乳峰德仁、雪庭福裕、复庵圆照等相继住持少林寺，其中雪庭福裕被誉为少林"中兴之祖"。

③　宝应迁：即龙门山宝应寺定迁禅师。

④　龙潭：即登封龙潭寺。

⑤　岩头奯：即鄂州岩头院全奯（828－887）。据《宋高僧传》卷23《唐鄂州岩头山全豁传》，释全奯，俗姓柯氏，泉州人。礼清源谊公为师。往长安，造西明寺，照公与受满足法。即于左街保寿寺听寻经律。后诣武陵德山，居所邻洞庭卧龙，筑室投憩。又居唐年山，立院，号岩头。又见《景德传灯录》卷16。

⑥　按，"见过于师，方可传授；见齐于师，减师半德"语出《五灯会元》卷三："一日，师谓众曰：'佛法不是小事，老僧昔被马大师一喝，直得三日耳聋。'老檗闻举，不觉吐舌。师曰：'子以后莫承嗣马祖么？'檗曰：'不然，今日闻和尚举，得见马祖大机大用，然且不识马祖。若嗣马祖，已后丧我儿孙。'师曰：'如是，如是！见与师齐，减师半德。见过于师，方堪传授。子甚有超师之见。'"意谓如果一个学生的能耐只能达到与老师相同的程度，实际上只及老师能力的一半；如果这个学生能突破老师的约束，并超过了老师的境界，才是真正的接班人，才真正值得传授的啊！

若谓'见过于师'辜负虚明老人，何止辜负虚明，亦乃丧身失命；若谓'见齐于师'宁不辜负徽首座？何止辜负徽首座，云门一枝，摄地而尽。然则究竟云何？"徐拈柱杖云："一朝权在手，看取令行时。"①虚明失喜，至以得人自贺。

正大甲申，住陈留之东林。明年，开堂于亳州之普照。名士史内翰季宏②而下为具铸。于是，师之道价隐然于东南矣。

师以世将乱，从虚明于静安，筑室沐水上五六年，杖策北渡。故吏部尚书张公公履③留师住彰德之天宁。师天性简重，且倦于迎接，不二年，遁居大名。闭门却扫，人事都绝。雅善琴道，且于诗律有功，惟以二事自娱。而学人之来者日益多，编茅为屋，乞米为食，有依止岁久而不忍去者。师蟠然曰："今狂解塞路，诚羞与同列。然玄纲之坠久矣，将不有任其责者乎？"乃听学人入室征诘，开示极为周悉，因师得证者继有其人。俄以补印《藏经》，赐号"寂照通悟大禅师"。

以乙巳冬十一月之五日示微疾，却后五日，沐浴更衣，留偈而逝，得年五十有四，僧夏④三十有三。度弟子于内得法者十有一人：智赟、子超、善明、子广、德澄、善惠、惠臻、普遭、净瑞、子源、道忠。所著《升堂语录》《解道德经》并诗、颂、杂文传于诸方。师没之七日，远近会葬，倾动州邑。茶毗之际，灵异甚多。起塔于二祖先符禅寺⑤与山阳之白茅寺，

---

① 按，唐高仲武《中兴闲气集》卷上："一朝权入手，看取令行时。"澄徽禅师以此二句阐述佛理。众僧推举澄徽禅师立僧升座，澄徽禅师以发扬光大虚明禅师的学说为己任，并以此激励自己。

② 史内翰季宏：即史奕，字季宏，人称"洹水史公"，安阳人。大定二十八年进士。累迁著作郎、翰林修撰、同知集贤院，以直学士致仕。金赵秉文为其父撰《史少中碑》。

③ 张公公履：即张公履（1176—1243），字公理，荡阴阳邑里人。据元好问《资善大夫吏部尚书张公神道碑铭》，张公理为泰和二年（1202）词赋进士，任徐州录事判官。丁忧，服除，调许州郾城主簿，再调寿张主簿。以政绩突出调林虑令。升尚书省令史，转知管差除房，俄提控吏部铨选。兴定三年（1219），超陕西东路转运副使，辟左右司郎中。在归养期间，平叛有功。授京东路司农少卿。历户部侍郎、刑部侍郎、陕西西路司农卿、右谏议大夫兼户部侍郎、吏部尚书，累官资善大夫。

④ 僧夏：指僧尼受戒后的年数。夏，夏腊。

⑤ 二祖先符禅寺：按，"二祖"指慧可（487—593），一作僧可。东魏僧。俗姓姬，虎牢人。博览群书，尤精玄理。出家后，精研三藏。年四十遇天竺沙门菩提达摩于嵩洛，从学六载，亲受衣钵为东土禅宗第二祖。后于邺都大弘禅法，弟子中传其衣钵者为三祖僧璨。"先符禅寺"应为"元符禅寺"，位于元广平路磁州滏阳县（今磁县）芦村。唐贞元六年（790），唐德宗追谥二祖慧可为"大祖禅师"。唐天复二年（902）、宋嘉祐二年（1057），曾两次重新建塔。宋明道二年（1033），钦赐"广慈禅院"。宋元符三年（1100），改"元符寺"。元符寺因是二祖舍利的安奉之地，成为著名禅宗祖庭，佛教史籍称之为"二祖元符禅寺"。

遵遗令也。

　　往予过大名，曾一诣师。予先世家平定，然未尝语及之也。今年秋九月过平定，游冠山，聂帅庭玉①指似予："此寺即徽上人落发处也。渠已老，故瞻粉榆，有终焉之志，且夕往迎之矣。"时殿后一大松，盘礴偃蹇，高出尘表，予拊而爱之。庭玉又言："此松先有虬枝及地而起，画工往往貌之以为图。此夏忽为大风所折，松今非响比矣。"予私念言："成都石笋②折，随有当之者。上人其不归乎！"及到大名，而师之逝已三日矣。

　　僧赟及琼辈以予师乡曲，丐为塔铭。予于正法无陶汰之功，谢不敢当。赟三请益勤，度不可终辞，因就师像前问师："能为我说法否？"寂听良久，捧手曰："法王法如是。"③乃退而为之铭。

　　铭曰：

　　父无此儿，祖不渠孙。秘窟龙潭，孤奉佛恩。其生也坐断水月之场，其没也卧护稠禅④之门。岿然一塔，如不动尊，渺冠山之云澹兮似无所存。异时触石而起，又安知其下函盖乎乾坤！

　　时大朝丙午年四月初十日，嗣法小师⑤子昶建塔，门人德澄立石。施碑人翟评事，镌字人张天才。

【简析】

　　本塔铭现存辉县市白云寺。塔为五层方塔，建于元定宗元年（1246），

---

　　① 聂帅庭玉：即聂珪（1197—1252），金元间冀宁寿阳人，字廷玉。天资开敏。金末辟为委差官，后率众降蒙古，授招抚副使。击败武仙，以功授平定等州总管都元帅，得便宜易置守令。为政缓急轻重，悉有条例。喜宾客，与元好问等友善。

　　② 石笋：挺直的大石，其状如笋，故名。晋常璩《华阳国志·蜀志》："时蜀有五丁力士，能移山，举万钧。每王薨，辄立大石，长三丈，重千钧，为墓志：今石笋是也。"宋陆游《老学庵笔记》卷五："成都石笋，其状与笋不类，乃累迭数石成之。"

　　③ 按，《碧岩录》第九十二则："世尊一日升座，文殊白槌云：'谛观法王法，法王法如是。'世尊便下座。"释迦世尊登法座说法，未曾演说一句，听者自明。此为佛家著名公案。法王，指释迦牟尼，亦借指高僧。

　　④ 稠禅：即稠禅师。《佛学大辞典》："齐邺西龙山云门寺僧稠，能修禅法。尝山行见两虎斗，以锡杖中解之而去。齐文宣帝为建云门寺。屡幸寺，稠师守比丘之法，都不送迎。或人以此谮于帝，帝大怒，欲自来加害。稠师冥知之。避寺去二十里，孤立道傍。帝至而问之。曰：恐鲜血不净，污精舍。帝下马礼谢，躬负师还寺。见唐高僧传十六。"

　　⑤ 小师：受戒未满十夏之僧侣。《释氏要览·师资小师》："受戒十夏以前，西天皆称小师。"亦用作僧人的谦称或对年轻出家人的称呼。

坐北面南，密檐式纯砖结构，通高7.08米。塔基为须弥座，大部分没于地表之下。一层塔檐为布瓦滴水，琴面昂嘴。檐上为反迭涩砌造。塔刹砌仰莲。塔身南面正中嵌镶本铭。此塔为金末元初高僧澄徽禅师而建。据文中所载，"起塔于二祖先符禅寺与山阳之白茅寺，遵遗令也"，可见澄徽禅师遗言于磁县元符寺和辉县白茅寺（白云寺）两处建塔，元符寺之塔已无存。

本铭为"遗山真隐"元好问所撰，主要记载澄徽禅师倾慕佛教，苦练修行，逐步成为高僧大德的经过。澄徽禅师（1192—1245），俗姓何，山西平定州人，与元好问为同乡。七岁即有出家之意，入冠山大觉寺，拜洪禅师为师。渐明佛理，修养渐深，赴亳泗间向清拙真禅师求学。再参少林寺志隆禅师、宝应寺定迁禅师，最后入龙潭寺虚明寿禅师之室，被推为首座，承接虚明寿禅师之钵。金正大元年（1224），住陈留之东林寺。二年，开堂于亳州之普照寺。后天下大乱，从虚明禅师于静安寺达五六年，再杖策北渡，至彰德天宁寺。不二年，遁居大名。以补印《藏经》，赐号"寂照通悟大禅师"。卒于元乃马真后称制四年（1245），得年五十有四，受戒为僧三十三年。著《升堂语录》《解道德经》并诗、颂、杂文传于世。

澄徽禅师的人生经历并不复杂，元好问的记载也比较简单。但澄徽禅师生活在金末元初的动乱年代，经历了朝代更替之际诸多的天灾人祸，其执着于释理，以普度众生，救苦救难为己任，是与当时的社会背景有关的。战乱年代，国家危亡，士人落难，皆需佛家思想作为精神寄托，故此时的北方佛教发展异常昌盛。如文中提及的少林寺住持东林志隆禅师即为一代大德，他参曹洞宗大师万松行秀为师，任少师住持，创建少林药局，重修面壁庵（初祖庵）和雪亭西舍，元好问为其撰《少林药局记》，李纯甫为其撰《重修面壁庵记》及《新修雪庭西舍记》，说明当时有一大批落难居士避居少林，形成了一个各种佛教思想交流的文化圈。万松行秀、志隆禅师本为"曹洞禅"，李纯甫在此基础上发扬光大开创了"孔门禅"，主张儒释融会，即经禅门而渗透孔门，以佛法比拟儒学，或经孔门而入禅门，以儒学证佛法，名震一时。而"孔门禅"的提法又是元好问总结出来的。文中并没有详尽论述澄徽禅师的佛学思想，从其经历看，他一定受到了"曹洞禅"（万松行秀、志隆禅师）、"孔门禅"（李纯甫、元好问）的影响；而其遗言于磁县元符寺和辉县白茅寺两地建塔，说明其与磁县元符寺

（二祖慧可的安奉之所，属于云门宗）渊源颇深，又接受了"云门禅"的诸多熏陶。由此看来，当时的佛教活动十分昌盛，高僧大德的交往亦比较频繁，各种佛理的交融及创新亦属常态，故本铭对研究金末元初北方佛家思想的发展及诸多流派的发展演变有重要的参考价值。

文中并没有交代澄徽禅师在白云寺的传教活动，亦不知其与白云寺的渊源。不过，文中提及"其生也坐断水月之场，其没也卧护稠禅之门"，说明白云寺属于"稠禅"一脉。稠禅师得少林佛陀禅师影响甚大，但他的禅法又与菩提达摩禅法不完全相同，他的"四念处"（观身不净、观受是苦、观心无常、观法无我）影响深远。澄徽禅师既然遗言于白云寺建塔，说明白云寺与冠山大觉寺、登封少林寺、龙门山宝应寺、登封龙潭寺、陈留东林寺、亳州普照寺、彰德天宁寺、磁县元符寺等有关联，其思想亦融"曹洞禅""孔门禅""云门禅"等为一体，逐步形成自己的思想体系，渐成北方著名丛林。故本铭对梳理白云寺的佛家渊源和佛理演变提供了宝贵资料。

本文的撰文者元好问为一代名家，以诗词文章取胜，"以文章独步者几三十年"。本铭从另外一个角度，通过其与居士僧侣的交游，窥知其佛教思想的特征以及对其文学创作的影响。他既然为李纯甫总结出"孔门禅"，说明其偏重于儒释的交融，希望通过宣扬佛法消弭战争的痛苦，恢复纲常，使得国泰民安。

文中叙述澄徽禅师的几次活动颇证佛理，非佛理深厚者难洞细微。如被众人推为龙潭寺首座时，其举岩头龛法语"见过于师，方可传授；见齐于师，减师半德"以自励，表达青出于蓝而胜于蓝的意愿。再如元好问于澄徽禅师灵像前征询撰铭一事，"寂听良久，捧手曰：'法王法如是。'"运用了释迦牟尼传道时的一桩公案为典，表达自己深受澄徽禅师的佛理熏陶，与禅师心神相通。

所以，本铭的内容虽不复杂，但涉及的历史文化信息十分丰厚，是人们研究北方佛教发展的重要史料，应予以重视。

清故征君钟元孙先生暨配槐孺人继配杨孺人合葬墓志铭

（清）汤斌

　　赐进士第、中宪大夫、江西分守岭北道右参政、前潼关兵备、陕西按察司副使、内翰林国史院检讨、睢州门人汤斌[①]顿首拜撰文。

　　赐进士第、中宪大夫、大名道兵备、河南按察司副使、前内翰林弘文院检讨、登封门人耿介[②]顿首拜书丹。

　　赐进士出身、中宪大夫、起居注日讲官、侍读学士、前侍讲学士、内翰林国史院侍读、弘文院检讨、新安门人崔蔚林[③]顿首拜篆盖。

　　康熙十有四年乙卯四月二十一日，前明万历庚子举人征君孙先生卒于辉县夏峰之居第。一时监司郡县之大夫与方数百里乡大夫士吊哭，属路不绝。城内外市者罢，耕者废耒，里老泣叹，子弟辍诵弦声。督学使檄郡邑列祀百泉书院。其冬十月十六日葬于夏峰之东原。距生万历甲申十二月十四日，享年九十有二矣。

　　盖道学之传自濂洛关闽诸大儒，后莫盛于明之河东[④]、姚江[⑤]。先生

---

　　① 汤斌（1627—1687），清河南睢州人，字孔伯，一字荆岘，号潜庵。孙奇逢弟子。顺治九年（1652）进士，授国史院检讨。康熙间，举博学鸿词。授翰林院侍讲。历官内阁学士、江宁巡抚。在苏州废五通神祠，禁妇女游观，不准印售小说。后官至工部尚书。治理学，笃守程朱而不薄王守仁。卒谥文正。有《洛学编》《汤子遗书》《潜庵语录》等。

　　② 耿介（1618—1688），河南登封人，字介石，初名冲璧，号逸庵。顺治九年（1652）进士。由检讨出为福建巡海道。康熙间任直隶大名道。丁母忧归。从孙奇逢问学，又兴复嵩阳书院。以汤斌荐，授少詹事，旋辞官而归。有《中州道学编》等。

　　③ 崔蔚林（1635—1688），直隶新安人，后迁河南长垣，字夏章，号定斋。顺治十五年（1658）进士，康熙间累官侍讲学士，詹事府詹事。曾奉诏撰《易经讲义》。又著有《四书讲义》《解易》。

　　④ 河东：指河东学派。指以明薛瑄为代表的理学流派。因薛瑄为河东（今山西一带）人，故名。

　　⑤ 姚江：即姚江学派。创始人为明代大儒王守仁，因其曾筑室于故乡阳明洞中，世称阳明先生，故称该学派又称阳明学派。提倡“心即理”“知行合一”“致良知”等学说，后分化为浙中王学、江右王学和泰州王学等七派。阳明学派是明朝中晚期思想学术领域中的一个著名流派，其学说是明朝中晚期的主流学说之一。

幼，当梁溪①、吉水②讲学都门之日，与鹿忠节公③交修默证，以圣贤相期许。忠节既没，独肩斯道者四十载。年愈高，德愈邵，真积力久笃，实辉光四方。学者不谋而合，曰："夏峰，今之河东、姚江也。"两朝征聘十一次，纁帛贲于岩谷，守令敦趋就道者数矣。先生坚卧不起，故天下称为征君云。

先生讳奇逢，字启泰，号钟元，保定之容城人。高祖端，曾祖廷宝，皆有隐德。祖臣，嘉靖辛酉乡荐，任河东盐运司运判，以清慎称。父丕振，庠员，授儒官，孝友著闻；母陈孺人。兄弟四人：两兄奇儒、奇遇，俱庠员；弟奇彦，以贡仕武城令。

先生少时慷慨有大志。十四岁，谒杨尚宝补庭。补庭问："设在围城中，内无粮刍，外无救援，当如之何？"先生应声对曰："效死勿去！"补庭曰："此足卜子生平矣！"补庭者，忠愍公④子也。十七举于乡，私居不畜一钱，郡邑倒致膏火资，悉以奉父母。两居父母忧，治丧一准古礼，偕兄弟庐墓侧，饮食必祭，风雨霜雪，哀音动人，前后六年如一日。尝语人曰："少年妄意功名，自双亲见背，哀恸穷苦中证取本来面目，觉向来气质之偏，盖学问实得力于此云。"居京师，见曹贞予⑤公，举仁体以告，

---

① 梁溪：水名，流经无锡市。此处借指顾宪成（1550—1612），明常州府无锡人，字叔时，别号泾阳。万历八年（1580）进士。授户部主事。十五年（1587）谪桂阳州判官。历迁至吏部员外郎、文选郎中，二十二年（1594）削籍归。崇祯初赠吏部右侍郎，谥端文，人称泾阳先生。有《小心斋札记》《泾皋藏稿》《顾端文遗书》等。

② 吉水：指邹元标（1551—1624），明江西吉水人，字尔瞻，号南皋。万历五年（1577）进士。同年，以疏论张居正夺情而得罪，廷杖戍贵州都匀卫。居正死，召拜吏科给事中。历官南京吏部员外郎，以母丧归。讲学几三十年，名扬天下。天启初还朝，进刑部右侍郎，拜左都御史。为魏忠贤所忌，被迫辞归。卒谥忠介。有《愿学集》。

③ 鹿忠节公：即鹿善继（1575—1636），明保定府定兴人，字伯顺。万历四十一年（1613）进士。授户部主事。时辽饷不继，善继请尚书留广东所进金花银供之，坐降级外调。光宗立，复官。寻改兵部职方主事。从孙承宗巡阅榆关防务，有功。迁郎中。崇祯初为太常少卿，告归。九年（1636），清兵攻定兴，参与守城，城陷死。谥忠节。有《四书说约》《无欲斋诗钞》等。

④ 忠愍公：即杨继盛（1516—1555），明保定府容城人，字仲芳，号椒山。嘉靖二十六年（1547）进士。授南京吏部主事，改兵部员外郎。上疏弹劾大将军仇鸾，被贬狄道典史。后起用为诸城知县，迁刑部员外郎。严嵩欲引为羽翼，复改兵部武选司抵任甫一月，即上疏劾嵩十大罪，世宗大怒，下狱三年，被杀。隆庆时追谥忠愍。有《杨椒山集》。

⑤ 曹贞予：即曹于汴（1558—1634），明山西安邑人，字自梁，一字贞予。万历二十年（1592）进士。授淮安推官，入为吏科给事中，劾罢两京兵部尚书田乐、邢玠等。光宗即位，迁左佥都御史，佐赵南星察。进左副都御史。天启四年（1624），为魏忠贤党所诬，削夺。崇祯元年（1628），拜左都御史。后遭弹劾，谢官去。

恍然此心与天地万物相通。时桐城左忠毅①、嘉善魏忠节②、长洲周忠介③以气节相高，见先生，皆倾盖定交。高阳孙文正公④督师关门，鹿忠节为监军，约先生同游塞上，遍览山海形胜，指画如掌。孙公留共襄时事，急辞归，语茅元仪⑤曰："将相不合，未有能立功于外者。公信不愧吉甫⑥，如时不可何！"

天启末年，逆阉窃柄，左、魏、周三君子相继逮系。过白沟，缇骑森布左右。先生与门人张果中⑦拮据调护，供其橐饘，且告之曰："雷霆雨露，总是君恩，诸公主张宜审定。"意气浩然，旁若无人。其子弟傔从，厂卫严缉，莫敢舍者，先生与鹿太公正为之寄顿。左尝督学三辅，又屯田，有惠政，时诬坐左赃二万，考掠备至；先生与鹿太公谋设瓯建表于门，曰："愿输金救左督学者，听于是。"乡人投瓯者云集。左既考死，则又按籍俵散。魏与周各坐赃五千，严刑酷比，先生咸倡义醵金以应之。去京师不二百里，举旛建鼓，不畏阉知，阉亦竟不知也。当事急时，遣弟奇彦同鹿

---

① 左忠毅：即左光斗（1575—1626），明安庆府桐城人，字遗直，一字共之，号浮丘，人称沧屿先生。万历三十五年（1600）进士。授御史。光宗死，与杨涟协心建议，排斥宦官，扶助熹宗，朝野并称"杨左"。后二人劾魏忠贤，反为所害，与杨涟同为狱卒杀害。福王时追谥忠毅。

② 魏忠节：即魏大中（1575—1625），明浙江嘉善人，字孔时，号廓园。万历四十四年（1616）进士。授行人，累迁至吏科都给事中。天启间疏劾魏忠贤、大学士魏广微，贬三秩出外。又遭阉党构陷，毙于狱中。思宗即位，追谥忠节。有《藏密斋集》。

③ 周忠介：即周顺昌（1584—1626），明苏州府吴县人，字景文，号蓼洲。万历四十一年（1613）进士。授福州推官。天启中历文选员外郎。不久辞官回乡。为人刚方劲介，疾恶如仇，曾手呼魏忠贤名，骂不绝口。魏党矫旨派旗尉赴苏逮捕，吴中为之发生民变。至京后，在狱中遇害。崇祯初谥忠介。有《烬余集》。

④ 孙文正公：即孙承宗（1563—1638），明高阳人，字稚绳，号恺阳。万历三十二年（1604）进士。授编修，进中允。历谕德、洗马。熹宗即位，充讲官。天启二年（1622），拜兵部尚书兼东阁大学士。三年（1623），为魏忠贤党所谗，乞归。崇祯二年（1629），守通州。次年，收复遵化等四城。后以大凌河等地失守，引疾归。十一年（1638），清兵攻高阳，城破，投环死。福王时谥文忠。有《高阳集》。

⑤ 茅元仪：明湖州府归安人，字止生，号石民。茅坤孙。好谈兵，天启初，为孙承宗幕僚。崇祯初，上《武备志》，为翰林待诏。后任副总兵，守觉华岛，旋以兵变论戍漳浦。边事急，再请募死士勤王，权臣不许，悲愤纵酒卒。有《暇老斋笔记》《野航史话》《石民集》等。

⑥ 吉甫：指周宣王贤臣尹吉甫。曾率师北伐玁狁至太原。《诗·小雅·六月》："文武吉甫，万邦为宪。"后代诗文中多以之作贤能宰辅的典型。

⑦ 张果中：明末清初直隶新城人，字于度。鹿善继弟子。明天启五年（1625），与孙奇逢、鹿正募金纳赎，欲救魏大中、左光斗等。事虽不成，人皆称三人为范阳三烈士。明亡后，随孙奇逢隐居苏门。卒年七十一。

公子化麟①驰关门上书孙公求援，公即具疏，以边事请陛见，面奏机宜。都门宣传公将兴晋阳之甲，阉夜绕御床而泣。公抵通州，亟降旨勒回。公回，而诸君子不可救矣。盖正人为国家元气，非但急友难也。事之不成，则天也；而世徒以节侠视之，过矣。

客氏②弟光先以时焰牢笼士大夫，介所知送名马，以家贫不能具刍茭辞；再致催稈之需，以病躯不能乘辞。待小人不恶而严类如此。

崇祯戊辰，督学御史李公蕃举孝行，奉旨建坊旌表，给二丁侍养。丙子，容城被围，土垣将圮。穷昼夜，拮据修筑；先生指授方略，士民协力捍御，城赖以全。事定，巡抚都御史张其平③恤，刑部郎胡向化④交章闻于朝，特诏褒嘉。兵部尚书范公景文⑤聘赞画军务，固辞不就。时寇氛渐逼都城，携家入五峰山，结茅双峰，亲识从者数百家。修武备，严教条，所以整齐约束之法甚备；更与其徒讲学习礼，赋诗倡和，弦歌之声相闻。当兵戈抢攘时，雍容礼乐，盗贼睥睨不敢犯。呜呼！先生之不用于时，岂先生无意于世，盖亦知天运之不可回也！

国朝顺治初，祭酒薛公⑥特举长成均，以鲁斋⑦之任相待。中外大臣推毂日至。先生绝意仕进，移家共城。辟兼山堂，读《易》其中。率子孙耕稼自给，箪瓢屡空，怡然自适，而道德闻于远迩，负笈求学者日众。有

---

① 鹿公子化麟：即鹿化麟，字石卿，一字仁卿，号怡云，明代定兴人。鹿善继子。天启元年（1621）解元，累征不就。性纯孝，闻父舍生取义而悲痛成疾，病逝。著《北海亭诗集》四卷，文集四卷。

② 客氏（？—1627），名客巴巴，又名客印月。明末保定定兴（今属河北）人。18岁时成为朱由校乳母。熹宗即位，封客氏为"奉圣夫人"。依仗熹宗的眷顾，与魏忠贤勾结作恶多端，策划种种阴谋，人称"客魏"。把持朝政十余年，加速了明朝的衰亡。崇祯帝即位后被处死。

③ 张其平：偃师人。万历四十四年（1616）进士。曾任巡抚都御史。

④ 胡向化：号茞明，直隶容城（今河北保定市）人。崇祯年间，由举人为新泰县令。升锦衣卫经历。百姓为之立祠于羊流店。

⑤ 范公景文：即范景文（1587—1644），明河间府吴桥人，字梦章，号思仁。万历四十一年（1613）进士。授东昌府推官。天启五年（1625），历吏部文选郎中。不依魏忠贤，亦不附东林党，谢病归。崇祯时官至工部尚书兼东阁大学士，入参机务。明亡自杀。谥文贞。有《大臣谱》。

⑥ 薛公：即薛所蕴（1601—1667），清河南孟县人，字子展，号行屋。崇祯元年（1628）进士。授翰林院检讨。崇祯十六年（1643），任国子监司业。明末在京师降李自成。顺治元年（1644）降清，提出了安定局势、招抚义军、恢复发展文化教育等建议。二年（1645），以原官出任国子监祭酒。十一年（1654），擢礼部左侍郎。十四年，致仕归里。康熙六年（1667）三月初六卒，享年67岁。著《澹友轩集》《桴庵集》等。

⑦ 鲁斋：即许衡（1209—1281），元怀孟河内人，字仲平，号鲁斋。宪宗四年（1254），召为京兆提学，后任国子祭酒。至元二年（1265），命议事中书省。后拜中书左丞，改授集贤大学士兼国子祭酒，领太史院事。以疾归。卒谥文正。有《读易私言》《鲁斋遗书》。

大僚归老于家，一见北面称弟子者；有千里遣其子从游者。公卿持使节，过卫源，不入公署，屏息骑从，以一见先生为快。先生涵养益邃，自强不息。每晨起，谒先祠毕，退居一室，澄心端坐，即疾病未尝有惰容。接人无贵贱少长，各得其道。与后学答问，随人浅深，亹亹穷昼夜不倦。子孙甥侄数十人，揖让进退，皆有成法；闺门内外，肃肃穆穆，寂若无声。而诸事俱有条理。姻族故旧，恩絜笃厚，为之经理婚嫁丧葬，惟力是视。闻节孝事，必为之表扬。先贤祠祀废坠者，必倡众为之修葺。见人家庭乖违，与父言慈，与子言孝，缓譬曲喻，必归于道而后已。故贤者悦其诚，不贤者服其化；即儿童牧竖，无不欢喜尊敬。至于事变之来，众人震撼，不知所措者，处之裕如，未尝有几微动于中也。

其学以慎独为宗，以体认天理为要，以日用伦常为实际。尝言："七十工夫较六十而密，八十工夫较七十而密，九十工夫较八十而密。此念无时敢懈，此心庶几少明。"又曰："生平所见，有时而迁，而独知之地不敢自欺。识得'天理'二字，是千圣真脉，非语言文字可以承当。故言心即在事上见，言己即在人上见，言高远在卑迩上见，言上达在下学上见。战兢惕厉，不敢将就冒认，惟是慎独而已！"所著有《理学宗传》《四书近指》《读易大旨》《书经近指》《圣学录》《两大案录》《甲申大难录》《岁寒居文集》《答问日谱》《畿辅人物考》《中州人物考》《孝友堂家乘》《四礼酌》《孙文正公年谱》《取节录》《苏门纪事》共一百六十五卷。

尝叹世之学者不务心得，株守藩篱，物我未化。先生真见道之大原，无建安[1]，无青田[2]，惟以庸德庸言直证天命原初之体，可谓千圣同堂，造化与游者矣。程子[3]曰："世无真儒，天下贸贸焉莫知所之，人欲肆而天理灭。"自先生讲道山中，公卿大臣、四方学士闻风而起，皆知圣贤之可为，异端邪说不足以乱孔圣之真，其有功于斯世斯人大矣！若其自得之深，精微之蕴，非学问有得于心者乌能测其所以然乎！斌何敢谓知足以知之？然奉教有年，窃观其语默动静，元气浑沦，全体大用，光明洞彻，其斯为凝

---

① 建安：即建安县，今福建省建瓯市境内。按，朱熹八岁时跟父亲朱松由尤溪迁居建安，故此处指朱熹。

② 青田：指陆九渊（1139—1193）与朱熹齐名的南宋著名理学家、教育家。江西抚州市金溪县陆坊青田村人。曾结庐讲学于象山（今江西贵溪县南），学者称象山先生。著《陆象山语录》《象山先生全集》等。

③ 程子：对宋代理学家程颢、程颐的尊称。

道之君子欤？哲人其萎，斯世何宗？故不禁涕泗无从也。

元配槐孺人，庠员成女；继配杨孺人，长清教谕廉女。皆有阃德。丙辰，先生下第，槐孺人慰之曰："下第何妨？即终身不第，吾未见布衣可轻，富贵可喜。"此岂妇人女子所及！当先生醵金救左、魏时，杨孺人出父所赆金佐之。抚前子同己出，事槐孺人母如己母，奉养终身，皆人所难者。

子六：立雅，恩贡，娶生员马洁女。奏雅，生员，娶都御史王孙蕃[①]女；继监生李永培女；再继生员李尃[②]女。望雅，增广生，取生员许显达女；继马守祖女。槐孺人出。博雅，娶临城训导张纯儒女，继生员李尃女。韵雅，娶生员陈述古女，继梁镛女。尚雅，增广生，娶翰林侍诏、改授总兵茅元仪女。杨孺人出。

女二：一适河南左布政使贾鸿洙[③]子、选贡尔霖[④]，守节待旌；有子焯然，举人。一适灵宝知县杨茂子、武进士、永州卫守备士弘，丙子殉难，奉旨旌表；有子令名，武进士，青州灵山卫守备。槐孺人出。

孙十二：澜，增广生，娶恩贡王一曾女，再娶刘女；潜，生员，娶举人李进光女。立雅出。溥，生员，娶李合天女；溶，生员，娶生员裴酌古女。奏雅出。洤，举人，娶生员杨自著女；淳，生员，娶进士中书王元镳女。望雅出。汉，娶生员裴酌古女。博雅出。浩，娶王家琛女。韵雅嗣子。沭，娶李明天女；浴，聘生员郝养粹女；湛，聘禀生李中节[⑤]女；濂。尚雅出。

孙女八：奏雅出者三，一适贡生杜越子、生员郊，一适举人杨友桐

①　王孙蕃：雄县人。由举人崇祯中累官御史。劾大珰之奏事不实者，直声大著。致仕归。于书无所不读，尤邃于《周易》。尝独处一楼，闭关自课，号居易道人。日披龙溪、阳明诸集。所作文皆有关人心世道之言。

②　李尃：字霞表，清直隶雄县（今属河北）人。精于《易》。顺治七年（1650），李尃前往辉县苏门访孙奇逢，二人在一起论学数十年，谊兼师友。孙奇逢谓李尃"眉端无烦恼，胸中无机械，口中无雌黄"，故称之为"三无道人"。

③　贾鸿洙：字孔澜，北直清苑人。万历四十四年（1616）进士。由户部郎历升陕西提学参政。为政持大体，廉而平；教士如子弟衡文，片善皆誉，故士无冒荣苟进者。

④　尔霖：即贾尔霖，字用汝，清苑人。贾鸿洙之子。与其弟尔梅、尔荣均有才名，人喻"三凤"。少时博览古书。万历四十四年（1616），奉父命谒访孙奇逢。四十六年（1618）乡试，列副卷第一。后随父宦游，结交名士。至壮年，因疾卒。有《笔眺集》《澹宁轩诗集》等。

⑤　李中节：字合符，汲县人。岁贡生。受业于孙征君。博学强识，为文落落数千言。曾纂《汲县志》。

子企三，一适杭州府同知毛永思子咸；望雅出者一，适德安府同知李行可子、生员一膺；博雅出者四，一适贡生王子征子、生员赟，一字举人郭遇熙[①]子、生员培祉，一字廪生任宅心[②]子崟，一幼。

曾孙十三：用柔，娶举人李瑞征女；用霖，聘生员毛臣梅女；用梓；用柟。澜出。用桓、用模、用楷，潜出。用榲，溥出。用桢，生员，聘生员耿极[③]女；用榦；泫出。用樟，聘李祺女；用柱。淳出。用栋，浩出。

曾孙女五：澜出者二，一适平阳知府王乔栋曾孙钟全，一幼。潜出者一，字生员王作舟子。泫出者二，一字举人王元臣子、生员景尧，一幼。

四世孙一：熠，用柔出。

槐孺人原葬容城先茔，今以衣冠祔。杨孺人原葬夏峰东阡，今移祔。

铭曰：

至道浩浩，待人而行。贞元会合[④]，大儒挺生。定交江村，志绍濂洛。奥旨微言，开关启钥。穷理尽性，本于孝弟。表里洞然，天空月霁。云卧苏门，韬光敛耀。安乐窝叟，千载同调。峨峨夏峰，万仞其高。攀援莫逮，仰止为劳。松楸郁郁，幽宫在兹。我铭不磨，永式来思。

康熙十四年九月。不孝男望雅泣血勒石。

【简析】

本墓志不见原石，仅存拓本。该拓本为孤本，现存孙奇逢后裔处，笔者仅见拓照。该本共计26页，每页7行，满行18字，共计2913字。此文亦见《汤子遗书》中，据清同治九年（1870）汤氏祠堂重刻本《汤子遗书十卷首一卷》，该文连题共计2425字，比拓本少了488字。细研拓本，发

① 郭遇熙（1640—1698），字骏臣，别字省斋，新乡县人。天资颖异，嗜读书。年十六，列博士弟子员。康熙二年（1663）中举，十八年（1679）成进士。二十三年（1684），为顺天乡试同考官。二十七年（1688），任广东从化县令。三十二年（1693），分校粤东武闱。三十三年（1694），以课最获召入都。三十四年（1695），丁母忧。三十六年（1697），服除，授刑部湖广司主事。三十七年（1698），受命摄陕西司，因病不起而卒，享年六十。事见清王之枢《主政公墓志铭》。
② 任宅心：字含真，号羲庐，汲县彦村人。幼颖异，读书有得。但"十赴省试，终不遇，侪辈咸惜之"。康熙元年（1662），拜夏峰为师。三十四年（1695），以岁进士补涪州学正。四十七年（1708）秋，以俸满移河内。五十七年（1718）春，以年登耄耋乞休。著《怡情诗稿》。
③ 耿极：夏峰弟子。曾与汤斌一起撰写《孙夏峰先生年谱》，编印夏峰《读易大旨》。
④ 贞元会合：指新旧更迭。按，古以元亨利贞喻春秋冬夏，故以"贞元"借指时令的周而复始和天道人事的转换。

现其中有十几处空字，而前后文意相连，可见此为裁缀所致。那么，在裁缀的过程中是否有遗缺，那就不得而知了。总之，该拓本是目前保存最为详尽的孙奇逢墓志铭，具有重要的史料价值。此拓正书，书丹者为夏峰门人耿介。耿介进士出身，曾任大名道、河南按察司副使、内翰林弘文院检讨、福建巡海道，从孙奇逢问学，得益颇多。其书结体方正，敦厚沉着，法度沛然；运笔饱满，不事华奢，又奔放有力，颇有理学大师紧守根本，胸蕴天宇的神采。篆盖者崔蔚林亦为夏峰弟子，进士出身，曾任起居注日讲官、侍读学士、侍讲学士、内翰林国史院侍读、弘文院检讨等，但原石及拓皆不存，无法睹其真貌，令人遗憾。

墓主孙奇逢（1584—1675），明末清初理学大家。字启泰，号钟元，河北容城人。晚年讲学于辉县夏峰村20余年，从者甚众，世称夏峰先生。明亡后，清廷屡召不仕，人称孙征君。与李颙、黄宗羲齐名，合称明末清初三大儒，亦有学者把孙奇逢之"北学"与黄宗羲之"南学"相提并论。关于孙奇逢的生平及仕历，《夏峰集》中列有详传，本志所载不外乎此，无甚新奇。诸如年少时受杨尚宝赏识，登榜后与鹿善继"以圣贤相期勉"，为父母守孝"倚庐六载"，积极营救左光斗、魏大中、周顺昌，以布衣起兵"守容城得全"，避居夏峰而多次辞征等等，描述更为详尽和生动。

本志的真正价值在于对夏峰理学思想的阐述上。撰文者汤斌是夏峰得意弟子，尽得理学大师之衣钵，故其对夏峰理学思想的识见非常人能及。文中明确指出夏峰之学"以慎独为宗，以体认天理为要，以日用伦常为实际"，并引用夏峰之语"七十工夫较六十而密，八十工夫较七十而密，九十工夫较八十而密。此念无时敢懈，此心庶几少明""战兢惕厉，不敢将就冒认，惟是慎独而已"，强调其治身务自刻厉，勤苦不辍，从而"真见道之大原，无建安，无青田，惟以庸德庸言直证天命原初之体，可谓千圣同堂，造化与游者矣"。从而体现了夏峰对王守仁"知行合一"，注重实践和经世致用思想的继承和发展；同时，又见夏峰"顿渐合一"的治学和修行理念。夏峰生平之学主于实用，主张身体力行，这成为本志论述夏峰思想的主旋律。

碑传文字不同于一般文章，它有许多附加值。比如本文，《汤子遗书》在收录时删除了撰文者、书丹者、篆盖者的官职姓名，以及有关槐孺人、杨孺人暨夏峰后嗣的记载，只突出夏峰一人。其实，删掉的部分现在看来颇有价值。它系统地保留了夏峰一族的发展衍变情况，具有重要的史料价值。在逐渐重视地方文化研究的今天，拓本中对夏峰后嗣的记载可以与族谱相印证，解决许多疑难问题。如夏峰之子孙奏雅娶都御史王孙蕃之女，而王孙蕃曾"劾大珰之奏事不实者，直声大著"；孙奏雅、孙博雅继娶生员李封女，而李封与夏峰亦师亦友；孙尚雅娶翰林侍诏改授总兵茅元仪女，而茅元仪为著名文士茅坤孙；夏峰长女适河南左布政使贾鸿洙之子贾尔霖，而贾尔霖为夏峰弟子，"清苑三凤"之一；夏峰之孙孙湛，聘汲县禀生李中节女；孙博雅次女字新乡举人郭遇熙子、生员郭培祉，三女字汲县廪生、夏峰弟子任宅心子任皐等。这些片言只语往往能把地方上的名门世族联系起来，为研究明末清初豫北一代世族之间的姻亲关系、政治交往提供了难得的依据。

清赠武义都尉郡庠生郭君暨配诰封淑人郭节母李太淑人合葬墓铭

（民国）李时灿

二等嘉禾章[①]、参议院议员李时灿[②]撰文。

二等嘉禾章、参议院议员毕太昌[③]书丹。

二等大绶宝光嘉禾章[④]、大总统府秘书马吉樟[⑤]篆盖。

清光绪乙未，余读礼瞻岵之庐，里中子弟从游者十数辈。辉县郭生葆

---

① 二等嘉禾章：按，嘉禾勋章设于1912年，1916年设定为九等十级。一等为大绶，二等分大绶和无绶，三等领绶，四、五、六、七、八、九等为襟绶。民国成立后，嘉禾图案具有简易国徽的性质。

② 李时灿：即李敏修。本书所录清于沧澜《创建经正书舍记》有注。

③ 毕太昌：字孟和，号觐文，河南罗山县人，清朝政治人物。光绪三十年（1904）恩科进士。改翰林院庶吉士，散馆授检讨，升编修。三十四年（1908），调豫办理学务。宣统年间，任豫省高等学堂监督。民国时期又任河南通志馆协修。

④ 大绶宝光嘉禾勋章：北洋政府于民国元年（1912）十二月六日颁发《陆海军叙勋条例》和《陆海军奖励令》，三年（1914）一月十四日颁发《陆海军勋章令》，到民国五年（1916）又作过几次修正和补充。根据这些法令先后设置了"大勋章""大绶宝光嘉禾章""嘉禾勋章""白鹰勋章""文虎勋章""勋表"和"陆海军奖章"，以及"功绩""学术""射击"等奖章。按，"大绶宝光嘉禾章"分为五等；其余勋章分为九等。

⑤ 马吉樟：按，本书所录李时灿《新乡郭君墓志铭》有注。

禛馆于汲，介友人问字于余，晨夕过从，述其母夫人守节抚孤事甚悉。葆禛率意自喜，每谓其朴可尚，其嗲可裁①也。胶东于沧澜②守卫，访闻郭节母事，为请旌如例。今大总统东海徐公③寓辉，见葆禛，奇之，携入都，毕业保定陆军学校。葆禛释儒服，易军冠，从徐公榆关外数年。宣统辛亥，复遇于汴。又十年，余在京师，葆禛自汴以书抵余，曰："葆禛幼孤，先君子积学早世，母氏饮冰茹蘗，以养以教，俾至成人。昊天不吊，又夺所恃。潜德未彰，敢以墓志之文请。"念葆禛相从久，不可以辞。

郭君讳鼎元，字调甫，自其先世为辉名族。祖毓川，妣氏王。父渠，字芸阁，以医名于时；妣氏国。有丈夫子四，君其季也。幼嗜读，甫冠，已有声庠序。贫病交迫，竟以不寿。娶本邑岁贡生李惠保④次女，有淑德，沉默寡言笑，事翁姑以孝闻。翁患病三载，左右承奉，无少懈。逮君卒，虽泪渍衾枕，仍抑情自遣，恐贻堂上忧。处娣姒以和，劳居人先，食居人后。家无一陇之植，衣食所需，仰给十指；遇人急，倾囊不少吝。生子男三人、女一人，存者仅葆禛。遣就外塾，闻其勤学则喜，旷功则怒，长言训诫，不觉声与泪并也。以子葆禛贵，赠君武义都尉，妻李氏封太淑人。

君生于道光二十九年十二月二十六日卯时，卒于光绪四年五月二十三日辰时，享年三十。太淑人后君四十一年卒，其时为民国八年十二月三十日酉时，距生于道光三十年八月二十三日吉时，享寿七十有一。子男存者一人：葆禛，河南督署上校参谋。孙男三人：学一，清河陆军学校毕业；学方，肄业保阳军官学校；学钦，幼。太淑人卒之次年，葆禛将合葬于长春西郊之新阡。

铭曰：

泉水清莹，古有共姜。悠悠千载，彤管余芳。英英郭君，好学短命。妇克代终，松筠比劲。信义不渝，中闱之彦。我铭其幽，为来者劝。

【简析】

本志不见原石，仅存志拓，呈四形。笔者仅见拓照，故不知其尺寸。

---

① 其嗲可裁：形容其不苟言笑。嗲，小笑貌。裁，控制，抑制。
② 于沧澜：按，本书所录于沧澜《创建经正书舍记》有注。
③ 东海徐公：即徐世昌。见本书所录徐世昌《创建汲县徐氏家祠记》之"简析"。
④ 李惠保：即汲邑岁贡李宗文。

篆盖失拓。志文25行，满行30字，共计691字。乌金拓，虽有折痕，但字迹清晰，保存完好。行间有界线，布局疏朗，不疾不徐，比较美观。正书，书丹者为罗山县人毕太昌，进士出身，曾任河南省高等学堂监督、参议院议员、河南通志馆协修，既是政坛人物，又是学者。其书规正内敛，颇为厚重纯熟；行笔洒脱，又呈清雅灵动。

　　从题目看，本文乃近代风云人物、号称中州大儒的汲县名士李时灿应郭葆祯之邀，为其祖母、父母之合葬而撰写的墓志铭。郭葆祯祖母国氏，文中所记不多。其父郭鼎元，读书有声，但"贫病交迫"，英年早逝，所记较略。其母李氏，一边要赡养公婆，一边要承受丧夫之痛，一边要抚养幼子，所谓"守节抚孤"，历尽艰辛，文中所叙颇详，尤其注重生活细节的描述，诸如"逮君卒，虽泪渍衾枕，仍抑情自遣，恐贻堂上忧""闻其勤学则喜，旷功则怒，长言训诫，不觉声与泪并也"，令人动容。另，王兰庭《旌表郭母李太淑人节孝坊碑记》对李氏事迹有详载，如"不幸先生早卒，当□时，病翁在堂，稚孤在膝，又家贫岁祲，虽士夫为束手。而太淑人以一弱女子撑拄其间，上以妇职兼子职，下以母教代父教，坚苦卓绝，嗜茶若饴，风雨晦而弗辍其音，霜雪零而不渝其色，卒能济屯出险，亲见子若孙飞黄腾达，光大门闾，俾家中微而再兴，绪几坠而复振"，可参阅。

　　文中还记载了郭葆祯的发迹与徐世昌的关系。郭葆祯求学于李时灿，在李时灿的推荐下，徐世昌携之入京，毕业于保定陆军学校，成为徐世昌的得力干将。卫辉地处南北冲要之地，许多近代史上的风云人物如袁世凯、徐世昌、李时灿、王筱汀等于此交集，在某种程度上决定了中国近代史的走向。类如郭葆祯发迹的例子很多，故此墓志具有重要的史料价值。

　　另外，辉县长春郭氏是当地望族。郭葆祯有三子，即郭学一、郭学方、郭学钦，为"学"字辈。而台湾著名作家柏杨之父郭学忠祖籍辉县长春，与郭葆祯之子同辈。郭学忠（1883—1940），字绍辅，辉县常村人。毕业于河南高等巡警学堂，曾任河南省会警察厅候补警正，河南全省警务处侦探队队长，河南全省巡缉营总司令处稽查，河南通许县县长等。后经商。柏杨本名郭衣洞，原名郭定生、郭立邦，出生于通许县，曾于1932年至1935年由其五叔郭学耘带回辉县，在私立百泉初中就读。因此，柏杨为辉县长春郭氏后裔。故本拓能为柏杨身世、成长的研究提供一定的帮助。

诰授朝议大夫赐进士出身山东蓬莱县知县王君墓志铭

（民国）吴佩孚

勋一位[①]、孚威上将军[②]、直鲁豫巡阅使吴佩孚[③]撰文。

一等大绶宝光嘉禾勋章[④]、河南省长张凤台[⑤]书丹。

二等大绶宝光嘉禾勋章、济南道尹郭绪栋[⑥]篆盖。

辉邑韫山川清淑之气，代有闻人。前明遗老容城孙夏峰征君，国变后隐辉讲学，卓然儒宗，余韵流风数百年，沿而勿替，而魁杰奇伟之士恒挺生于其间，如原仕蓬莱县知县王熙陶先生即其人也。

先生为佩孚入庠受知师，抠衣晋谒，挹其言论风采，如坐春风。尝勖佩孚曰："昔范文正为秀才时，以天下自任。厥后声施烂然，名垂竹帛，卒践其言。吾辈不必有此遭逢，不可无此志量。"佩孚谨志之，不敢忘。嗣以求学远游，睽违函丈，不获领教言者垂三十年。近岁治军洛阳，先生

---

①　勋一位：赏勋名称。民国初，袁世凯给"有功民国"者授勋，名列首位的是前清内务府总管世续和太保徐世昌，得勋一位。赵秉钧也得勋一位。京官总长、次长以上和各省都督、民政长多得勋二位或勋三位。后成制度。

②　孚威上将军：按，1922年4月，第一次直奉战争爆发，奉系败定关外。黎元洪任大总统后，授予吴佩孚"孚威上将军"衔。孚威，出自《周易》上九："有孚威如，终吉。"指既讲信用又很威严，最终一定受到全家包括家长在内的尊重。

③　吴佩孚（1874—1939），字子玉，山东蓬莱人。1898年投淮军。1906年任北洋陆军曹锟部管带，后升旅长。护国讨袁时，入川镇压蔡锷的云南护国军。1917年7月，任讨逆军西路先锋，讨伐张勋复辟。1919年12月冯国璋病死，曹锟、吴佩孚继承了直系军阀首领的地位。1939年吴佩孚患牙病，被日本牙医谋害。国民政府追认其为陆军一级上将。

④　大绶宝光嘉禾勋章：按，见李时灿《清赠武义都尉郡庠生郭君暨配诰封淑人郭节母李太淑人合葬墓铭》之注4。

⑤　张凤台（1857—1925），字鸣岐，安阳人。光绪二十一年（1895）进士，以知县分发直隶。调元城、吴桥、束鹿等县。三十三年，徐世昌出任东三省总督，委其为长春府知府，旋改长白府设治委员，再调奉天省兴京府知府。1912年任河南省财政司长，旋改民政司长，升任河南第一任民政长（省长）。1914年调北京任政治会议委员，随后当选参议员，任总统府顾问。1920年徐世昌出任总统，回河南任省长。1923年被李济臣挤代，调直鲁豫巡阅使兼河南通志馆总裁。著《长白汇征录》《鹿岩乡土志》《林县志》（督修）、《三怡堂丛书》（主编）、《万国公法提要》《中州杂俎》（校勘）等。

⑥　郭绪栋（1860—1925）字梁承，胶州人。光绪年间，乡试落第，结识山东巡抚张曜，投嵩武军，任武卫右军文案。甲午战争爆发，调任天津巡警总局文案，后任陆军第二十三师书记官。民国初年，任济南商埠局局长兼市政公所总办。1921年任吴佩孚秘书长，在直奉两系军阀混战中，多所建树。1925年，在洛阳病故。

久挂冠，里居辉邑。洛辉相去匪遥，佩孚以治军故，亦躬谒无暇。今遽闻先生捐馆舍，泰山梁木，痛曷能已！遗孤中怡、中惜具状，以铭幽之文请。佩孚寄身军旅，学殖久荒，何足阐扬潜德？而既以文字受知遇，不容以不能文辞也。

按状，先生讳绍勋，字熙陶，晚号池山遗黎。先世自彰德迁辉邑，世有隐德。曾祖讳连，妣氏杨。本生祖讳长庚，妣氏郭。祖讳长辛，妣氏张。均以先生贵，貤赠中议大夫、淑人。考讳相，诰赠中议大夫；妣氏李，诰封太淑人。

先生爱亲出于天性，事伯兄仲兄笃厚真挚。而幼不好弄，沉毅向学，塾师授章句，辄能领会。年十二，操笔学为文，即惊其长老。年十六，刘恭人来归。明年，入卫辉府庠。举业之暇，精研经史，遂以古学为文宗所赏，冠军食饩。光绪乙酉，举于乡。己丑，成进士，为令山东。抚东使者李公秉衡[①]为疆吏，贤者见而器之，补蓬莱令。蓬莱滨海，甲午中日役后邑多流亡，先生教民织雨笠草辫，输之境外，俾穷民无告者得以工直易升斗粟；劝民多备纬车，与纺绩；增书院膏火，以奖励寒畯；听讼苦心，教戒两造，俱心折。公事毕，躬亲教稼，巡行阡陌，尝语人曰："吾在家亦农人也。"

嗣奉李太淑人讳[②]，匍匐归田，杜门谢客。先生淡于荣利，服阕，主郿南书院讲席，循循启迪，从游者日众。时欧学东渐，当事者提倡实业、警察诸要政，先生与池山开矿事，衣褐衣，饭脱粟，与佣工屡处，见者不知其曾为宰官也。方警察之初兴也，款绌事繁，邑令举以相属，先生多方筹划，纲举目张。又总理宏豫铁厂事，举重若轻，见者心服。己酉，选为河南咨议局议员。庚戌，又充京师资政院议员。新政之当举行者，旧章之当损益者，悉心审度，不为调停两可之说。辛亥国变，为吾国数千年创局，先生闻变后毅然归里，绝口不言时事。有以出山劝者，先生曰："吾奉讳

---

① 李公秉衡：即李秉衡（1830—1900），字鉴堂，奉天海城人。初捐资县丞，迁知县。光绪五年（1879），为冀州知州。越二年，擢永平知府。十年（1884），在中法战争中立功。二十年（1894），任安徽巡抚。甲午战兴，调任山东巡抚。迎战不力，致使威海卫失守，北洋海军覆灭。但反对签订《马关条约》。二十三年（1897），处理巨野教案被黜。二十六年（1900），起为巡阅长江水师大臣。率兵北上，保卫北京，在杨村败绩，退至通州，自杀殉国。谥忠节。

② 奉李太淑人讳：按，《礼记·曲礼上》："卒哭乃讳。"陈澔集说："凡卒哭之前，犹用事生之礼，故卒哭乃讳其名。"盖父母没，孝子不忍言亲之名，故讳之。后人因称居丧为"奉讳"。

家居，不复出历有年矣，岂今日忽违夙愿邪？"在家课子弟读，以著述自娱。所著有《周易遵孔一贯解》，盖于吉凶悔吝、盈虚消长之几，有深会焉。

先生生于咸丰七年丁巳二月二十六日，卒于民国十二年癸亥七月十九日，春秋六十七岁。元配刘恭人，于归后家贫甚，茹苦含辛，里称贤孝，先先生五年卒，享年六十有四。继配韩恭人，淑德与刘媲美。子二：长中怡，太学生；次中愔。女子二。孙二：彦礼，彦儒。女孙二。卜吉于甲子之月日，葬先生于吐玉口之纺花玉岭新阡，以刘恭人祔。

呜呼！司马晋时，辉人孙登隐居共山，好读《易》；先生于鼎革后，焚香著《易》，与公和同嗜，后列《隐逸传》中，先后辉映，无愧色已。

铭曰：

苏门山麓，白云绕之；有隐君子，长啸称奇。后有作者[1]，经师人师；出宰百里，有口皆碑。鲜民解组[2]，酌水饯离[3]；伏处乡里，为所当为。沧桑局创，何是何非。谓隐则可，仕则非宜。方诸前哲，殊途同归。不图厌世，哲人其萎。典型遽杳，匪哭其私。封高马鬣，佳气所基。幽宫永奠，风闪灵旗。

【简析】

本志不见原石，有拓传世。据《辉县文史资料》之秦启安《吴佩孚为恩师王绍勋撰写墓志》载，碑石长90厘米，宽90厘米，厚17厘米。王绍勋墓在与苏门山连绵相向的纺花玉岭上，20世纪70年代初，因修建化工厂仓库，墓被平，墓志铭得以出土。篆盖被扔到山下，断为两截；1992年，志石被后人王永芳拉至家中。此篆盖之拓呈方形，边长90厘米。拓面略有泛白，但字迹清晰，品相不错。篆盖者郭绪栋弃文从戎，久经磨砺。他在天津巡警局处理文案时，发现杂役兵吴佩孚满腹经纶，常招来帮

---

[1] 作者：《论语·宪问》："子曰：'贤者辟世，其次辟地，其次辟色，其次辟言。'子曰：'作者七人矣。'"邢昺疏："此章言自古隐逸贤者之行也……作，为也，言为此行者，凡有七人。"后以称隐逸之士。

[2] 鲜民：无父母穷独之民。语本《诗·小雅·蓼莪》："鲜民之生，不如死之久矣。"毛传："鲜，寡也。"解组：犹解绶。

[3] 酌水饯离：按，《隋书·循吏传·赵轨》："征轨入朝。父老相送者，各挥涕曰：'别驾在官，水火不与百姓交，是以不敢以壶酒相送。公清若水，请酌一杯水奉饯。'轨受而饮之。"故《隋书·循吏传论》曰："赵轨秩满，酌水饯离，清矣！"后遂用"酌水"表示对居官清廉者的赞语。

理案牍，还荐其入保定军校深造。后任吴佩孚秘书长，兼恩师与师爷身份于一身，吴佩孚敬重有加。故为吴佩孚的另一位恩师墓志篆盖，也在情理之中。志文36行，满行36字，共计1192字。楷书，有魏碑、隶书的味道，运笔厚直，形求方正，敦朴古雅，力蕴其中。书丹者张凤台进士出身，追随徐世昌，曾任河南省省长，主政河南多年，对辉县名士王绍勋的品行和事迹十分熟悉，应邀书丹自在情理之中。其书不求浮华，重内蕴，如其人，耐人琢磨。

墓主王绍勋（1857—1923），字熙陶，晚号池山遗黎，河南辉县城关花园村人。光绪十一年（1885）举人，十五年（1889）进士。分发山东。每日携衣包步行，谒大府，同官者戏称其为"步军统领"。受山东巡抚李秉衡赏识，任山东蓬莱县知县。任内重视民生、百废待兴，并发展书院教学，其间选吴佩孚为秀才，并多加关照。丁母忧辞官返里。后主讲新乡郎南书院。又弃教回乡，投身实业，开挖煤矿，任宏豫铁厂总理，为社会安定、造福乡民做出了贡献，成为当地名绅。宣统元年（1909），被选为河南咨议局议员。1910年，选为资政院议员。辛亥革命后，返乡耕稼，课子读书，潜研《周易》而终。按，王筱汀《抑斋自述》中记载王绍勋赴济源、卫辉救灾放赈之事甚详细，可参阅。

撰文者吴佩孚是北洋军阀首领，是中国近代史上名震一时的重要人物。他是军阀混战时的主角，为人民所诟病；但他又是一名书生，崇拜关、岳，重然诺，重私人情谊，失败后不出洋，不居租界，没有私蓄，没有田产，支持五四运动，拒绝出任伪职，这些又被人们所称道。他最终死于日本军医之手，又使人们对他更为敬重。本文乃其为自己发迹初的恩师王绍勋撰写的墓志铭，内容平实，写法规范，并没有太多的新奇之处，但开首处写王绍勋对自己的激励、教诲之场景颇为感人，殷殷之情，切切之意，令人动容。

本文从一个侧面展示了吴佩孚这个大军阀身上的文人情怀、书生气息，这是其人性本身的闪耀之处，应该给以肯定，这也是本文的价值所在。

另外，墓主王绍勋生活在国政更迭之际，他虽为旧清进士，但并不因循守旧，故步自封。为政重实，注重民生；潜心文教，息讼安民。当"欧学东渐"之时，积极参与卫辉池山开矿事，为建立警察制度多方筹划，又总理宏豫铁厂事而举重若轻，可见其具有积极务实，顺应潮流的人生理念。同时，担任河南咨议局议员、京师资政院议员，赞成立宪和革新。但辛亥革命爆发，他对时代乱象忧心忡忡，采取了"绝口不言时事""在家课子弟读，以著述自娱"的消极态度，反映了一代名士对国家发展的困惑，具有一定的代表性，很有进一步研究的价值。

获嘉县篇

□□□□寺佛殿铭并序

（唐）刘抗

获嘉县丞刘抗篹。前乡贡明经刘广书。

□□□者，天视之若刍狗；拯群生者，佛导之以津梁。方便多门，智慧无际。真乘究竟，尽归于寂灭；像教住持[①]，实崇于瞻仰。即此登觉寺者，□□□□□年□所置也，迄于今兹多历星岁。夫其殿宇初制，规模盖小，榱栋渐隳，风雨沾弊。径行围绕，虽愈给孤之园[②]；金口白豪[③]，愧无多宝之塔。[④]

我□□□□之翔，公法号龙翔，俗姓张氏，身长八尺，声应黄钟，清神古儿，秀眉爽目，探涅槃之奥旨，业菩提之清净。乃稽首诚愿，发心尽力，多方以经之营之，□□以不寝不食。而良工云集，檀施响应，不远

---

① 像教：即像法。亦泛指佛法。唐刘得仁《送智玄首座归蜀中旧山》诗："像教得重兴，因师说大乘。"住持：佛教语。久住护持佛法的意思。《圆觉经》："一切如来，光严住持。"

② 给孤之园：即"给孤独园"。给孤独长者在王舍城听释迦佛说法，遂归依之，因请佛至舍卫城，出巨金购祇陀太子之园林，为佛说法地，故称。也称祇树给孤独园。省称祇园、给孤园、给园等。亦用作佛寺的代称。

③ 金口：佛教语。谓佛之口舌如金刚坚固不坏。白豪：应为"白毫"。即"白毫相"。如来三十二相之一。佛教传说世尊眉间有白色毫毛，右旋宛转，如日正中，放之则有光明，名"白毫相"。《法华经句解·序品》："尔时，佛放眉间白毫相光。"

④ 多宝之塔：即"七宝塔"。释迦佛于灵鹫山说《法华经》，忽然地下有安置多宝如来全身舍利之一宝塔出现于空中，塔中发声，赞叹释迦，证明法华。

徂来①之松，克致他山之石。曾未浃稔不愆，于素崇②珍殿，郁然以化成；赫赫宝坊，焕乎以增丽。非翔公苦□于仁，克俭终身，至诚感神，其孰能若是哉？

抗忝尉于兹，颇观成事，欲美不足，而为铭云：

□宇肃兮钟梵清，容相俨兮日月明。导迷误兮拯群山，彼极乐兮莫与京③。刻斯文以播美，永垂芳而作程。

天宝四载二月十日题。

朝散大夫、行河内郡获嘉县令刘元珍。通直郎、行丞郑恁。丞员外置同正员丞李泳。奉义郎、行主簿郑爱。儒林郎、行尉赵惠礼。承务郎、行尉李嗣宗。承务郎、行尉刘抗。员外尉李有容。

【简析】

本文为"八面碑"（或八棱碑）之碑铭，摘自民国二十四年《河南获嘉县志》卷十六《金石·唐·八面碑》。据载，民国初年，邑人于继谦耕地于城东，得"八面碑"于土中。有身有顶有座，每面宽八寸，高六尺五寸。铭一面，七行，行五十七字；以下七面，亦七行，书人名，每行五十八九字不等。不见其原石，故不知其书写风格。

文题为"□□□□寺佛殿铭并序"，根据文意，或应为"□□登觉寺佛殿铭并序"。此碑原立于登觉寺。据方志，获嘉历史上有三个登觉寺，不知此碑出自何寺。碑中记载天宝四载（745），龙翔禅师主持修葺登觉寺的过程。龙翔禅师"身长八尺，声应黄钟，清神古儿，秀眉爽目"，既有诚愿，修养又高，再加上有"不寝不食""经之营之"的精神，终使登觉寺"素崇珍殿，郁然以化成；赫赫宝坊，焕乎以增丽"。为后人研究获嘉县唐代天宝年间佛教流布情况提供了珍贵史料。

文章用四六骈文写就，文辞华美，音韵铿锵，朗朗上口。结尾处的题名涵盖了当时获嘉县政权的基本构成，为后人研究唐代县级政府的构成及

---

①　徂来：亦作"徂徕"。山名。在山东省泰安县东南。《诗·鲁颂·閟宫》："徂来之松，新甫之柏。是断是度，是寻是尺。"后因以"徂徕"指生长栋梁之材的大山。

②　素崇：疑为"崇崇"之误。

③　莫与京：即"莫之与京"。谓大得无法相比。京，犹大。《左传·庄公二十二年》："八世之后，莫之与京。"孔颖达疏："莫之与京，谓无与之比大。"

官职设置特点提供了鲜活的范例。

获嘉县疙疸庙灵感记

（明）张琏

前任太平府芜湖县主簿张琏①撰文。

前获嘉县儒学致仕训导分宜谭茂②书丹。

前翰林院中书舍人金台杨守诚③题额。

自古建庙所以立神，立神所以安人。《记》曰"神依人而立，神依人而安"者，此也。洪惟我太祖高皇帝嗣登宝位，拳拳以立神安人为首务，故天下凡古迹旧基，著泽民之功于经典，而废者举皆修缮，立神以安人也。由是卫辉府获嘉县治之东北十里许大王社庑镜村曰疙疸庙，先代之故址也。前任修理正殿三楹，玉皇上帝位其中，周帝武王位其左，八蜡名神④位其右；享殿三楹，疙疸神位也；东殿三楹，义勇关王；西殿三楹，子孙嗣母；东西廊各十间，俱塑有像；门垣周备。意一庙之内，诸神咸集，有求必应，有祷必验，善者福之，滛者祸之，其灵之感，不□桴鼓影响之□。每岁三月十又八日大会之际，远近官员、客旅、军民、妇女虔诚谒庙者数□于万焉。疮痿豆诊而来者有焉，因求嗣继后而至者亦有焉，随所祝而应之，未尝不验。蝗螟无入于境，风雨无愆于期，神灵利民之功固大矣。

社首吴海、杨俊等慨乏碣以纪其实，各捐己资，鸠工琢石，请文用勒于□，以垂不朽。予稽斯庙，始创于周末，重建于汉武之初，于今百有余年，殿宇完固，神威显赫，泽利群黎，□安社稷，不惟可考于先代，尤可质之于当今。所以血食万年，巩固皇图于悠久，猗欤盛哉！

是为记。

---

① 张琏：曾任芜湖县主簿。查民国八年《芜湖县志·官师志·主簿》，无此人。《延津县志》提及"张琏，延津县人。嘉靖壬午科举人。仕至户部主事"。不知与此处"张琏"有关联否。

② 谭茂：宜春人。贡士。成化七年（1471）任获嘉县儒学训导。

③ 杨守诚：曾任翰林院中书舍人。无传，待考。

④ 八蜡名神：八蜡，为周代有关农事的祭名。后民间附会为驱除虫害、捍灾御患之神。其神为谁说法不一。

获嘉县知县刘珍①，县丞王谏②，典史王贯。③宁山卫④指挥周鹏。致仕官李芳。省祭官⑤李祥。义官⑥王瓒、刘譓。大王社老人王俊。千户郭政、唐达。石匠黄泰、黄□。仝立。

大明成化十七年岁次辛丑春三月吉旦立石。

【简析】

本碑现存获嘉县同盟山碑廊，属嵌壁碑。上有近乎方形碑额，额身一体。额心正书大字"疙疸庙灵感记"，分两行。两边分刻花草纹饰，枝繁叶茂，形似展翅凤凰，精美灵动，富丽华赡；上有简单云纹，下用单直线与碑身隔开。碑身四周依然雕刻缠枝花草纹饰。正文19行，满行39字，左下有小字题名，共存536字。正书。结体较方，运笔有变化，但力度不够，气韵较差，书写、摹刻皆一般。

文中主要记载成化年间获嘉县修葺疙疸庙及其灵感之事。疙疸庙的建立，肯定与民间医疗诉求有关，反映了底层民众对疾病的无奈、健康的祈求、生命的敬畏。具体到主祀疙疸神的原型，由于资料的匮乏而不可得知。但从本文看，此疙疸庙却在主祀疙疸神的同时，又崇祀诸如玉皇上帝、周帝武王、八蜡名神、义勇关王、子孙嗣母等，反映了民间信仰中的"合祀"现象。这或许有经济因素（不宽裕和节省）在起作用，更重要的是民间信仰中的"多神崇拜"而致。传统农业社会的特性决定了民间宗教信仰的不坚定性，民众更多考虑的是通过祭祀神灵能够得到的实际利益，故在神灵的选择上更有地方色彩（如周帝武王）和实用性。即只要能带来好处的就信奉，广崇众神总是有好处而坏处等，又反映了封建社会民众对

---

① 刘珍：山西临汾人。举人。成化十六年（1480）任获嘉知县。

② 王谏：北直迁安人。监生。成化十二年（1476）任获嘉县县丞。

③ 王贯：陕西蒲成人。吏员。成化十六年（1480）任获嘉县典史。

④ 宁山卫：明代卫所名。明洪武十一年（1378）改宁山卫置，治今山西省晋城市，属河南都司，寻改隶后军都督府，后废。按，民国二十四年《河南获嘉县志》卷十《职官·宁山卫世职》分列指挥使、同知、金事、千户、百户等，但无关于"周鹏"任职的记载。

⑤ 省祭官：指以省亲祭祖的名义请假归乡的官员。《明会典》卷七："洪熙元年，诏内外文职官员离家年久者，许具奏挨次给假省亲祭祖……凡两京给假省祭官员，除往回水程，许在家两个月，违限一年以上者佳五个月，一年半以上者送问。"

⑥ 义官：古代政府专设的一种编外官职名称，明朝时期最为盛行，是各地官府为表彰那些经常对社会、为平民做善事的非官宦家境出身的贤达人士而封的奖励称号。各地志书多有"义官"的记载。

个体生命弱小的无奈和轻视。

碑中在列举"神灵利民之功"时，重点列举了"疡瘵豆诊而来者有焉""因求嗣继后而至者亦有焉""蝗螟无入于境""风雨无愆于期"等，针对性很强，反映了民众对疾病、生育、蝗灾、旱灾、水灾等的恐惧和无奈，期望"神威显赫，泽利群黎，□安社稷"。

所以，本碑对民间众神合祀问题以及民间信仰的心理基础和社会氛围的研究具有重要的参考价值。

随驾渡河日进呈词

（明）夏言

九曲黄河，毕竟是、天上人间何物。西出昆仑，东道海，直走更无坚壁。喷薄三门①，奔腾积石②，浪卷巴山雪。长江万里，乾坤两派③雄杰。

亲随大驾南巡，龙舟凤舸，白日中流发。夹岸旌旗，围铁骑，照水甲光明灭。俯视中原，遥瞻岱岳，一缕青如发。壮观盛事，己亥嘉靖三月。

右次东坡赤壁大江东去词一首，于渡河日进呈御览。已，书留河上，用记岁月云。

特进光禄大夫、上柱国、少师兼太子太师、礼部尚书、武英殿大学

---

① 三门：山名。一名三门山，又名砥柱。在河南陕县东北的黄河之中。其山有中神门、南鬼门、北人门三门，故名。

② 积石：山名。即阿尼玛卿山。在青海省东南部，延伸至甘肃省南部边境。为昆仑山脉中支，黄河绕流东南侧。《书·禹贡》："导河积石，至于龙门。"郑观应《盛世危言·治河》："河水发源昆仑之墟，伏流数千里，涌出地上汇为星宿海，至积石流入中国。由积石而东北而南三千里至龙门。"

③ 两派：两条水系。若前句的"长江万里"是实指，那么这里的"两派"就是指黄河、长江；若是虚指，"两派"或指宋时黄河河道之北流东流。本来北流是黄河古道，水流畅顺，且海口广深，但宋人恐契丹借北流为桥梁，守于州郡而使中国全失险阻，故绍圣诸大臣力主东流。至宋绍熙五年（金明昌五年，1194）黄河在阳武决口，灌封丘而东流。此时黄河分两派，北派由大清河入海，南派由南清河入淮。金为自利，不欲使黄河北流，遂距北流的黄河古道更远。到元明两代，为利用黄河之水济运河，更不愿黄河北流。元末黄河之道向北迁徙，而明人惧运河干涸，遂以人力阻塞北流。一直到清朝，均以人力控制黄河之流向。

士、知制诰、国史总裁、贵溪夏言①题。

【简析】

本碑无题，俗称"夏言渡河词碑"，现题为后人所加。碑存获嘉县南亢村镇亢西村口。圆首龟座。高3.2米，宽1.25米，厚0.66米。9行，169字，行书，字体大三寸许。先为词一首，后为作者跋语及落款。此碑字迹硕大，气势磅礴，遒劲有力，朴实无华，既有黄庭坚之劲力，苏东坡之厚重，又具米芾不拘一格之气，字里行间透出作者恢宏气度和志得意满之心态。全碑布白自然，错落有致，颇具观赏价值。

根据其词后跋语"右次东坡赤壁大江东去词一首，于渡河日进呈御览。已，书留河上，用记岁月云"，可知夏言乃依苏轼《念奴娇·赤壁怀古》之韵填词。"念奴娇"乃通用词牌，但苏轼的《赤壁怀古》却是运用该词牌创作的壮词、豪放词代表作，使该词牌宜于抒发豪放之情成为共识。夏言此时此地选用《念奴娇·赤壁怀古》为依韵填词的对象，不仅所写意象接近，而且心情、气度类同。该词上阕描写黄河的九曲连环，波涛汹涌，浊流天来，气吞山河，并且与"长江万里"媲美，成为华夏大地的"乾坤两派雄杰"。下阕用"亲随大驾南巡"点明本事，描绘皇帝巡河的恢宏气势，誉之为"壮观盛事"。

按，嘉靖十八年（1539）三月，嘉靖南巡，目的地是湖北钟祥。本词即写于"圣驾渡黄河时"。嘉靖此次南巡仅有13天，但对明朝历史的影响却极为深远。嘉靖帝之父兴献王是弘治帝之弟，正德帝是弘治帝独子，早逝无嗣，兴献王之子朱厚熜得以即位，次年改元嘉靖。嘉靖帝即位后，不仅面临着国政的烦忧，还面临着礼法的纠结。嘉靖十七年（1538），母亲蒋氏去世，如何埋葬母亲成了大问题。朝臣意见不一，嘉靖决定南巡，亲自考察湖北显陵的地宫，欲使父母合葬显陵。此次南巡是在争议中进行的，虽然声势浩大，花费奢靡，但一路上风波不断，事故频出。最著名的

① 夏言（1482—1548），明广信府贵溪人，字公谨，号桂洲。正德十二年（1517）进士。授行人，擢兵科给事中。嘉靖初历兵科都给事中。十年（1531），任礼部尚书。十五年（1536）入阁，任礼部尚书兼武英殿大学士。十七年（1538）冬，继李时为首辅。二十年（1541），为礼部尚书严嵩、武定侯郭勋所间，罢。不久，复召入阁。二十一年（1542），为严嵩所挤而罢。二十四年（1545）复原官，后为严嵩所攻，被杀。有《赐闲堂稿》《桂洲集》。

就是卫辉行宫夜火案，嘉靖差点殒命于此。离开卫辉后，过新乡、获嘉，渡河南下。本词即写于此时。

写作此词时，夏言的地位正如日中天。夏言是正德十二年（1517）进士，性警敏，善属文。嘉靖即位后，善于揣摩圣意，"窥伺旨"，百般迎合，又优待下属，结交群臣，深得赞赏，地位扶摇而上。但夏言的得势使得严嵩极为不满和嫉妒。两人本属同乡，严嵩"无他才略，惟一意媚上，窃权罔利"，两人之争势必如同水火。不管怎样，此时的夏言一定是雄心万丈，意得志满。但谒拜显陵之后，严嵩要求群臣表贺，夏言却表示要"乞俟还京"，从此形势急转而下，在于严嵩的斗争中渐至失势，终至被杀。所以，本词应写于渡河南下之时，不会写于归途。因为回京途中的夏言心情一定十分低落，甚至百味杂陈，不是创作壮词的心境。

其实，夏言之词的阿谀奉承之味是浓，严嵩的《河上歌》三首亦毫不逊色，即"大明八叶圣人生，曾见黄河水至清。千年襄汉荣光起，此日风云大驾行""汾水衣冠若景从，千春稀事此时逢。洪波浴雾楼船发，白日中流翔赤龙""灵河西上远黏天，凤舸龙樯入紫烟。周王图马浮川地，汉主风歌入沛年"。

所以，此碑在记载了皇帝渡河南下盛事的同时，又能让后人窥知此时的朝政纷争、权臣内斗，从某个意义上讲，是夏言、严嵩十余年内斗的伏笔，也是明朝由盛转衰的象征，对明朝历史的研究具有重要的意义。

重修同盟山碑记

（清）胡亮工

尝闻法云敷荫，仁祠修于鸡园[①]；智月垂轮，善地开从鹿苑[②]。入众香

---

① 仁祠：佛寺的别称。《释门正统》卷三："精舍所踞，号曰仁祠。"鸡园：指鸡头摩寺。佛教传说中的圣地。在摩揭陀国波咤厘子城之侧，无忧王（即阿育王）建立之处。《西域记》卷八："故城东南，有屈屈咤阿滥摩（唐言鸡园）僧伽蓝，无忧王之所建焉。无忧王初信佛法也，式遵崇建，修殖善种，召集千僧凡圣两众，四事供养，什物周给。"或曰鸡头末寺、鸡头末寺、鸡雀寺、鸡寺等。

② 鹿苑：即鹿野苑。本书《大齐天保九年岁次戊寅二月八日鲁思明敬造》有注。

之国①，清净为心；启甘露之门②，广长舌③现。铺金作舍，擅祇陀太子之园④；飞锡凌空，占白鹤道人之麓。凡推上刹，必踞神皋。矧当颓废之余，须谋修葺之举。

吕城县⑤治之东山号同盟，乃邑乘八景之一也。留周朝之胜迹，垂百代之隆模，览古者多凭眺焉。初建之日，庙貌维新，正殿之外，若疙疸、若三官、若子孙诸殿，皆飞翚辉煌，灿然耳目矣。后以年远日久，竟至垣摧栋折，花分檐卜⑥影，已作空花⑦；草撷苾刍⑧香，旋成茅草。丙申岁，邑侯戴公⑨见而悯之，慨然志期重修。因念举事必得其人事乃济，则曰："非和尚讳绪乾者不可。"盖绪乾挂锡邮亭，焚修者有年，邑侯赴郡，途次往来，尝憩息其亭，稳知绪乾为高僧矣。乃令首其事者，投刺敦请。

绪乾法演三车⑩，心空五蕴⑪，不畏难，不辞苦，挺然即以身任用。借文士之觚，聊代沙门之钵；刊材聚石，命匠鸠工；半得之募化，半出之解囊；既勤垣墉，遂涂墍茨；颓者兴，废者修，浸淋而涂泥者燥且平也。殚精竭力，历五稔而落成。今疙疸殿、三官殿、子孙殿及山门并右左门法像雕梁概为修葺，则向之狮座、猊床半沦榛莽者焕然改观矣，昔之宝坊绀

---

① 众香之国：即众香国。佛国名。实为佛经假设之词，谓有国名众香，佛号香积。其楼阁苑囿皆香，其香气周流十方无量世界云云。

② 甘露之门：即甘露门。佛教语。喻超脱生死，引入涅槃的无上妙法。

③ 广长舌：指佛的舌头。据说佛舌广而长，覆面至发际，故名。

④ 祇陀太子之园：即祇园精舍，"祇树给孤独园"的简称。本书唐刘抗《□□□□寺佛殿铭并序》有注。

⑤ 吕城县：即获嘉县。按《前汉书》卷六："（元鼎）六年冬十月，发陇西、天水、安定骑士及中尉、河南、河内卒十万人，遣将军李息、郎中令徐自为征西羌，平之。行东，将幸缑氏，至左邑桐乡，闻南越破，以为闻喜县。春至汲新中乡，得吕嘉首，以为获嘉县。"

⑥ 檐卜：植物名。产西域，花甚香。南朝陈徐陵《东阳双林寺傅大士碑》："色艳沉檀，香逾檐卜。"吴兆宜注："《经》云：'如入檐卜林，闻檐卜花香，不闻他香。'"

⑦ 空花：亦作"空华"。佛教语。隐现于病眼者视觉中的繁花状虚影。比喻纷繁的妄想和假相。《楞严经》卷四："亦如翳人，见空中华；翳病若除，华于空灭。忽有愚人，于彼空华所灭空地，待华更生；汝观是人，为愚为慧？"

⑧ 苾刍：本西域草名，表明比丘之戒德芬芳。后以喻出家的佛弟子，为受具足戒者之通称。唐玄奘《大唐西域记·僧诃补罗国》："大者谓苾刍，小者称沙弥。"

⑨ 戴公：即戴承勋，镶红旗人，监生，康熙五十四年（1715）任获嘉知县。

⑩ 三车：佛教语。喻三乘。谓以羊车喻声闻乘（小乘），以鹿车喻缘觉乘（中乘），以牛车喻菩萨乘（大乘）。唐李白《僧伽歌》："真僧法号僧伽，有时与我论三车。"王琦注："三车，谓羊车、鹿车、牛车也……当是以三兽之力有大小，三车之所载有多寡，喻三乘诸贤圣道力之深浅耳。"

⑪ 五蕴：梵语意译。佛教语。指色、受、想、行、识五者假合而成的身心。色为物质现象，其余四者为心理现象。佛教不承认灵魂实体，以为身心虽由五蕴假合而不尤烦恼、轮回。又名"五阴""五众"。

宇①已蚀莓苔者炳乎重新矣。昌黎云："莫为之前，虽美而不彰；莫为之后，虽盛而不传。"②绪乾之修诸殿也，承先者在此，启后者亦即在此，其有造于同盟山者宁浅鲜哉？勒石纪功，以垂永远云。

　　国学生胡亮工③沐手拜撰。儒学生员丁光祖书丹。儒童张现瑞副录。

　　文林郎、知获嘉县事、记录一次④戴承勋。儒学教谕宋恒⑤。儒学训导安际昌。迪功郎吴若臣⑥。巡捕厅徐克敏。

　　会首：岁进士郭□□、冯嘉谟、孟敬，生员冯廷钥、闫嗣曾、高玉兰、杨三元、冯怀经、熊文祥、郭宗良、刘弘烈、杨振庭、吕悦道、冯作藩、沈世基、唐洞、丁进、冯嘉猷、刘怀仁、张现瑞、王建岐、徐依镇、李卯生、王管、徐尔功、杨三就、郭召林、郭元昌、占云城、郭宗汉、郭永清、陈玉龙、张定元、孟绍业、施元鼎、冯廷鸾、沈位基、王得臣、马世名、陈显禄、张显荣、□显名、刘芭、周君美、包建中、江卓玉、丁天才、樊太素、王汝冀、郭应熙、冯林春、王进义、辰怀瑶、赵体中、李朋高、韩继先、刘谦福、王山、郭曰□、侯广闻、李有平、史学礼、杨国勋、谭成章、李玉珍、吴怀玉、□体元、□世□、齐光采。

　　住持会首：绪镇、（绪）珍、（绪）管、（绪）瑄。徒绪朴、（绪）能、（绪）傧、（绪）伦、（绪）乾、（绪）坤、（绪）□、（绪）□、（绪）青。徒孙先□、（先）进、（先）修、（先）□、（先）□。化主⑦僧智贵。金塑匠杨成秀。石匠□元□。仝立。

---

　　① 绀宇：即绀园。佛寺之别称。以绀琉璃为佛之毛发，又为佛国土之色相故也。《祖庭事苑》卷四："绀宇即绀宇也。释名曰：绀含也，谓青而含赤色也。内教多称绀目绀发，取此义也。"

　　② 按，语出韩愈《与于襄阳书》："莫为之前，虽美而不彰；莫为之后，虽盛而不传。"原谓没有人给他引荐，即使有美好的才华也不会显扬；没有人作继承人，即使有很好的功业、德行也不会流传。现在一般用作指不要做在前头，虽是好事却无人知晓；不要做在后头，虽然盛大却不能流传。

　　③ 胡亮工：获嘉县人。康熙年间例监生。生平无考。

　　④ 记录一次：指清代对官员功绩进行的奖赏。按清朝的议叙制度，分为记录、加级两种。最低奖赏叫记录一次，依次记录三次或者三次以上者，合为加一级。然后是加一级记录一次、二次，加二级记录一次、二次等。朝廷对官员的降调处罚，一般与他们原先得到的记录、加级奖励挂钩，二者可以互为抵消。

　　⑤ 宋恒：济源人。拔贡。康熙五十一年（1712）任获嘉县儒学教谕。

　　⑥ 吴若臣：字有容，江南江阴人。为获嘉丞。慈祥恺悌，民爱慕之。修丹河，修武民咸赴助工，曰："吴公长者！"于是不日工竣。丞固冷署，与邑人士结文墨交，厨烟不继，晏如也。同时寿致浦为邑宰、安际昌任司训，人称"一堂贤吏"。以终养归。（民国二十四年版《获嘉县志》卷十二《循吏》）

　　⑦ 化主：教化之主。佛家对佛的称谓。《维摩诘经·佛目品》："随其心净，则一切功德净。"佛家亦指掌管化缘的僧徒。《古尊宿语录》："诸方化主往来多，青山绿山意如何。"

皇清康熙伍拾玖年岁次庚子孟冬吉旦。

【简析】

本碑现存获嘉县同盟山碑廊，为嵌壁碑。上有半椭圆形碑额，额心双线阴刻"永远碑记"，正书大字。下为正文，四周饰以波浪云纹。16行，满行59字。左下部有小字会首题名，9组69人；其他题名20人。共计存812字。正书。本碑书丹者为儒学生员丁光祖，其书结体方正，笔画纤细，中规中矩，但力度不够，气韵较浅，加之刻写一般，此碑的书法价值不高。撰文者为国学生胡亮工，例监生出身，方志无传。本文文辞华美，颇见功力。

文中记载康熙五十五年（1716），时任获嘉知县的戴承勋聘请高僧绪乾重修同盟山庙宇之事。同盟山位于获嘉县东北，传为周武王率师伐纣，在商郊牧野举行战前誓师时的盟台，诸侯之兵捧土封之，即《尚书·牧誓》所载的牧誓之所，其与牧野大战有关的古迹遗存较多。本文却写高僧绪乾等率人修葺诸如"疙疸殿、三官殿、子孙殿及山门并右左门法像雕梁""狮座、猊床半沦榛莽者""宝坊绀宇已蚀莓苔者"等，可见此山既有祭祀周武王的庙宇，又有佛、道文化的因素在其中，体现了儒、释、道三者共存的文化理念。

碑文起首处用精美的文字和绚烂的佛家典故渲染佛理的精妙、佛寺对修行的重要作用，颇为可读，显示了作者精湛的佛学修养。

值得注意的是，文中提到"吕城县治之东山号同盟"，可见在获嘉县的沿革中，或有"吕城县"的提法。这对获嘉县的发展史的研究有帮助。

光禄寺少卿冯元靖墓志铭

（明）赵南星

今上钦明宽简，侔德尧舜，冲年践祚，江陵①擅权。既而天去之疾，

---

① 江陵：即张居正，湖北江陵人，故称"张江陵"。

用贤图治，几臻上理。执政者弗便也，渐售其惑术，以私为权，除不附己者而佯救之以卸过。公论不容，皆被恶名去，太仓①之负恩遇尤甚。上遂厌薄臣下，以无人，贬黜相继，不复用。群司几尽，执政员员耳。封事一切不报，二三见台省，恒逐其所不悦，势不得复留，辄去。于是大臣拱手唯阿，惟其所欲为。丁巳内察，名士皆不得免，冯元靖其衰然者也。

元靖名上智，获嘉人。世为显族。祖一泉公②，父司训公③，皆有才学，刚心疾恶。一泉公为诸生，得罪邑令，被斥，司训公竟不得乡举，详具余所谓司训公墓志中。元靖生而神神英爽，孩提时，一泉公偶有所督过司训公，元靖之姑母谓之曰："即而祖挞若父母，奈何？"元靖应声曰："皆代之。"一泉公闻之喜，忘其所督过也。一泉公犹及见元靖乡举。元靖早岁能文，秀蔚超特，为诸生时，督学王公④乃太仓相之弟，以诸生试艺寄太仓，太仓使问之曰："冯生甚奇，何不首乎？"督学复曰："固知之，恐其年少易骄耳。"及成进士，见太仓，具道之，笑曰："余鉴不爽也。"

试为安肃令。上官无不一见而敬异之，士民无不一见而亲爱之者，积猾大豪人人敛戢。与民约，有侵冤者得非时入告，令与所告俱至，即讯决之。邻境有大狱及累年不结者，上官悉以下安肃，讼者固愿之安肃，庶得睹白日，又无淹系，无疆御之枉挠、吏卒之求索也。泉布之输于郡中者，胥吏勒取增羡以为常，至安肃，独否。邑极冲，又近京师，多骄贵，绝不以厨传称过宾。有御史陈姓者，其子应秋试，用马太多，裁之。畿辅吏治

---

① 太仓：或指王锡爵（1534—1610），明苏州府太仓人，字符驭，号荆石。嘉靖四十一年（1562）进士。授编修。累迁至国子监祭酒。万历初掌翰林院，进礼部右侍郎，以张居正恨之，还里不出。居正死后，拜礼部尚书，兼文渊阁大学士。性刚负气，常忤朝论。二十一年（1593），为首辅，以拟三王并封旨为言官所攻，八疏求罢而去。有《王文肃集》及《王文肃疏草》。按，在考察在京官员时，考功郎中赵南星罢黜了一些不合格的官员，其中有大学士赵志皋之弟，也有王锡爵的旧属，引发内阁与部臣的关系冲突。明神宗降旨南星三级，调外任用，后竟革职为民，连一大批为他上章呼冤的大臣也都受到贬谪。朝臣们认为首辅王锡爵作祟，弹劾之势愈演愈烈。

② 一泉公：即冯錞，字子鸣，号一泉。进士冯世昌子。廪生。二岁而孤，稍长就塾师，感愤力学。性简亢，不醒醒，俯仰侪俗中，急人之难尤笃于内。行不慕荣进，以纹饰自娱，伊吾声常彻亘外。有语及生人产者，辄攒眉弗答云。（见民国二十四年《河南获嘉县志》卷十三《隐逸·冯錞传》）

③ 司训公：即冯克孝，复名效孝，冯世昌孙。万历十六年（1588）岁贡。高盖轩，曾任京武学训导。侍父能色养。父没，每举觞，辄泫然泣下。抚弟侄无间。解官后与李王同辈为三老会，徜徉终老。（见民国二十四年《河南获嘉县志》卷十二《乡宦》）

④ 督学王公：即王鼎爵，字家驭，号和石，南直隶苏州府太仓人。隆庆二年（1568）进士，授刑部主事，调礼部郎中，因疾回太仓，后补主客司郎中。迁河南三品提学使加三级。

行无先，元靖者考最，后升户部主事。无何，调兵部。

丁酉，使典楚试。俄而调吏部。往时分较者所取士，主事不敢动，以其人当为台省故。元靖乃一一阅其文，或否，则求诸摈落者，以是号得人。试毕，燕鹿鸣①矣，而直指赵文炳②私燕之。文炳宵人也，起家乡举，恒恐人轻之，而元靖又新吏部，其视之无非轻己者。文炳曾劾蒋吏部时馨③削籍甚当，而时馨善接纳，多为称冤者。富平孙太宅④老而愎，极力救之，不能拔，文炳惧，遂上疏以刻⑤时馨非臣之意，乃为兵部侍郎沈思孝⑥等所误，以此求见容。至是，向元靖言："蒋公，君子也。余劾之，悔甚。"元靖曰："何所闻而劾？何所见而悔？"文炳既不胜愧恨，而是时同年麻城游令吏部已拟台省矣，文炳欲败之，示风力。元靖适语及之，甫去，则飞章言元靖枉道出麻城，受游令二百金为作说客。元靖抗疏，得旨并勘，而文炳浼同侪为言，直指与所劾并勘伤宪体，乃释文炳及勘者，具言麻城非枉道受贿事无据明白矣。而吏部犹复调南京。

元靖家居，遭司训公之变。服阕，而起南工部，升户部郎中。求使事归，而遭张太安人之变，皆得尽其诚信。庚戌服阕，起北户部郎中。

时宫殿为孽火所烧，正阳门楼又灾，元靖上疏言："陛下听小人之言，铲山推市，貂珰四出，发天地之藏，侵细民之利，悉归于御府，使海内竭涸，亿兆咨嗟；加之饥馑荐臻，流冗翳路，其壮狡者悉聚而为盗。又九边军饷不以时给，恒多亏减，而山西三镇三年之间负欠至八十万，此皆执戟

---

①　燕鹿鸣：即"鹿鸣筵""鹿鸣宴"。科举时代，乡举考试后，州县长官宴请得中举子或发榜次日，宴主考、执事人员及新举人，歌《诗·小雅·鹿鸣》，作魁星舞，故名。

②　赵文炳：字含章，号光世，河北任县人。隆庆五年（1571）进士。先任知县，后为御史。曾出按湖广。万历年间巡按山西，明纠是非，一扫积弊。此外，尚有赵氏论"西华门灾"、弹劾考功郎蒋时馨贿案等记载。又曾捐资帮助杨继洲刊行《针灸大成》，传播宇内。

③　蒋吏部时馨：即蒋时馨，字德夫，号兰居，福建漳平人。万历五年（1577）进士。历官江西新喻、湖北嘉鱼县令、吏部考功郎、文选郎郎中，赠太常少卿。在吏部任职，介入东林党与官宦派系之争，乃谢病辞归。著《体仁篇》。

④　富平孙太宅：即孙丕扬（1532—1614），明陕西富平人，字叔孝。嘉靖三十五年（1556）进士。授行人，擢御史。历按畿辅、淮、扬，有风裁。万历元年（1573）以右佥都御史，巡抚保定诸府。拒张居正嘱，不肯为冯保家建坛，五年引疾归。居正死，起应天尹，历刑部、吏部尚书。辞官去。卒，追谥恭介。

⑤　刻：应作"劾"。

⑥　沈思孝：明浙江嘉兴人，字纯父，号继山。隆庆二年（1568）进士。授番禺知县，以廉洁闻。万历初，举卓异，入为刑部主事，累官右都御史。素以直节高天下，然负气好胜，颇遭人讥评。有《晋录》《溪山堂草》。

挟弩，易于作乱。今食既如此矣，一旦内外交乱，朝士中孰为伐谋折冲者乎？城门一闭，臣不能为陛下计矣。"疏入不报。时台省气甚张，直欲令人匿景远避，见之当垂头结舌，无论不敢撄之。即言及国家事，如蔡翰林毅中①、沈比部应奎②，皆为狂妄，立去之。元靖乃昂昂楃楃，以人伦请议为己任，吏部诸君数以人物访之，辄直言其所知。李道甫③司徒忽为台省所攻，郎署有佐之者，顾叔时④上书当道救之，旧太宰密以问元靖，元靖曰："此亦易知！第观其攻之者与救之者为何如人耳。"其辈愈益切齿。而元靖升光禄少卿。遂嗾南科龁之，为内察张本。然其辈视天下无可畏，不复隩谋，彼己氏出，使过家，即言元靖及章元礼⑤等、禹州王信甫及其弟维则皆朋党，远近共闻之矣。

元靖忠孝天植，其视人决无可为恶之理，其视人之为恶决无可容之理，而其疏融之识，恢卓之才，直往不惧之勇，真足以为善。安肃之政，百城寡二，而御史陈姓者以私憾尼之，不使入台省；俾为吏部，必有可观。而赵文炳蔑之，淹抑几二十年，才转一光禄，而遂中以吏议。元靖转官时，即求出，使家居，与其弟元献⑥、子穉仁⑦翻经谭艺，为老焉之计；

---

① 蔡翰林毅中：即蔡毅中（1548—1631），明河南光山人，字宏甫，号濮阳子。万历二十九年（1601）进士。授检讨。天启中迁礼部右侍郎，领国子祭酒。扬涟劾魏忠贤得严旨，毅中率其属抗疏言之。忠贤大怒，嗾其党劾罢之。谥文庄。有《馆阁宏辞》。

② 沈比部应奎：即沈应奎，明常州府武进人，字伯和。万历十三年（1585）举人。历裕州知州，曾单骑劝谕饥民，使勿劫掠。于署内焙饼炙韭时，尚书孙丕扬突入，邀与共食。丕扬入朝称其廉，召为刑部主事。历汀州知府，官至南京光禄少卿。

③ 李道甫：即李三才（？—1623），明顺天府通州人，一说陕西临潼人，字道甫。万历二年（1574）进士。二十七年（1599），以右佥都御史总督漕运，巡抚凤阳诸府，累官至户部尚书。三十八年（1610），朝中有人建议外僚入阁，意在三才，引起朝臣争论，形成党争。次年引退家居。四十三年（1615），被诬盗皇木造私宅，落职为民。天启三年，起为南京户部尚书，未就卒。

④ 顾叔时：即顾宪成（1550—1612），字叔时，号泾阳，无锡泾里（今无锡锡山区张泾镇）人，明代思想家，因创办东林书院而被人尊称"东林先生"，也是东林党的创始人之一。万历八年（1580）进士。天启初年，赠太常卿。后来东林党争爆发，被魏忠贤阉党削官。崇祯初年获得平反，赠吏部右侍郎，谥号端文。著有《小心斋札记》18卷、《毗陵人物志》9卷、《顾端文遗书》等。

⑤ 章元礼：即章嘉祯，明浙江德清人，字符礼。万历八年（1580）进士。官至大理寺寺丞。有《姑孰集》。

⑥ 元献：即冯上宾，字符献，号杜洲。万历二十八年（1600）举人，天启二年（1622）进士。初知阳城县，后迁南京主事，历郎中。出守汉中府，擢山西副使，备兵汾州。升荆南道参政。（见民国二十四年《河南获嘉县志》卷十二《乡宦·冯上宾传》）

⑦ 穉仁：即冯兆麟，字常阳。上知子。颍敏勤学。天启元年（1621）选贡，任宝庆府通判，摄武冈州事。署新宁篆。后补山东济南府通判。转莱州府同知。老归。（见民国二十四年《河南获嘉县志》卷十二《乡宦·冯上宾传》）

而群小犹恐其出也，竟借内察以处元靖等诸人。而禹州兄弟皆横被口语。元靖平生素壮，一病竟不起，善类咸痛恨之。

元靖生于嘉靖己未十二月九日，卒于万历丁巳十一月十二日，年五十九耳。娶宋安人，先卒。子一：兆麟，即穉仁，廪生，娶都御史刘易从①女；继娶千户钱绍贺女。女一：适生员王浚德。孙一：伯鼎，聘经历郭盘女。刘出。元献与穉仁卜以戊午之十月，与宋安人合葬于司训公之侧。穉仁持元献之所为状，来属赵子为铭。赵子病，未能也。

今年庚申，赵子复起。方元靖之卒也，外人皆曰以贬官而郁郁。元献曰："余兄殊不以官为意。"赵子曰："昔仲尼去鲁，作雉噫之歌，不郁郁耶？岂以司寇哉？余丙辰冬而病，明年春而闻元靖之贬也，而又闻其死也，五内剥裂，以至今年而复起。若小人者皆能使人郁郁而死，则君子无类矣。彼扬扬而死者岂少哉？犹禺禺笑而被格耳，岂足道哉？元靖殁未几而建酋②入犯，破城，陨帅辱国，不可胜言。朝士中不闻有老谋壮事，竟如元靖所云。

铭曰：

吁嗟昔贤，未见此时。白日晦盲，市有舞鸥。眇未曾臣，太阿是持。贷之专鲁，讵足为訾！愿忠则售，怀才则讯。矧惟若人，倜傥瑰奇。蚖恶龙文，鸡骇凤姿。力能相扼，岂容奋飞。百里之外，长驾莫施。蜷局偢佩，殁不及衰。子孝且才，独漉③同悲。贤良俱尽，国步阽危。丑虏凭陵，曰将宋④之。孰念忧辱？先见孰思？燕赵之间，乃生穷奇。如将大车，祗自尘兮。吾其左袒，云胡不欷？幸而未死，摅愤勒词。玄冥杳茫，

---

① 刘易从：号右川。嘉靖乙丑（1565）进士。知威县，调遵化，俱有治绩。以其廉称为"青菜"。历户部郎中，出知兖州、武昌两府。刑清政简，能决疑狱，又有明月之谣，碑勒黄鹤楼下。升宁前陇右兵备，晋蜀、鲁左右布政。巡抚山东。卒于官。其自赞有云："蓟曰青菜，鄂曰明月。两地民谣，一生宦业。"生四子，率有学行。孙欲达，两登副榜。（乾隆版《汲县志》卷九《人物上》）

② 建酋：指建州女真族首领。按，明永乐元年设置建州，欲压制北元残余，在女真聚居地设立辽东指挥使司，控制女真族各个部落。建州部猛哥帖木儿（努尔哈赤六世祖）时为明朝建州卫左都督。猛哥帖木儿被杀，建州部被迫南迁，最终定居于赫图阿拉。在发展过程中，建州逐渐分为建州卫，建州左卫和建州右卫，史称建州三卫。万历二十一年（1593），努尔哈赤统一建州三卫。四十四年（1616），努尔哈赤登大汗位，建后金，建州三卫结束。

③ 独漉：亦作"独禄"。古乐府中晋和南朝齐拂舞歌辞名。《宋书·乐志四》作《独禄篇》，《南齐书·乐志》作《独禄辞》，《乐府诗集·舞曲歌辞三·晋拂舞歌》作《独漉篇》。

④ 宋：定居。《说文》："宋，居也。"段玉裁注："此义未见经传，名子者不以国，而鲁定公名宋，则必取其本义也。"《左传·宣公四年》："郑公子宋字子公。"

黄壤有知。

【简析】

本碑不见原石，故不知其形制及书丹风格。碑文摘自民国二十四年《河南获嘉县志》卷四《冢墓·明冯上知墓》，墓在获嘉县南阳屯，高邑赵南星铭，江夏熊廷弼表。

墓主冯上知（1559—1617），获嘉县人。民国二十四年（1935）《河南获嘉县志》卷十二《乡宦》有传，所叙源自墓志无疑。冯上知是获嘉县南阳屯冯氏家族的佼佼者。明清之际，获嘉冯氏俊才辈出。冯上知曾祖冯世昌为正德辛未（1511）进士，仕至吏部观政。其祖父廪生冯镈，其父岁贡冯效孝，皆有声名。其弟冯上宾为天启壬戌进士，仕至湖广参政。冯上知为万历己丑（1589）进士，仕至光禄寺少卿。此外，冯效慈为万历戊子（1588）举人，冯兆麟仕至莱州府同知，等等。本文详细叙述了冯上知的宦海沉浮，主要涉及任安肃县令时的刚直善断，不媚权贵；为朝廷取士时的不拘陋习，以文得人；任职吏部时刚正不阿，坦荡自清；任职户部时的借天灾而直谏，居安而思危；身陷党争时的"昂昂楗楗，以人伦请议为己任"；中察典而被贬后的郁郁而终。正如碑中所言，冯上知身负大才，却生于"白日晦盲，市有舞鸱""力能相扼，岂容奋飞"的时代，身陷党争之中，先是"不使入台省"，接着"淹抑几二十年，才转一光禄"，最后"中以吏议"而抑郁而终，故"善类咸痛惜之"。

本碑最大的价值在于以冯上知为个体、为标本再现了明朝中后期党争不断、外敌侵扰以至于亡国的乱象。明朝为了加强皇帝集权，废丞相，建内阁。内阁身居高位却无实权，无法对部院发号施令，如此就形成了内阁、部院相互牵制，争权夺利，不择手段，互相攻讦的政治格局。加之封建科举所形成的座师陋习，以及宦官干政的此起彼伏，这些元素掺杂在一起，朝政乱局愈演愈烈，极大地张扬了传统农业专制社会所形成的官员人性的劣根性，对国家行政机器、行政能力造成了巨大的摧残。如文中提到的赵文炳弹劾蒋时馨受贿案，冯上知受麻城游令二百金案，李道甫为台省所攻案，冯上知、章元礼、王信甫、王维则被诬朋党案等，皆为党争之物。事实证明这些案件大多无中生有，却牵涉赵南星、王锡爵、赵文炳、蒋时馨、沈思孝、蔡毅中、沈应奎、李道甫、顾宪成、章元礼、王信甫、王维则、冯上知等诸多高官名士，由此可见"时台省气甚张，直欲令人匿景远避，见之当垂头结舌，无论不敢撄之"之政治气氛之压抑、可怕。

其实，本文作者赵南星亦为党争的代表人物和受害者。赵南星（1550—1627），明真定府高邑人，字梦白，号侪鹤，又号清都散客。万历二年（1574）进士。除汝宁推官。迁户部主事，调吏部考功，历文选员外郎。上疏陈干进、倾危、州县、乡官四大害，触时相忌，几获谴。旋以病归。再起为考功郎中。二十一年（1593）主京察，要路私人，贬斥殆尽。被严旨落职。名益高，与邹元标、顾宪成海内拟之汉朝"三君"。光宗立，起为太常少卿，继迁左都御史。寻任吏部尚书。在官慨然以整齐天下为己任，锐意澄清，政府及中贵亦不得有所干请。魏忠贤初颇重之，以介一中书被拒，始生恶感。故人子魏广微入阁，三至南星门，皆拒不见。广微恨刺骨，乃与忠贤共排南星。南星搜罗遗佚，中外方忻忻望治。天启四年（1624），魏忠贤责南星等"朋谋结党"，矫旨放归。又诬以赃罪，削籍，戍代州卒。按，赵南星在考察在京官员时，罢黜了一些不合格的官员，其中有大学士赵志皋之弟，也有王锡爵的旧属，引发内阁与部臣的关系冲突。明神宗降赵南星三级，调外任用，后竟革职为民，连一大批为他上章呼冤的大臣也都受到贬谪。朝臣们认为首辅王锡爵作祟，弹劾之势愈演愈烈。很可能冯上知就是因此事深度卷入党争，仕途变得晦暗。赵南星之所以为冯上知撰铭，可能亦有这个因素在内。

除此之外，文中叙述冯上知对朝政弊端的忧虑也很有价值，如"陛下听小人之言，铲山摧市，貂珰四出，发天地之藏，侵细民之利，悉归于御府，使海内竭涸，亿兆咨嗟；加之饥馑荐臻，流冗翳路，其壮狡者悉聚而为盗。又九边军饷不以时给，恒多亏减，而山西三镇三年之间负欠至八十万"等，对明末乱象的描述和剖析可谓入木三分。尤其是"一旦内外交乱，朝士中孰为伐谋折冲者乎"可谓目光高远，见解卓异。事实上也的确如此，"元靖殁未几而建酋入犯，破城，陨帅辱国，不可胜言。朝士中不闻有老谋壮事，竟如元靖所云"，冯上知卒于万历四十五年（1617），赵南星卒于天启七年（1627），离崇祯十六年（1644）亡国尚有近二十年，但明亡的原因和方式已尽现本文的字里行间，不得不佩服作者对朝政的洞察力之高。

所以，本墓志对研究明末党争的原因、构成、危害以及明亡的深层次因素有帮助，具有史料价值。

据文中信息，冯上知卒于万历四十五年（1617），葬于万历四十六年（1618），而本文却写于泰昌元年（1620）。另据网络资料，江苏省如皋县双甸镇有冯世昌墓（双甸镇东二里塔庙前）、冯上知墓（双甸北冯家楼西南）、冯上宾墓（双甸东北八里殷家庄）。查《如皋县志》，有冯世昌正德六年（1511）进士，冯上知万历十年（1582）河南乡试举人、万历十七年（1589）进士，冯上宾万历二十年（1592）举人、天启二年（1622）进士的记载，但未有传记和墓冢的记载。是否泰昌元年（1620），冯氏家族有迁葬如皋之举，或冯氏本身即为军户，其户籍随军队移动而迁移。有关获嘉县南阳屯冯氏与如皋县双甸镇冯氏之间的关系，有待新史料的发现而再考。

孝廉居易贺君墓志铭

（清）孙奇逢

余来苏门，闻获嘉贺公景瞻[①]以林居殉甲申之难，里人称为文贞先生，心切向往之。嗣是从子孝廉居易君过余，以传相委[②]，余因得论交暨嗣孙振能[③]。振能者，君命主邑。文贞公有家学，执世谊甚笃。忆甲辰余北上遇君于黄粱旅舍，握手殷然；迄余再归苏门，而君遂作古人矣。日月无多，不胜今夕之感。君殁，振能魁于乡；又十年甲寅，始厝君于祖兆，持所自为状略乞志墓门之石。余耄，废逊不文，振能谓："质言之，尚可征信于后世也。"

按状，君讳行素，字居易，一字希白，世为卫辉之获嘉人。前代多隐

---

① 贺公景瞻：即贺仲轼（？—1644），获嘉人，字景瞻，号养敬。为人质朴，读书外无他嗜。万历三十八年（1610）进士。知礼泉县。曾上书极陈时政，语皆痛切，不报。后累迁陕西西宁道副使。闻李自成军破京师，崇祯帝死，即自杀。有《两宫鼎建记》。民国二十四年《河南获嘉县志》卷十三《忠烈》有传。

② 按，贺仲轼卒后，孙奇逢为贺仲轼作传，即孙奇逢《中州人物考》卷三《贺副使仲轼》。

③ 振能：即贺振能，字蓬仙。性聪慧，过目成诵。未冠，童试辄冠军。康熙丙午（1666）乡魁。从孙征君奇逢游。嗜古敦行，尤长于风雅。著《窥园稿》。

德。五世祖雄，以典膳起家。雄生春。春生国清。国清长子大参公盛瑞①。盛瑞生仲轼，是为文贞公。大参公弟良瑞生仲木②，邑增生，以孝友忠恕著里闬间，是为君父。生子四，君其长也。

生而敦敏嗜学，天性孺慕至友。爱诸弟，衣食宁取其敝，妻子率安于薄。为文雄健有气，就童子试，郡邑守令所赏拔，补博士弟子员，自是每试辄高等。几赴省闱，不售，益自刻励。立背水社，社约有"不励学无以为人子"之言，同人为之感动。庚辰，居父丧，哀毁骨立。时岁饥，人相食，君与配刘鬻簪珥为母具甘旨，自咽藜藿，然未尝废学。逾年，母逝。兵火之余，勉襄葬事，情文无憾。

文贞公以武德道③家居，值鼎革之变，将抗义死。子敏猷先卒，乏血饲，众议以振能嗣之。未及举，忽闻国难，文贞公申前议，君慷慨受命。迄伪官怒掠其家，逮捕家人于狱，众摄怖畏祸，振能年甫数岁，君命即日主文贞公丧，以候吊客。或言祸且不测，君慨然曰："生者尚有辞，逝者何可背？常人之嗣犹不忍绝，忠臣之世何可无继乎？"备经险难，卒无恙。文贞公身后之事、遗文手泽，皆君任之。

乙酉，当大比士。君念家国忧患之后，绝意进取。族党力促之，勉赴棘闱，干糇饮水，试毕得售。君大恸曰："恨不于二亲望我之日也。"君有幼弟庄素，为流寇所掠，君忧伤感泣，常为哭弟诗，闻者悲之。至是，侦养晋中，急迎归。复抵晋，厚报其人。居数年，共议析产，君曰："先世数椽，两弟共避风雨。余无多业，仅取田一区、树数株，存先人遗泽而已。"君时虽举于乡，家固萧然，邑令欲属君为居。间有夫妇相贼，鸣之官，且罹重典，以数十金诣君，托为之地。令闻之曰："是足疗贺子贫矣。"即日出之。君候事解，还其金，曰："是岂有人心者所宜受耶？"

甲辰，下第归。益搜家所藏《廿一史》《十三经》暨诸子百氏之书，罗列几杖寝室，坐卧其中，尝累数日不出。乙巳夏，避暑城东亦在园，偶

---

① 盛瑞：即贺盛瑞（1553—1615），字太徵，号凤山，获嘉县人。明万历十七年（1589）进士。历任工部屯田清史司主事，工部营缮司郎中泽州知州，刑部福建清史司主事等职。民国二十四年《河南获嘉县志》卷十二《乡宦》有传。

② 仲木：即贺仲木，字怀麟，邑庠增生。早失怙，事母色养。训诸弟，皆入泮。兄弟析箸，推易诸弟。年半百，孺慕不衰。接乡里仁恕，远近称之。子行素，举于乡。

③ 武德道：即武德、武道。运用武力所应遵守的准则。如平定祸乱等。《国语·晋语九》："有孝德以出在公族，有恭德以升在位，有武德以羞为正卿，有温德以成其名誉。"

感风露，急掖入城，遂殁。月前，君忽书于壁曰："出生平所读书，再一批阅，与之作别。"不谓遂成先兆也。生平嗜读，卒用以老。

自言人当多识古贤豪行事，稍知趋向，庶不汩没流俗。然质直性成，诚信素孚，而遇事有先识，每进忠告于人，谆诚务致其听乃已。殁后，有郭生以忤邑尉反噬，几陷于法，尝语人曰："贺君而在，吾奚罹此？"其为人信孚忾慕类如此。文贞公未竟之志，君任其劳，而积学未见于世，循理不获永年，岂非天耶？

年五十有七。子二：长振世，廪生；仲即振能，丙午举人。孙一：鸣玉，庠生。所著有《客燕草》《亦在园集》《枕上诗》数卷藏于家。仲子抱恨终天，且以不得尽情于所生，益用悒怏。余惜君之志，嘉仲子之孝，援笔而志其生平，复系之铭。

铭曰：

维君之淑身兮，外圆而内。方维君之蓄德兮，体暗而用彰。维文贞之殉节兮，振华宗而翼纲常。维君之割情主邑、极力显扬兮，遂与日月而争光。维君之生顺没宁兮，有我铭其幽堂。呜呼！告彼后世兮，是为君子之藏。

【简析】

本墓志不见原石，故不知其形制及书丹风格。志文摘自《清代诗文集汇编》第四卷之《夏峰集》卷九。撰文者孙奇逢（1585—1675），明末清初大儒，事见本书所录清汤斌《清故征君钟元孙先生暨配槐孺人继配杨孺人合葬墓志铭》。按，明亡之后，孙奇逢到苏门隐居，倾慕贺仲轼殉国之举，而后贺行素前往拜访，遂结交。孙奇逢应贺行素之请，欣然为贺仲轼作传。孙奇逢结识贺行素的时间并不长，但情谊隐深。故贺行素卒后十年，孙奇逢应贺振能之请为贺行素撰墓志，即本文。从上述可知，孙奇逢与获嘉贺氏家族数代人之间感情颇深。

文中梳理了此支贺氏的繁衍脉络，即贺雄（五世祖）—贺春—贺国清—长子贺盛瑞、次子贺良瑞，贺盛瑞—贺仲轼—贺敏猷（先卒）—贺振能（过嗣），贺良瑞—贺仲木—贺行素—长子贺振世、次子贺振能。另外，贺行素兄弟四人，贺行素居长，幼弟贺庄素；贺行素有孙贺鸣玉。其中，贺仲轼在甲申国难中，"率恭人王氏、妾李氏、张氏、王氏相继死之"等殉国，震撼天地，为时人感泣，获嘉贺氏名闻天下。此碑的梳理有助于后人对这个名门望族发展史的研究，具有史料价值。

墓主贺行素（1609—1665），字居易，一字希白，获嘉县人。天性孺慕，敦敏嗜学，文气雄健，补博士弟子员。但"几赴省闱，不售"。曾立背水社，刻励苦学。明亡之后，念家国忧患，绝意进取。但"族党力促之，勉赴棘闱"，中顺治二年（1645）举人。文中没有其从仕的记载，可能未入官场。直至康熙三年（1664）"下第归"，乃居家读书课子，绝意功名。可惜康熙四年就因病而殁。由此可见，贺行素乃生活在明清之交的世族子弟，其民族情感、世界观斗面临着转型的问题。一方面以忠臣烈士之后自居，一方面为时局俗情所拘，其内心之矛盾、痛苦可想而知。文中没有涉及这个层面的叙述和剖析，而是着手于生活琐事、品性为人，可见孙奇逢或有意而避之，或感同身受亦未可知。

故本文对研究处于明清之交的世族生活和心态变化有帮助，同时，亦是研究孙奇逢思想变化的有用素材。

延津县篇

酸枣令刘熊碑

君讳熊，字孟□，广陵海西①人也。厥祖天皇大帝，垂精接感，笃生圣明。□仍②其则，子孙亨之。分源而流，枝叶扶疏；出王别胤，受爵列土；封侯载德，相继丕显。□□□□，光武皇帝③之玄，广陵王④之孙，俞乡侯⑤之季子也。

诞生照明，岐嶷逾绝。长□□□，□柴⑥守约。□履⑦勤体，圣心睿敦。五经之玮，图兼古业。核其妙行修言，道□□□。□宜京夏，莫不师印⑧。六藉五典，如源如泉。既练州郡，卷舒委随。忠贞□郊，官□□□。出省杨土，流化南城。政犹北辰，众星所从。三祀有成，来臻我邦。

---

① 广陵海西：即广陵郡海西县。海西县，汉武帝征和三年（前90）立县，属广陵郡。故有"海西故国"之称。晋初废。东魏复置，北齐天保七年（556）复废。汉封李广利为海西侯，东汉刘永立董宪为海西王，东晋桓温废帝为海西公，皆此。

② □仍：犹"相仍""云仍""因仍""频仍"等。沿袭；因袭。

③ 光武皇帝：即刘秀（前6—57），字文叔，南阳蔡阳人。王莽末，起兵舂陵，入绿林军，大破莽兵于昆阳。建武元年称帝，定都洛阳，统一全国。在位三十三年。

④ 广陵王：即刘荆（？—67），东汉南阳蔡阳人。光武帝子。封山阳王。有才能而喜文法。明帝时西羌反，荆冀天下有变，私迎占星术士与谋议，帝闻而徙封广陵王，遣之国，在位十年。后使巫祭祀祝诅，事泄自杀。谥思。按，刘荆乃东汉第一代广陵王，亦为最后一代广陵王。刘荆死后，广陵国被废除，改为广陵郡。1981年2月24日，刘荆广陵王玺出土。

⑤ 俞乡侯：按，刘荆之子刘元寿封广陵侯，服王玺绶，食荆故国六县；又封刘元寿弟三人为乡侯。这三人名姓无载，"俞乡侯"无法确指。

⑥ □柴：犹"荆柴"等。形容节俭。

⑦ □履：按，洪适《隶续》作"履"，别书从之。按文意，此处应为"跋履""躬履""践履""履践"等，形容勤于实践之态。疑《隶续》漏抄一字。

⑧ 师印：即"师仰"。师法敬仰，尊奉。宋曾巩《上欧阳舍人书》："况巩于先生师仰已久，不宜有间，是以忘其贱而言也。"

循东□之惠，抑□礼官，赏进厉顽。约之以礼，博之以文。政敦始初，慎徽五典。勤恤民殷，□心顾下。□□仁恩如冬日，威猛烈炎夏。贪究革情[1]，清修劝慕。德惠潜流，邑芳旁布。尤愍县□，济济之仪，孜孜之逾；帅厉后学，致之雍洋；草上之风，莫不响应；悦诲日新，砥□□素。七业勃然而兴，咸居今而好古。虽未尽道善，必有所由。处民之秉彝，实我刘父其人。鲁无君子，斯焉取斯[2]？允我刘父，言善诱人。讲礼习聆，匪徒丰学。屡获有年，□载克成。神民协欣，两不相伤，故德友归焉。

自古在昔，先民有作；洪勋则甄，盛德□刻；表诸来世，垂之罔极。褒贤表善，扬幽拔微。式序在位，量能授宜。官无旷事，□□为正，以卒为更。愍念蒸民，劳苦不均。为作正弹，造设门更。富者不独逸乐，贫者□顺四时。积和感畅，岁为丰穰，赋税不烦。实我刘父，吏民爱若慈父，畏若神明。悔□令德，清越孤竹[3]，德牟产奇。诚宜褒显，照其宪则。乃相□咨度诹询，采摭谣言，刊□诗三章。其辞曰：

清和穆铄，实惟乾坤。惟岳降灵，笃生我君。服骨睿圣，允钟厥醇。诞生岐嶷，言协□坟。懿德震耀，孝行通神。动履规绳，文彰彪缤。成是正服[4]，以道德民。

有父子然，后有君臣。理财正辞，束帛戋戋[5]。□梦刻像，鹤鸣[6]一震。天临保汉，实生□勋。明试赋授，夷夏已亲。嘉锡来抚，潜化如神。其神伊何，灵不傍人。

猗欤明哲，秉道之枢。养□之福，惟德之偶。渊乎其长，涣乎成功。

---

① 革情：改变心意。汉牟融《理惑论》："今也闻命，霍如汤雪，请得革情，洒心自敕。"
② 鲁无君子，斯焉取斯：出自《论语》："子谓子贱，'君子哉若人，鲁无君子者，斯焉取斯？'"按，孔子评论子贱为君子，并慨叹"如果鲁国没有君子的话，他是从哪里学到这种品德的呢"。斯，"之""焉"二字的合读。《诗·魏风·陟岵》："上慎旃哉，犹来无止。"
③ 孤竹：《庄子·让王》："昔周之兴，有士二人，处于孤竹，曰伯夷、叔齐。"后遂用"孤竹"借指伯夷、叔齐。
④ 正服：谓正朔与服色。《汉书·郊祀志上》："是后，文帝怠于改正服鬼神之事。"颜师古注："正，正朔也。服，服色也。"借指礼仪之事。
⑤ 束帛戋戋：语出《易·贲》："六五，贲于丘园，束帛戋戋。"丘园，指隐逸之士所居住的地方。指隐逸之士因其品性高洁，所居的地方也文饰有光，当政的人听说后带着薄少的束帛前来请他出山，礼物虽然各高些，但心是诚的，隐逸之士受到感动，终于答应出来做事。
⑥ 鹤鸣：《诗·小雅·鹤鸣序》："诲宣王也。"郑玄笺："教宣王求贤人之未仕者。"后因以"鹤鸣"指贤者隐居之义。

□暇民豫，新我□通。用行^①则达，以诱我邦。赖兹刘父，用说其蒙。泽零年丰，黔首歌颂。

【简析】

本碑为天下名碑。全称《汉酸枣令刘熊碑》，又名《刘孟阳碑》《酸枣令刘孟阳碑》等。《水经注》："酸枣城有县令《刘孟阳碑》。"此乃关于《刘熊碑》的最早记载。此后宋欧阳修《集古录》、赵明诚《金石录》等相继著录，南宋洪适《隶释》详录其文及碑阴。据洪氏所记，碑阳共23行，行31字，共计669字。洪适录文每行末阙一两个字，说明当时碑之下部有磨损。后来，此碑断裂，残存两块。再后来，此两块残石也不存。1915年，居河北道幕的金石家顾燮光访得碑阴残石一块，存字8行，计63字；残石侧面有宋人题记。顾燮光潜心研究，著《刘熊碑考》。此残石现存河南省延津县博物馆。另据洪适记载，此碑有篆额，"微有'枣'、'令'、'刘'字，则知所题非十即八也"。

此碑无书者名氏。唐王建有诗"苍苔埋字土埋龟，风雨销磨绝妙辞。不向图经中旧见，无人知是蔡邕碑"，认为是蔡邕书。洪适疑之，明都穆信之，迄无定论。传世旧拓众多，近世流传拓本有三：一为刘鹗旧藏本，整纸未剪，存原碑上段残石起首十五行，行约十二字，下段残石末起二十三行，行十七字。曾归端方，后归衡永，现藏中国历史博物馆。一为范懋政旧藏本，经剪裱又恢复成整幅大轴，与刘本同为两残石合拓，现藏故宫博物院。一为沈树镛旧藏本，为原碑下半截残石托本翻刻本，中华书局曾影印。

此碑隶书，结字规矩整饬，用笔流美遒逸，布局疏朗清爽。风格略近《史晨》《曹全》。清翁方纲认为"是碑隶法实在《华山碑》之上"，杨守敬跋语亦称其"古而逸，秀而劲，疏密相间，奇正相生，神明变化，拟于古文"。其刊刻精致，但气魄稍逊，可惜未见书丹者姓名。

从内容上看，本碑类似于后世的德政碑。主要记述酸枣令刘熊的高贵出身和治理酸枣县的功绩。从文中看，刘熊有皇族血统，是光武帝玄孙，

---

① 用行：指被人用。语出《论语·述而》："子谓颜渊曰：'用之则行，舍之则藏，唯我与尔有是夫。'"谓被任用就行其道，不被任用就退隐。《文选·蔡邕〈陈太丘碑文序〉》："其为道也，用行舍藏，进退可度。"吕延济注："言其道德于时，用之则行，舍之则藏。"

广陵王刘荆孙，故为广陵海西人。早年颖异，宅心仁厚，博览苦读，到了出仕的年龄，"出省杨土，流化南城"，颇有成就。然后，"三祀有成，来臻我邦"，任职酸枣县令。勤于政事，以宽仁著称，尤重"厉后学"，实行教化。最终使得"屡获有年，□载克成。神民协欣，两不相伤"，政绩显著。人以"刘父"称。

本文用韵文写就，多为四字句，文辞华美，朗朗上口。但事迹蕴含其中，需爬罗剔抉，仔细提炼，才能渐渐获全貌。塑造了一位"以道德民""以诱我邦"，吏民"爱若慈父，畏若神明"的循吏形象。

此碑为汉碑中的精品，可惜仅存残石。虽有旧拓传世，但拓本毕竟不能等同于原石。顾燮光访得此残石时，该石被人作捶布石使用，故摩泐殆尽，令人可惜。

长明灯记

（元）揭傒斯

世言长明灯①，其义甚深微妙，其功德不可称量，事佛者必先之，而大人君子之心或有在焉。翰林学士承旨、开府仪同三司、知制诰兼修国史、特授河南江北等处行中书省左丞相、泰安王子野仙帖穆耳开府公割田千五百亩，入汴梁延津上乘寺，为长明灯资。命其属揭傒斯②为之记。

惟我朝世有大勋，膺列土之封，任维垣③之重者，泰安王④其一也。

① 长明灯：昼夜不息的油灯。旧多用于供佛或敬神。

② 揭傒斯（1274—1344），元龙兴富州人，字曼硕。家贫力学，贯通百氏，有文名。仁宗延祐初，程钜夫、卢挚荐于朝，特授翰林国史院编修官。凡三入翰林。文宗时开奎章阁，首擢授经郎，以教勋戚大臣子孙，帝恒以字呼之而不名。与修《经世大典》。顺帝元统初，迁翰林待制，升集贤学士。及开经筵，升侍讲学士，同知经筵事。诏修辽、金、元三史，为总裁官。留宿史馆，朝夕不敢休，因得寒疾而卒。谥文安。平生清俭，文章严整简当，诗尤清婉丽密，善楷书、行、草。有《揭文安公集》。

③ 维垣：《诗·大雅·板》："价人维藩，大师维垣。"毛传："垣，墙也。"郑玄笺："大师，三公也。"大，通"太"。后因以"维垣"为太师之代称。

④ 泰安王：指博罗欢（1236—1300），元忙兀敨人。年十六，为本部断事官。世祖即位，从攻阿里不哥。中统三年（1262），率军平叛，分兵掠益都、莱州。十一年（1270），以中书右丞，从伯颜攻宋。旋以淮东都元帅略山东、淮东。十四年（1273），拜中书右丞，行省北京（今辽宁宁城西），未几召还。后以中书右丞，行省甘肃，累迁南台大夫。寻从世祖征叛王乃颜，改河南行省平章。成宗即位，改湖广行省平章，移江浙，卒于任。

自太祖之世，四传至翰林公，更历八朝，百有余载，声光威望，赫如一日，盖当世鲜与为比。公幼敏于学，长明于政，由河南行省参知政事迁江西。岁余，进河南右丞。未行，拜平章政事，入知枢密院事，承旨翰林。出入三宫，照暎海内，而为善之心益孳孳焉。皇庆[①]初，承诏祝厘五台山。还，过应州觉兴寺，施金币作长明灯供。去年春，建承天报恩寺于居庸关，而长明灯亦首具焉。公之心可知矣。

夫灯者，所以继日月之明也。日虽至明，不能烜乎夜；月虽至明，不能烛乎幽。故必假膏火以代其明，而济乎人。日月之明不可已，而膏火之用亦不可已。譬犹人君之治天下，虽极明圣，不能遍睹也，必假乎臣以达其明而被乎物。故天下不可一日无明君，亦不可一日无贤臣，盖相须为用而不可已焉者。公固曰："凡吾所以为此者，非以求福田利益也。吾受皇帝、皇太后厚恩，庶以报上之万一也。"然公之所以报其功烈盛矣，又奚假布施之为报乎？推公之心，盖欲世世子孙竭忠本朝，达天子之明于天下，如膏火之继日月而无穷。既以诸佛作证，又征愚言为监，公之心又可知矣。乃书以谂于公，公曰："然！"且召其子尼摩性吉、福安等告之，而后刻石。

公娶完泽氏，河南王之女也。静淑柔嘉，亦好善不倦。上尝曰："汝可谓君子夫人矣。"遂封鲁国夫人。

主是寺者，讲主合立八达胜吉祥也。师乃满带人，大德中以千夫长从武宗漠北，已而叹曰："吾不学出世法而从兜鍪乎？"乃弃官学佛，玄关幽键，一叩而彻。公言之上，为天子所知，前后锡赉，不可胜纪。承天报恩寺之建也，师实主焉，故有旨俾住持云。

延祐四年冬十月四日，应奉翰林文字、同知制诰兼国史院编修官揭傒斯记。

翰林学士承旨、荣禄大夫、知制诰兼修国史赵孟頫[②]书并篆题。

延祐庚申二月吉日立。

---

① 皇庆（1312—1314），元仁宗年号，共两年。皇庆改元（1312），仁宗特拜其儒师王约为集贤大学士，并将王约"兴科举"的建议"著为令甲"。二年（1313）十月，仁宗要求中书省议行科举。中书省官员建议只设德行明经一科取士，仁宗同意。十一月十八日，元仁宗下诏恢复科举，以朱熹集注的"四书"为所有科举考试者的指定用书，并以朱熹和其他宋儒注释的"五经"为汉人科举考试者增试科目的指定用书。

② 赵孟頫：按，本书所录王恽《辉州重修玉虚观碑》有注。

【简析】

本碑现存延津县城内大觉寺（古称上乘寺）。高206厘米，宽78厘米，厚25厘米。圆首方趺，额身一体。碑体风化严重，但字迹尚能辨析。阴阳两面皆刻文。碑阳篆额"泰安王子开府公长明灯记文"，3行，每行4字。结体微长丰腴，笔画纤细多变，柔中有刚。碑阳正文15行，满行42字，共计421字。碑阴额部线刻佛像一尊，周围有纹饰。碑阴正文15行，满行42字，共计307字。碑阳、碑阴所刻为一文，此形制亦属常见。此文为正书，与篆额一起为赵孟頫所书。赵孟頫为书法名家，其行楷独步天下，源于唐楷而独出机杼，用笔简约，线条爽利，纵横开张，柔中有刚。笔画圆秀，字势横展，腾挪起伏，沉稳匀净，既有唐楷之法度，又楷行结合，追求温润娴雅，轻盈流动之美。此碑书丹于延祐四年（1317），比辉县玉虚观碑（集赵孟頫字）尤显遒媚清丽，为赵孟頫后期名作。

撰文者揭曼硕亦为一代名臣。仁宗时，特授翰林国史院编修官，三入翰林。文宗时开奎章阁，首擢授经郎，与修《经世大典》。顺帝元统初，迁翰林待制，升集贤学士。及开经筵，升侍讲学士，同知经筵事。诏修辽、金、元三史，为总裁官。其文严整简当，其诗清婉丽密，其书善楷法，尤工行草。从文中看，"命其属揭傒斯为之记"，可见揭曼硕与野仙帖穆耳为同僚。

野仙帖穆耳为忙兀氏，出身世家。其父博罗欢为元世祖时重臣，战功显赫，历任河南行省平章。元成宗时，改湖广平章，移江浙，为一方诸侯。卒后，赐封三代，追封泰安王。野仙帖穆耳受祖荫庇，累官知枢密院。延祐中出为河南行省左丞相。英宗立，降为本省平章，终翰林学士承旨。

野仙帖穆耳作为勋臣之子，位居显要，自然风光无比。但他所处的时代，恰恰是元代宫廷争斗最为混乱、惨烈之时。文中提到的大乘寺住持合立八达胜吉祥，曾于"大德中以千夫长从武宗漠北"，应属于元武宗旧臣无疑。元文宗即位后，违背誓约，未立武宗之子为太子，势必引发武宗旧臣的反对，而元文宗亦势必对武宗旧臣进行清洗。合立八达胜吉祥的"幡然醒悟"而"弃官学佛"一定与朝政纷争有关。元文宗为元武宗次子，其即位后，野仙帖穆耳把合立八达胜吉祥"弃官学佛"的情况"言之上，为天子所知"，结果合立八达胜吉祥得到的"前后锡赉，不可胜纪"，大乘寺亦一跃而至名寺之列。后来又创建承天报恩寺，元文宗下旨让合立八达胜吉祥做住持。从这个角度看，野仙帖穆耳竟然一次"割田千五百亩，入汴梁延津上乘寺，为长明灯资"就可以理解了，如此大手笔的背后是一次政治风险投资。而承天报恩寺创建时，野仙帖穆耳"而长明灯亦首具焉"，既然"首具"，想来施舍的土地钱物绝不会少。

我们注意到野仙帖穆耳在延祐年间已官至河南行省左丞相，但到元英宗时，却降为本省平章，想必受到了朝权纷争的牵连。而元文宗历尽千难万险即位后，野仙帖穆耳投资合立八达胜吉祥和延津大乘寺，使自己的政治前途再为明朗。文中的以灯继日月之明为喻，"譬犹人君之治天下"，得出"天下不可一日无明君，亦不可一日无贤臣，盖相须为用而不可已焉者"的结论实乃向朝廷和皇帝表忠心的肺腑之言。他自己也承认"吾所以为此者，非以求福田利益也。吾受皇帝、皇太后厚恩，庶以报上之万一也"，可见其所作所为并非完全为了敬佛礼佛，而是有着明确的政治意图和目的。作者推野仙帖穆耳之心"盖欲世世子孙竭忠本朝，达天子之明于天下，如膏火之继日月而无穷"，意在向皇帝表明自己的政治立场，使自己和家族的利益得到进一步的发展。

一篇平平常常记载佛事的记文背后蕴含着朝政纷争的血雨腥风。本文从一个很微妙的角度帮助后人认知武宗至文宗皇权争斗的惨烈，这是本文的价值所在。

另，关于本碑，唐有朝主编《元赵孟頫长明灯记碑》（河南美术出版社2014年版）摩拓精心，裁剪得体，亦有释读和论述。元程钜夫《雪楼集》卷十三《应州觉兴寺长明灯记》亦与本文有关，可参阅。

重修大觉寺记

（明）王秉

礼部听选监生王秉①撰文，卫衔②篆额。
庠生车远③书丹。

---

① 听选：明清对已授职而等候选用者之称。《明史·选举志三》："初授者曰听选，升任者曰升迁。"《清史稿·礼志十一》："（世祖崩）听选官、监生、吏典、僧道，咸素服赴顺天府署，朝夕哭临三日。"王秉：延津县人。监生。无传，待考。
② 卫衔：延津县人。监生。曾任云梦知县。
③ 车远：延津县人。庠生。曾任富平县训导。

　　延津邑治西北一里许，有寺曰大觉，即古之上乘寺也。盖肇于唐之天宝间，越五代，历宋元，岂无兵燹？前时兴废，无他碑可考，惟塔与赵孟𫖮所书《长明灯记》存焉，至我皇明七百余年矣。宣德己酉，有僧曰原，无相戒律①精严，善心公溥，主领寺事。因旧址建殿三间，即今一佛二菩萨之殿也；东西两庑，仅数楹耳。正统乙丑，与其徒众曰："斯寺乃祝延②圣寿之所，狭隘若此，诚有不堪。且不足以容众。"遂改作之。乃衷众施，具材命工，增其阙，广其狭，建大殿于中，三门于前，拓□丈，扩两庑。规制虽举，工未完而原入灭，噫，想惟有待于后人乎！景泰庚午以迄成化己丑，原之徒曰福寿、曰福添，相继主寺，于大殿则纯金饰三梵相③，于三门则金碧塑二金刚，与夫十八罗汉之共如来，四大天王之为护法，历二十寒暑而后成，助者福真焉。添之徒曰洪深，成化辛卯，众以其谨朴醇厚，不畔佛之戒律，举之嗣其师，以为住持。与其师弟洪来积所入，节所出，勤苦不懈，竭力兴葺，于正殿之左建伽蓝殿三间，造千钧之洪钟凿、九仞之洌井。至于供佛之器，咸具靡阙；僧堂庾库，视昔益广。凡黝垩，颇就漫漶者重绘，以分别之；瓴甓，颇就缺落者复新，以盖甃之。而又四围缭之以垣，树之以木。稽其经营之始，至今逾五十载，始完其未完，备其未备，观殿宇之飞翚，莫不奇伟；睹佛相之庄严，罔不竦敬。迩者深师惧夫岁月久远，又恐事功无所纪，合其众谒予，求文勒石，以垂不朽。予与其交谊之笃，遂诺其请。

　　时予会友讲谈，或者俟其出而问于予曰："儒之为教，其道明人伦、行仁义，不可一时而少阙，故宜与天地相为悠久。自佛法入中国二千余年，兴而废，废而复兴，与儒教兼崇，不少废坠，岂但愚人之敬仰，而士大夫亦翕然信从。其道果明人伦耶？行仁义耶？抑有何道而致之耶？"予应之曰："天下大道，惟善无上。孔圣教人好善而恶恶④，释氏化人去恶而

---

　　①　无相戒律：即"无相戒"，即无相之戒。"无相者，于相而离相"，无相戒教人们不要执着于具体戒相。为慧能所创，弟子神会发扬光大之。后来的百丈清规，就是继承和发展了慧能的禅法思想，而建立了一套具有南宗特色的禅门戒规和制度。无相戒法从根本上改变了传统佛教戒律的意义，因此对后来禅门弟子破除束缚、任运自在、活泼超脱的禅风有着巨大的影响。

　　②　祝延：祝人长寿。宋秦观《代蔡州正赐库功德疏》："岁功告备，方图归报之因；诞节届期，当具祝延之礼。"

　　③　梵相：本指佛菩萨等清净庄严之相。此处泛指佛像。

　　④　恶恶：即恶恶。憎恨邪恶。《公羊传·僖公十七年》："君子之恶恶也疾始，善善也乐终。"《新唐书·魏征传》："然后善善而恶恶，审罚而明赏，无为之化何远之有！"

为善。古云'天下无二道，圣人无两心'^①，矧抑子厚亦有'佛氏阴翊王度'之言^②，是知斯教不可阙者。信夫！"或者又曰："斯寺以'大觉'为名，又何与？"予曰："昔如来以宏慈大愿，摄受^③群生，以己之大觉而欲尽觉诸法界众生亦归正觉，斯寺之名良本诸此。虽然，予以疏浅，敢效昌黎，他日秉正笔、执公论，予亦盖将有望焉。"或者默然。

是为记。

深字大海，邑之处士，边姓三之子。寺之僧众：曰觉圆、曰祖能、曰洪政、曰明聪、曰洪昱、曰洪才。深之徒：曰了锦、曰了钺、曰了升、曰了钦、曰了鉴、曰了锐、曰了然、曰了镮、曰了原、曰了彝、曰真善、曰真得、曰了善、曰道云云。

成化二十二年岁在丙午十月吉旦。

浚县石匠张林、王景荣、王秀、王义、王凤镌。

【简析】

本碑现存延津县大觉寺，与赵孟頫书《长明灯记》分列甬道两旁。笔者仅见照片和拓照，故不知其尺寸。从照片看，该碑上有蟠龙碑额，篆额"皇图巩固，帝道遐昌"，分列2行，每行4字。其字为双线阴刻，字形求方，饱满丰腴，运笔流畅婉转，整体上求富腴华美，寓颂扬之意，故失去了传统篆书的高冷飘逸，优雅肃穆，显得臃塞和笨重。额心四边有缠枝花草纹饰，与周围蟠龙相交融，显得精美和华贵。正文22行，满行53字。共计885字。正书，结体方正，运笔有力，虽不算上品，但笔画奔放，气韵清峻，也颇见功力。碑面剥蚀严重，已难辨识。四周有缠枝花草纹饰，十分精美。

本文记载了大觉寺的历史和重葺经过。延津县大觉寺位于延津县城北街，现延津县博物馆居其中。该寺始建于唐天宝年间，明洪武年间置僧令司，宣德元年（1426）僧定元重修。大门三楹，二门三楹。正殿为大雄殿，

---

① 按，《荀子·解蔽篇第二十一》："凡人之患，蔽于一曲而暗于大理。治则复经，两疑则惑矣。天下无二道，圣人无两心。今诸侯异政，百家异说，则必或是或非，或治或乱。"

② 按，翊：辅佐，说明。王度：王者的德行器度或王法。按，佛教可以"阴翊王度"是柳宗元关于佛学的重要学说，见柳宗元《曹溪第六祖赐谥大鉴禅师碑并序》："在帝中宗，聘言于朝，阴翊王度，俾人逍遥。"

③ 摄受：佛教语。谓佛以慈悲心收取和护持众生。南朝梁简文帝《大爱敬寺刹下铭》："应此一千，现兹权实，随方摄受，孰能弘济。"

三间，供奉佛祖释迦牟尼。正殿两厢房左为伽蓝殿，右为地藏殿，正殿后为水陆殿（万历年间改为大士阁），三殿各三间。现仅存大殿。此次重修，从"宣德己酉"（1429）到"正统乙丑"（1445），再到"景泰庚午（1450）以迄成化己丑（1469）"，乃至"成化辛卯"（1471）、成化二十二年（1486），时间跨度五十余年，记述详尽，条分缕析，可见民生之艰难，信念之坚定。

　　有明一代，甚重宗教的教化之功。明太祖朱元璋一方面认为"务释氏教不能保国"，一方面极力推崇柳宗元的佛教可以"阴翊王度"之说。宣扬所谓"天下无二道，圣人无两心"，使三教关系的摆置更显娴熟务实；同时，朝廷又有通过健全僧官设置并纳入世俗官僚体系的制度，来加强对僧伽事务的管理；以强力政令界划全国寺僧为禅、讲、教三类，尤对应赴世俗之"教"重点规定，着力于发挥佛教的社会功用；严厉整饬佛教，检束僧行，鼓励甘苦寂寞之清修，标榜"达祖风，遵朕命"之僧人形象。

　　本碑利用主客对答的形式论述了上述思想，并阐释了"大觉"的含义。作者认为，儒教和佛教在教人向善上是一致的，即"孔圣教人好善而恶恶，释氏化人去恶而为善"，在这个意义上是可以"阴翊王度"的，这是它既为平民百姓所信奉，又能被统治者所容忍的生存之道，与儒家主张的"明人伦""行仁义"并不矛盾，这也是它历两千年而不灭的根本原因所在。故本文对我们了解明朝的佛教思想、佛教政策、寺院特征等具有重要的参考价值。

复业记

（明）韩贯

　　延津为县，即古酸枣①也，界乎梁、卫之间。北拱京师，南迤省城，

---

　　① 古酸枣：指酸枣县。酸枣，古地名，《左传纪事本末》卷四十四《子产相郑》："八月甲子，奔晋。驷带追之，及酸枣。与子上盟。"秦置酸枣县。《水经注》卷八《济水》："昔天子建国名都，或以令名，或以山林。故豫章以树氏郡，酸枣以棘名邦，故曰酸枣也。"按，《明一统志》卷二十六《开封府上·延津县》："在府城西北九十里。本春秋郑之廪延。战国尝为韩所都。秦置酸枣县。汉属陈留郡。后魏并入小黄，后复置，属东郡。北齐并入南燕县。隋初复析置酸枣县，属滑州。大业初属荥阳郡。唐复属滑州。五代梁属开封府。宋改延津县。金置延州，后废。元仍旧。本朝因之，编户八里。"

东连齐鲁，西通秦晋，极为冲要。爰□□□□，□□《大明一统志》，编户二十七保，相率而逃散者居多，今并为一十二保。其十二保中又有三二格[①]里甲全逃者，有逃去过半者，粮差不减，迎送愈烦。以故民逃户耗，日就颓靡，官蔑支持之策，民趋奸陋之习，夫马之役往往告假邻邑，令及簿、幕又皆去代无常，倏若逆旅，固其势也。然欲求事就成绪[②]、民获小康者亦难矣哉！

正德癸酉孟冬三日，予领除目[③]，来尹斯土。视篆之初，即大书告示，揭于衙前，志在招抚。自本日起至岁终止，五十七户，男妇二百六十四名口。九年，自正月初七日起至十二月二十九日止，四百一十二户，男妇一千九百一十九名口。十年，自正月初三日起至十二月二十五日止，二百五十二户，男妇九百九十二名口。十一年，自正月初三日起至十二月二十一日止，六十五户，男妇二百五十二名口。十二年，自正月初三日起至四月十四日止，七十六户，男妇三百七十名口。会三载，乃报厥政于上。迨次年十月之十日回任，复自本日起至十四年四月一日止，又招回复业人户一百五十一户，男妇六百二十九名口。各给以米肉布绵，蠲其徭役。诸郡若邑愿附籍而为我民者百余户，通计复业附籍之人千户有奇。编氓既蕃，村落自盛，闾阎相望，烟火相接，鸡犬之声彻耳，桑枣之阴翳目，殆非前者之可拟！

予尝以省视耕敛，遍历其地，□民候迎，嬉然相庆，以心应心，以德感德，不啻父母之爱赤子，赤子之戴父母。予云："胡而弗乐耶？"载思民之逃逋，岂得已哉？弃坟墓，远乡井，舍骨肉宗族之近，一旦携妻孥老稚而去，诚若道上之蓬、水面之萍，荡荡飘飘，靡所依止。闻者伤情，况见之者乎？见者寒心，况遭值其苦者乎？噫！守令之职，斯民父母之责也！志既在我，责斯尽焉可也！是以知民之去，以守令之不仁；民之来，以守令之仁。顾予草茅，实不敢以仁自居，但承乏以来，数历寒暑，存心公恕，敷政宽平，不重赋厚敛也，不严刑峻罚也，不侵渔小民也，不浪费民财也，不怠忽瘝事也，恒惴惴焉以不举职为怀。神鬼有灵，可鉴可察！言弗成章，特纪事耳。间尝命工模绘复业之图，仍书记于其弁，将以传播

---

① 格：或通"落"，村落。《史记·酷吏王温舒传》："置伯格长，以牧司奸盗贼。"

② 事就成绪：即"事绪成就"。事绪，指纷繁的事务。明文征明《朱秋崖象赞》："事绪甫宁，而此身已病。"成就，指完成、成功。

③ 除目：除授官吏的文书。《新五代史·唐臣传·刘延朗》："乃令文遇手书除目，夜半下学士院草制。"

我民，目观口诵，互相警谕。虑恐岁月荐深，事实湮沦，乃镂坚珉，用昭永久。凡我民庶，各宜安处乡土，勿致流移，女织男耕，惟勤惟俭，共享太平之福于无穷，斯实我为令之心也！亦尔众民之所愿也！其诸梗化罔率，虽昔逃而今不即来，是负我为长令者招抚之心也。国有常宪，奚以贷我？民其知悉！

于是乎记。

大明正德十四年岁在己卯季夏之朔。

钦授文林郎、延津县知县韩贯书于邑之思政堂。

【简析】

本碑现存延津县城内大觉寺前院东侧碑廊之中。现今的大觉寺兼有县博物馆的功能，故陈列的许多碑刻与大觉寺无关，本碑即此。此碑原位于何处，无考，1996年在拆除旧房时发现。高250厘米，宽70厘米，厚20厘米。左下部有缺损。上部有圭形碑额，皆为祥云图案。正文四周有缠枝花草纹饰。碑面有漫漶剥蚀痕迹，所幸字迹尚清晰可辨，不影响阅读。其阴记载了参与招抚流民事宜的各部官职情况。正文23行，满行52字，共计893字。正书，结体较长，笔画纤细，但书写（刻写）斩落，颇有力度。不过，运笔滞涩，缺乏气度和内蕴。

本文重在记载明朝正德年间，时任延津知县的韩贯采取一系列措施招抚流民、恢复生产之事。延津地处黄河古道，土地瘠薄，多盐碱，多风沙，易灾荒，人民生活艰难。文中的描写"弃坟墓，远乡井，舍骨肉宗族之近，一旦携妻孥老稚而去，诚若道上之蓬、水面之萍，荡荡飘飘，靡所依止"令人心痛，导致的恶果"民逃户耗，日就颓靡，官蔑支持之策，民趋奸陋之习，夫马之役往往告假邻邑，令及簿、幕又皆去代无常，倏若逆旅"令人心惊。即便如此民不聊生，全县二十七保减并为十二保，十二保中又有三二格里甲全逃者，还有逃去过半者，但朝廷依然"粮差不减，迎送愈烦"，能不民生困窘，雪上加霜？天灾人祸，朝廷不恤民生，就是流民产生的根源，本文的描述十分可观，为后人研究明代中后期河南的灾荒史、流民的产生和影响、农民起义的根源提供了确实的依据。

韩贯上任之后，着手治理流民问题。几年间，"通计复业附籍之人千户有奇"，成果显著。但细究其施政措施，无非"各给以米肉布绵，蠲其徭役"，并没有多么复杂，多么惊天动地。那么，反过来思考，不顾及人民的生活实际，徭役繁重，横征暴敛，岂不就是流民产生的原因吗？我们都知道，流民暴动是明朝灭亡的重要原因。统治者若能体恤民生，使人民安居乐业，"闾阎相望，烟火相接，鸡犬之声彻耳，桑枣之阴翳目"，何愁不江山永固？

从招抚流民这件事上看，韩贯是个好官。他明白"以心应心，以德感德，不啻父母之爱赤子，赤子之戴父母"的道理，认识到"民之去，以守令之不仁；民之来，以守令之仁"，其施政"不重赋厚敛也，不严刑峻罚也，不侵渔小民也，不浪费民财也，不怠忽隳事也"，平日"恒惴惴焉以不举职为怀"，可谓循吏典范！但治理天下仅靠官吏们的道德自省（仁心）是不够的，没有具体可行的先进制度作保障，是解决不了根本问题的。

古代的小知县都一心追求"事就成绪，民获小康"，使人民"安处乡土，勿致流移，女织男耕，惟勤惟俭，共享太平之福于无穷"，现在的衮衮诸公与之相比，胜之者又有几人！

关于韩贯，《延津县志》有载："韩贯，直隶霸州人，监生。正德年间任延津知县。刚毅明达，任劳任怨。增筑城垣，凿深濠池，种柳数千株。首建协济之议，申请上司，岁得封、阳等县银六百余两，以宽民力。保爱贫民，招抚流离，恺悌之政，久而无斁。邑有刁民张姓子，横行闾里，悉为杖毙。厚又杖死倪姓者，遂弃官还乡。"可与本文相参读。《延津县志》还收录其一首五律"北望沙门路，无风亦起尘。蓬首经布妇，赤脚煮盐人。迎送昼兼夜，差徭旧并新。细评诸县郡，最苦是延津"，这"最苦是延津"直白、辛酸到令人动容！

重修广唐寺塔记

（明）宋守志

赐进士第、浙江按察司副使宋守志[①]撰文。

---

① 宋守志：号节庵，河南延津人，明嘉靖二十六年（1547）进士。三十八年（1559）任温州知府，后升浙江副使。以"砥节而慈仁，俭约而洁清"著称。

赐进士第、户部山东司主事李承选①书丹。

广唐寺创于故酸枣邑②，时梁武天监丁酉岁也。浮屠，唐后水陆殿如之中③，名白马塔，屹屹然不知何以一篑之不覆。即邑迁通郭④，居人列寺之东向，乃以塔名铺。迄于今，治则西北，之于东南相距二十里许矣。

余尝观寺之北皆河旧道，考自汉文之后决者不一，岂昆仑、星宿⑤之水至是始洪浩怒腾欤？或者异物乘以济裂，为居者病，治之必难为力，乃假佛力广大以镇之耶？否则何起寺塔如彼之峀⑥然也？曾闻之江南之俗，有创寺观以张风气，经地理而植人文，非无见者。广唐之建，或非但梁武之好尚启之也。河徙邑改，居人靡依，而寺之圮而复完者相传且千载，延之所以得为旧邑，此其征欤？世变无恒，肖寺仍故，岂不叹哉！

即今铺之耆民赵敕辈以为隘，而辟其址，而为之倡，乃捐口之食、身之衣，易梁栋榱桷、瓦墁丹漆不以为惜。由是干旄衣冠之族亦乐为之施。近铺者或以力，或以赀，鲜不子来⑦。故篑土不以佣，而甓不以陶，而□罔不敷，大匠运巧，百工献伎，堂宇、僧舍、门垣之类皆不日而起。工既迄，大合众以落之，请余为记。予因感于时，不能以无言也。

延邑之内有大觉寺之塔⑧，人欲新之，二役而止，以财用之匮募者云

---

① 户部山东司主事：即户部山东清吏司主事。按，明代制度，中枢六部均分司办事，各司分别称为某某清吏司。户部设13个清吏司。各司之长官称"郎中"，副职为"员外郎"。户部主事，正六品。李承选：延津县人。明嘉靖三十八年（1559）进士。曾任户部山东司主事，太仆寺少卿。

② 酸枣邑：即酸枣县。本书所录韩贯《复业记》有注。

③ 水陆殿如之中：此句意在指明白马塔之位置。水陆殿即天王殿，往往位于山门之后，属寺院第一殿。唐代寺院以塔为主，塔即佛，所以塔一般都在大雄宝殿之前，即"塔在殿前"。而唐代以后，尤其到了宋代，殿的位置逐渐重要起来，殿即佛，不再以塔为主，而是以殿为主，所以塔一般建在殿之后，形成"前殿后塔"的格局。所以，塔的位置往往成为判断一个寺院遗址是唐代的还是唐代以后或是宋代的重要依据之一。文中所言即此。

④ 通郭：指今延津县塔铺乡通郭村。

⑤ 星宿：指星宿海。地名。在青海省。古人以之为黄河的发源地。宋王应麟《困学纪闻·汉河渠考》："积石之西五六百里即星宿海。"郑观应《盛世危言·治河》："河水发源昆仑之墟，伏流数千里，涌出地上，汇为星宿海。"

⑥ 峀：按，该字碑中字形为上"山"下"入"，古时有此字，以形象意，指"入山深"。但细揣文意，此字应为"归"之俗写。

⑦ 子来：谓民心归附，如子女趋事父母，不召自来，竭诚效忠。《诗·大雅·灵台》："经始灵台，经之营之。庶民攻之，不日成之。经始勿亟，庶民子来。"朱熹集传："文王之台，方其经度营表之际，而庶民已来作之，所以不终日而成也。虽文王心恐烦民，戒令勿亟，而民心乐之，如子趋父事，不召自来也。"

⑧ 大觉寺之塔：即大觉寺万寿塔。见本书所录明王秉《重修大觉寺记》之"简析"。

矣。计其所费，则千金耳。若白马之塔当十倍于此者，然修之一易而一难，岂无谓哉？盖民心之崇尚无异同，而古今之人民有贫富也。今延之民，殚其地之出，竭其庐之入，不足以供捕蛇之苦①，丰年而啼饥号寒者十居八九，一遇凶荒则阖门就毙者多矣。奚暇修寺塔哉？铺民之贫且浮于邑之民也，而为此，果何所重耶？盖堪舆家之说曰"塔映大行②，风气萃焉"，且一邑视为文笔，有资多士也，敕为一邑之所重者重之而不惜其费，将以求永其盛也。

余于是又有所感矣。梵语塔婆译方坟③，为人天福利。浮屠氏以寂灭为乐，以真空④为宗，凡所有色等诸梦幻泡影固不假广阔而安妥、庄严而尊显也，而又焉用之？且慈悲静寂之说本吾仁义诚敬之教，其不废者，非以密赞神化也。说者谓九黎乱⑤，颛帝髡而窜之西戎⑥，故后人欲人其人、庐其居。殊不知能明先王之道，敦仁义诚敬之学，举司徒宗伯之"我则""我且""我用"，而何非之为？况是寺也，在昔则镇大河水物之怪以奠民居；在今则增县治风气之胜以资士类，岂不休欤？

是为记。

皇明嘉靖四十二年岁次癸亥夏六月朔立。

---

① 捕蛇之苦：按，典出唐柳宗元《捕蛇者说》。记述永州蒋某以捕蛇为业，虽有生命危险，但因捕蛇无赋税征收之苦，仍自愿继续下去。揭露了封建社会横征暴敛给人民带来的苦难，发出了"赋敛之毒，有甚是蛇"的感慨。

② 大行：即"太行"。

③ 塔婆：塔。唐玄应《一切经音义》卷十六："塔婆：或言'偷婆'，或言'薮斗波'，皆讹也。正言'窣睹波'，此言'庙'也。"《释氏要览·送终立塔》："梵语'塔婆'，此云'高显'，今略称'塔'也。"方坟：指舍利塔。南朝陈徐陵《东阳双林寺傅大士碑》："合窟为空，方坟以埋。"吴兆宜注：《法苑珠林》云：'所云塔者，或云塔婆。'此云方坟。"

④ 真空：佛教语。一般谓超出一切色相意识界限的境界。唐慧能《坛经·般若品》："念念说空，不识真空。"《朱子语类》卷一二六："释氏见得高底尽高，或问他何故只说空，曰：说玄空又说真空。玄空便是空无物，真空却是有物。"

⑤ 九黎乱：指九黎乱德。按，《国语·楚语》："九黎乱德，民神杂糅，不可方物。"九黎，指以蚩尤为首的九黎族，在远古时代居住在长江流域，也有人认为上古之时，长江、汉水之地皆是黎境。九黎有九个部落，每个部落有九个氏族，以蚩尤为首，共八十一个兄弟，都是酋长，蚩尤是大酋长。他们信奉巫教，杂拜鬼神，并编有刑法。后来炎帝与黄帝结盟，与蚩尤在涿鹿大战，蚩尤以失败而告终。

⑥ 颛帝髡而窜之西戎：指颛顼发动涿鹿大战，使得九黎"窜之西戎"。西戎，古代西北戎族的总称。最早分布在黄河上游及甘肃西北部，以后逐渐东迁，春秋时分属秦晋等国。按，《史记·历书》："少皞之衰也，九黎乱德，民神杂扰，不可放物，祸菑荐至，莫尽其气。颛顼受之，乃命南正重司天以属神，命火正黎司地以属民，使复旧常，无相侵渎。"

知县陈彝①。教谕李克嶷②。训导刘绍宗③、张维翰④。典史程功⑤。巡检史宗孝。驿丞李旻。所大使沈文彬⑥。阴阳官李启后。医官李自东。大觉寺住持妙发。本寺住持僧人成宝。募缘僧人了堂。邑民宋劝书。

【简析】

延津县塔铺，古称白马津，曾系黄河渡口。但河水年年泛滥，人民深受其苦。而位于广唐寺内的白马塔，其创建的最初原因就是为了"假佛力广大以镇之（水患）"。白马塔为六角形阁楼式砖塔，外部轮廓稍呈抛物线形，三层以上逐层明显收缩。各层飞檐均用青砖雕花迭涩砌成，上为花檐，下为砖雕斗拱及仿椽头，各层高度不一。第二层最矮，无窗门，其余每层有两个窗门。塔高30.06米，底部直径10米。内有斜形梯道与螺旋梯道交替连接以至塔顶。第六层有一个佛龛，但佛像早已不存。现该塔为市、县级文物保护单位。

该碑现存广唐寺，嵌于砖楼之内。上有蟠龙碑额，额心无字。碑文四周缠枝花草流水纹饰。正文16行，满行64字；后列题名14人。共计878字。正书，结体求方，运笔奔放，但气韵滞涩，有的笔画或过或不足，显得杂乱。书丹者李承选为延津县人，进士出身，官至太仆寺少卿。其书当不至于如此粗乱，可能与刻工不精有关。

本文详细记载了明嘉靖四十二年（1563）重修广唐寺及白马塔的经过。其中保存有大量的历史文化信息。

1.叙述了延津地瘠民贫的现实。诸如"今延之民殚其地之出，竭其庐之入，不足以供捕蛇之苦丰年而啼饥号寒者，十居八九一遇凶荒则阖门就毙者多矣"，真可谓泣血之句，令人不胜唏嘘。

---

① 陈彝：山东青州人，嘉靖二十八年（1549）举人。四十四年（1565）任延津知县。以"恫瘝无华，政理精密"称。按，万历二十六年（1598）版《延津县志》卷四录其《劝农》诗："春昼庭无事，新槐影自移。一犁红杏雨，触起劝农思。步出城门外，四野遍耕犁。好花开上苑，幽鸟啭高枝。土润□生陌，风和柳满地。试问占年者，秋成应有期。又闻戴胜鸟，布谷语声奇。今日司民牧，尤当体念兹。荒沙虽可弃，芟芥欲及时。又恐流亡屋，春来复业迟。殷勤与尔说，莫道我今诗。"

② 李克嶷：平凉府岁贡。隆庆元年（1567）任。

③ 刘绍宗：长山人。岁贡。

④ 张维翰：钱塘县岁贡。有度取。

⑤ 程功：曹州人。嘉靖年任。

⑥ 沈文彬：山阴县人。嘉靖年任。

2.记载了塔铺作为黄河渡口而屡遭水灾的情况。

3.记载了酸枣县治迁移（迁通郭）的情况，为方志研究提供了实证。

4.记载了大觉寺、广唐寺为邑内名寺的事实。

5.论述了建塔及维修寺塔的意义。作者认为，佛家"以寂灭为乐，以真空为宗"，原不必"假广阔而安妥、庄严而尊显也"，其建塔的目的不在于炫耀，而在于弘扬佛法的真谛。而佛家的"慈悲静寂"之说与儒家的"仁义诚敬"之教在本质上是相通的，佛家通过建塔而弘扬佛法，儒家通过教化使人们"明先王之道，敦仁义诚敬之学"，从而实现国泰民爱的效果。正因为如此，此塔的建造不仅弘扬佛法无边，"镇大河水物之怪以奠民居"，而且兴儒家之教，"增县治风气之胜以资士类"，有双赢之效。

此段论述，找到了佛、儒思想的共同点，使儒释思想在修葺广唐寺及白马塔上得到了统一，这是本文价值最高的地方。

该地以塔名邑，故有"塔铺"之名。近年来，又因刘震云小说《塔铺》而名闻天下，白马塔则渐为世人所知。这充分体现了"增县治风气之胜以资士类"的效果之深远悠长。

石婆固东岳庙古酸枣记

（明）李戴

吾廪延①，古酸枣邑②也。邑以木得名，必为土之所宜。历观郊野，丛生则有之，未有成树者。惟石婆固东岳庙后遗一株，其大合抱，其高数

---

① 廪延：古邑名。春秋郑邑。在今河南省延津县东北、古黄河南岸。《左传》隐公元年，郑"大叔又收贰以为己邑，至于廪延"，即此。杜注："廪延郑邑。陈留酸枣县北有延津。"宋程公说《春秋分记》卷二十九《书十一·疆理书第五·郑地总说·廪延》："《释例》：'酸枣县北有延津县，今属开封府。'《广记》载：'滑州白马县有滑台，本郑廪延邑，其城甚固，或以为疑。'按酸枣在河南，滑州在河北，酸枣之北即滑州之南，廪延当在滑州。由此济河而南，故曰延津。《水经注》：'滑台城即郑廪延邑，下有延津。'"

② 古酸枣邑：指酸枣县。本书所录韩贯《复业记》有注。

丈，宛如怪石壁立。居民皆不知所从来。考断碑记，则称尉迟敬德[1]奉命董修庙之役，曾系马挂策。其上所载业侍御为祟，岳神显灵，事涉不经，姑略而不谈。独所云尉迟公旧迹，则此必唐以前古树也，故吊古者往往趋观焉。

予幼时静摄村居，与表叔两槐姚公散步其下，玩而奇之。兹叨转过里，屈指几三十载矣，两槐公会饮，予问曰："古木无恙乎？"曰："翳[2]已十年。根之旁发一枝，亦且拱矣。见其质坚而不朽，因率高运辈园墙障之，毋使剪伐及也。"予惊而叹曰："何千百年不坏而坏于今耶？"

昔召伯[3]巡行南国，憩甘棠下。人爱而不忍伤，至今遗迹尚存。酸枣非棠，然尉迟公古名臣也，勋伐不减召伯，则此树当与甘棠埒矣。况吾邑以此得名，顾可不知爱耶？噫！甘棠以人重，酸枣又兼以地重，则两槐公之重之也，而岂徒哉？敬勒数语于石，以告来者。

【简析】

本碑原嵌酸枣阁楼下北墙中。酸枣阁位于延津县城北9公里石婆固乡集北、集南两村交界处东。原阁东有东岳庙一座，庙后毁，年代不详。此阁建于何年无考。在石婆固村东，原东岳庙西，有大酸枣树一株，高数丈，其粗合抱不交。据清康熙四十一年（1702）版《延津县志》："唐尉敬德奉命重修之役（监造东岳庙工程），曾系马挂策其上。"此语即出自李戴之文。明代，东岳庙倒塌，大树亦枯死，而根侧却另发新株。当时有姚、高、陈三人等修围墙以护之。关于此事，李戴之文亦有载。继而新株亦死，后为保护已经"石化"的树干，建一座长宽各八尺、高两丈余的方形阁楼以护之（酸枣阁）。酸枣阁楼南向留小门，东西山墙上部各有小窗一孔。楼上北墙中嵌石碣一方，刻"挂鞭处"三字。楼下北墙亦嵌有石碣，镌本碑。酸枣树干位于阁之正中，宛如怪石壁立，虽屡遭斧砍刀削，胸围仍有1.92米。关于此碑，笔者没有亲见，不知尚存否，亦不知其形制。碑文据明万历二十六年（1598）版《延津县志》录之。

---

① 尉迟敬德：即尉迟恭（585—658），唐朔州善阳人，字敬德。隋末从刘武周为将，后归唐，屡立战功。高祖武德初，授秦王府左二副护军。武德九年（626）玄武门之变，助李世民夺取帝位。累官泾州道行军总管、襄州都督，封鄂国公。晚年笃信方术，杜门不出。卒谥忠武。

② 翳：古同"殪"，树木枯死，倒伏于地。《康熙字典·未集中·羽部·翳》："又《诗·大雅》其菑其翳。《传》木立死曰菑，自死为翳。"

③ 召伯：或作邵公、召康公。本书所录邵元冲《重修百泉安乐窝碑记》有注。

　　文中记载了古酸枣的由来及姚、高诸人"园墙障之，毋使剪伐及也"之事。文中首先肯定了"邑以木得名"的事实，然后描述当时古酸枣的形状，即"大合抱，其高数丈，宛如怪石壁立"，并考证其"居民皆不知所从来"及尉迟恭曾"奉命董修庙之役，曾系马挂策"的记载的真实性，由此判断该古酸枣应为"唐以前古树"。但此树已死十年，不过"根之旁发一枝，亦且拱矣"。古酸枣树是延津的文化象征，本文虽没有明确的写作时间，但它的记载保存了明代时古酸枣树的状态，具有重要的史料价值。

　　作者以甘棠比古酸枣树，以召伯遗爱比尉迟恭之勋伐，认为"甘棠以人重"，而古酸枣"又兼以地重"，并且"两槐公之重之也"，从而强调了仁德治民、造福于人的重要性。

　　延津县源于古酸枣县，古酸枣树乃延津文化之源，保护好此遗迹势在必行。此文对研究延津"酸枣文化"的渊源和发展具有重要意义。

太子太保吏部尚书李公墓志铭

（明）李维桢

　　太子太保、大冢宰、延津李公卒，上为辍朝，赐祭九坛[①]；司空治葬；侍从之臣奉命将事。追赠少保，官其嗣子序品[②]。中书舍人曰："海丰[③]以来，冢宰数不称旨，不能安其位。独公莅职六年，司内外计，人无间言。奏最改玉[④]，闻望恩数与海丰同，六卿中所不多得也。"

---

　　① 九坛：指社稷坛、祈谷坛、圜丘坛、方泽坛、朝日坛、夕月坛、先农神坛、太岁坛、先蚕坛。明、清两代帝后进行祭祀的场所。

　　② 序品：即李序品。按，据新出土的《明故承德郎户部山东清吏司主事思玄李公元配敕赠安人杨氏合葬志铭》："李序品，岁贡，以父忠肃公（李戴）荫中书舍人，赠户部主事。室郭氏，封太安人。子二：辉和炆。"按，李戴无子，以其弟李载之子李序品为嗣。

　　③ 海丰：按，或为杨巍（约1514—约1605），明山东海丰人，字伯谦，号梦山。嘉靖二十六年（1547）进士。除武进知县，擢兵科给事中，以忤吏部，出为山西佥事。隆庆时为右佥都御史，巡抚山西，减驿银，筑城堡。乞养去。万历间历户部、工部、吏部尚书。万历十八年（1590），年近八十致仕归，归田十五年卒。工诗，有《存家诗稿》。

　　④ 改玉：亦作"改步改玉""改玉改行""改玉改步"等。《国语·周语中》："晋文公既定襄王于郑，王劳之以地，辞，请隧焉。王不许，曰：'……先民有言曰："改玉改行。"'"韦昭注："玉，佩玉，所以节行步也。君臣尊卑，迟速有节，言服其服则行其礼，以言晋侯尚在臣位，不宜有隧也。"原谓改变步武，更改佩玉，使符合臣制。后称改变制度或改朝换代为"改玉改步"。此处指改任新职。

公讳戴，字仁夫，别号对泉。其先泽州人。九世祖真，徙家延津。四传至珩，赀雄闾右，未三十卒；妇姚，以贞节旌门。珩生国子生渗，亦早卒，娶于某。生启东，曰旸谷公，娶于高，是为公父母。三世胥以公累赠如其官，母累赠一品夫人。旸谷公为诸生，知名，数奇不第，感贵征，生公，标鲜穆少。

八岁，日诵千言，属文秀逸。十六，为诸生。邑令监利夏公①试士，得公与刘藩伯位夫②两人，召之邸中，使诸子相切劘。夏公督课益勤，两人试相甲乙，里有双凤之目。公以辛酉、藩伯以甲子领乡荐，至戊辰，同成进士。公除知兴化县。县受水，赋充政重，民大困，治者务以严见惮。公损不急之作，汰非常之供，与民休息。而考事西笠，邀遮其词，靡不吐实，豪猾无可容矣。汝宁千户所者在汝宁郡，而事隶江北，相距远，当核户口，众无敢任，诸台以属公。公屏车骑往，密察情伪，召集其众，于庭一一指数之，皆汗浃背叩头，诚如公命，至今奉为絜令焉。

入闱校士，所拔皆一时之选。人弃我取，如吴汝伦③、李伯春④、吴遂领解⑤，俱为名进士。河淮溢，挟泗水下，兴化当其委，城且没。公奉檄按他郡，闻变驰还，绲而入，以身先士民乘城，补苴漏隙。隐民⑥无食，尽捐廪粟餔之。富家闻风，平价出粜，邑免流亡。水患小挺，诸台责通符雨下，公持而泣："奈何助水为虐？催科政拙，吾甘之矣。"诸令皆三年征，公以课不中格，后一年拜户科给事中。

①　监利夏公：即夏茂，字仲亨，别号楚愚。明湖广监利（今湖北监利县）人。嘉靖丙辰（1556）六月任延津知县，庚申（1560）七月升庐州府别驾。乡人为其立去思碑，述其15条功德。邑中名士李戴、刘致中皆由其拔识。

②　刘藩伯位夫：即刘致中，字位夫，号芹泉，隆庆戊辰（1568）进士。任中书舍人。历山西道监察御史、陕西布政司参议。性聪颖，慷慨有经济。年四十七去世。按，"藩伯"，明清时指布政使。

③　吴汝伦：无锡人。隆庆四年（1570）举人，解元。五年（1571）进士。

④　李伯春：字友卿，号约斋，上海县竹冈（今上海市闵行区）人。隆庆五年（1571）进士，授刑部主事。为大司寇严清所器重，事关勋戚豪右、疑难难决者悉属之引断明允，同曹推服。后擢刑部郎中，出守济南，官至湖广参政。

⑤　吴遂：按，《明代进士列表》中无此人，待考。领解：谓乡试中举。

⑥　隐民：古代自附于贵族豪强之家的贫民。《左传·昭公二十五年》："子家子曰：'君其许之！政自之出久矣，隐民多取食焉，为之徒者众矣，日入愿作，弗可知也。'"杜预注："隐，约，穷困。"杨伯峻注："即贫民之投靠季氏者。"

首疏催科事宜，曰："稽侵占，严追偿，处偏累，禁诡寄①，所耳目筹划之素也。"上采而布之天下。岭寇平，复言善后四事——清税额、重撤兵、塞盗穴、勤抚恤，俱见施行。有欲毁英明阁者，公言："先帝建阁有深意，三年无改。人子至情，矧未大祥。"事遂寝。他如"议解轻赍银""申饬远东武备""令河东、长芦、两淮三运司剂远近增损改属以便民，则私贩绝而啸聚者无缘为奸"。后二十年，开封、归德二郡不行河东监，实自公发之已。掌礼科，有《申学政，正文体，督宪臣，严降罚》之疏。其秋乡试，有《选分校，检遗卷，慎弥封，禁诈骗》之疏。明春会试，有《严号席，密巡绰，谨誊录，重后场》之疏。宗伯简公分校，得民誉，王世扬②、王国③、杨芳④、姚岳祥⑤、张希皋⑥、程达⑦、谭耀⑧、蔡逢时⑨、乔

---

① 诡寄：将自己的田地伪报在他人名下，借以逃避赋役的一种方法。明海瑞《兴革条例·工属》："其寿官义民并称王府官名色，及本县寄庄乡宦，本县诡寄女户茔田等项，悉行禁革，俱不准冒免。"清顾炎武《生员论中》："民地愈少，则诡寄愈多；诡寄愈多，则民地愈少，而生员愈重。"

② 王世扬（1544—1608），字孝甫，号怀棘，广平县李白营村人。万历五年（1577）进士。初任行人司行人，后擢湖广道监察御史。二十一年（1593），任都察院右佥都御史，巡抚宣府等处赞理军务。后加右副都御史，晋兵部侍郎，总督宣大诸边。率部靖边，甘肃告捷，晋兵部尚书。卒赠太保。《畿辅通志》有传。

③ 王国：字子桢，耀州人。万历五年（1577）进士。选庶吉士，改御史。多发直论，由此显名。出督南畿学政，以疾归。起掌河南道。又得四川副使，移疾归。久之，起故官，佥山西。改督河南学政，迁山东参政。所在以公廉称。召为太仆少卿。复出为山西副使，历南京通政使。三十七年（1609），以兵部右侍郎兼右佥都御史巡抚保定。进右都御史，巡抚如故。以刚介称，与弟吏部侍郎图并负时望，为党人所忌。乞休归，卒。

④ 杨芳：字以德，号济寰先生，今四川省万源市旧院乡堰湾人。万历五年（1577）进士。初补浙江宜黄县令，调鄞县令，使鄞大治。二十七年（1599），以右副都御史巡抚广西，主政八年，纂《殿粤要纂》。

⑤ 姚岳祥（1561—1590），字于定，广东化州东山人。万历五年（1577）进士。授翰林院落庶吉士。曾任十三省都御史。与张居正政见不合而归里，积郁早亡。著《玄珠集》。

⑥ 张希皋：万历五年（1577）进士。无传。

⑦ 程达：字顺甫，清江人。万历五年（1577）进士。授昆山令，相蓄泄筑堤二百余里，遂称乐土，号程公堤。再调仁和，擢御史，巡按广东。直声震中外。以忌出守泉州，升兵备副使，寻秉臬宪。历浙江、贵州布政使，加太仆卿致仕。

⑧ 谭耀：广东东莞人。万历五年（1577）进士。官至监察御史。曾巡盐长芦，参修《山东盐法志》四卷。

⑨ 蔡逢时：字应期。明万历八年（1580）进士，任海盐知县。迁礼部郎，温州兵备副使。筹划海防，斩倭寇七十余人。转河南参政，擢四川右布政使。乞归，讲学七年卒。著《海防图略》。

学诗①、马崇谦②、陈一洙③若而人布在卿寺台省、藩臬郎署，而其首张栋④以清直闻，三吴尤著。

江陵⑤数称公通达国体，公卒无私谒，外迁陕西参政。督驿传粮储，会计岁用若干，四季征直于官；官为儳募，出纳有程，岁省数万金，民得归农，彤劫大苏，秦人迄今遵用之。

江陵方严驿禁，大臣策蹇而寄食保佣间，衣冠涂炭，阿邑者指斥曰苟。按臣某子甲同公令江北，已擢为郎，而部使者劾奏赃赂巨万，公受记，鞫无左验，独性下，操下如束湿薪⑥耳。某子甲憾之，比按陕，益狠戾敢往。公持正，不为狗。两监司以公事过陕，而乘驿不宜。按，按臣失，抚臣欢，私以两乘驿者名上移书，政府谓抚臣曲听，公庇其所私。朝臣知其故，两人坐率⑦，原公不问。三年报最，奉表入贺，寻以冗官裁。未三月，复除故官，兵备河湟。未上，擢按察使，仍在陕。

政府以刑名绳下，岁计大辟多寡为殿最。有司巧诋惨酷，公质确其过，所宽降事数十条。任参议某，躁而凌乡人，又与邑令不相能。邑令，按臣同榜也，诬任杀人。按臣既上弹文，生拘，将蔽罪焉。会暴病死。而诸吏凡黜为民，夺身若亲所得封命，例久不行，奉严旨追治如故事，自任始。众疑当路有积怨，深怒于任，不为未掭。公力白之，予轻比已。擢四川右布政使署篆。积羡六百金，识而诒后人。迁山西左布政使。钱谷所

---

① 乔学诗（1557—1630），字言卿，别号皓硅，山东东阿（今平阴县东阿镇小屯村）人。万历五年（1577）进士。任职永平，升任缮部，因功加俸一级，任卢县知县。升任副川按察使。二十六年（1598），调任陕甘一带参理军机事务。二十九年（1601），调山西按擦使。分守河东道，升右布政使、广东左布政使。崇祯三年（1630）卒于乡。

② 马崇谦：安邑人。曾任洋县知县，山东按察使等。

③ 陈一洙：字国潢，漳浦人。万历五年（1577）进士。六年（1578），任灵川县知县。迁计部，司通州储，出榷吴关，寻擢宪副，跻总臬。历江右楚蜀，咸慷慨任事，为地方计，为忌者所中，遂挂冠归。

④ 张栋：字伯任，一字可庵，昆山人。万历五年（1577）进士。官给事中。尝请蠲复田虚赋；吴中白粮为累，疏请合民出资助漕舟附载；为政府所格，遂乞归。寻起兵科给事中，出巡固原，军骑历险，尽得边事虚实。著《可庵书牍》十卷，《四库总目》传于世。

⑤ 江陵：即张居正，湖北江陵人，故称"张江陵"。

⑥ 操下如束湿薪：指对待下属苛责、随意，缺乏尊重。按，语出《史记·酷吏列传》："宁成者，穰人也。以郎谒者事景帝。好气，为人小吏，必陵其长吏；为人上，操下如束湿薪。"

⑦ 坐率：幼年子弟因父兄犯法被牵连而治罪。《汉书·石奋传》："孤儿幼年未满十岁，无罪而坐率。"颜师古注："服虔曰：'率，坐刑法也。'如淳曰：'率，家长也。'幼年无罪，坐为父所率而并徙，如说近之。"王先谦补注："王文彬曰：'言无罪而坐以适徙之法，服说近之，特不当言刑耳。'注文'率'上当有坐字。"

司，俗目为利薮，公出入数百万，颗若画一。而更核征税，均徭役，招流移，省浮滥，革里甲，开机房，宽行户，军饷宗禄以时给。廉惠流闻，入观述职，甲诸方岳。拜右副都御史，抚山东。山东大旱，千里无人烟，躬祷泰山，甘雨立应。明年复饥，极陈灾状，并上《蠲赈之宜留漕粮备不时需》疏，累二十篇，悉报可。而身督诸长吏计口赋食，吏无侵牟，东人乃苏。黄云峰荧惑亡命事觉，株连数千人。公得其情，此饥寒所驱，吾辈与有责焉。论其魁抵罪，余不问。御史拊棘露，索士过苦，噪而走出，叩公门。公披衣出臂晓之，哗乃定。三年，晋刑部右侍郎。所举刺不市恩，不避怨。郡李某子甲，恃甲科而食，黜之。邑令王自谨①，廉吏也，以贡途不收，特荐之。寻迁左侍郎。多平反如按察时，而申救李中丞②一事，大为荐绅所重已。迁右都御史，总督仓场。上每括正，供为私玩，不应。晋南京工部尚书。未上，改户部尚书，兼右副都御史。董漕运，抚江北。江北旧游，稔知其利弊，所兴除无不厌心。岛寇犯朝鲜，简师敦陈，树之风声，四封谧如。而岁复灾，请以帑金数万活之。

初公令兴化，疏革浮粮二万，抚臣不可。至是，令欧阳东凤③援公故牍疏闻，事下公，公对："此故臣所欲为，宜改折如令议。"形家言淮流太急，于郡不利。为建兴文闸，士一岁五登第，而阛阓亦素封传世，以为公功。三年，以故官调南京。钩校吏胥为奸利者，已为科条，若责司属、禁侵冒、定输差、清交代之类，官吏军民咸受其赐。

寻改司空。以继母丧归，请得祭葬。服除，廷推任冢宰者七人，公名居后，独被简用。屡疏辞，不允，乃就职。上久不亲郊庙、御朝讲，国本未定；中使伐山榷税，方内骚然；言者放逐相踵，君门万里；即宰执密疏不报，诸署蓬蒿塞路。公至，即以建储贰、撤税使请，上领之。其用台省

①　王自谨：河南人。进士出身。万历十五年（1587）任邹县县令。今峄山多处地方留有王自谨的手迹。

②　李中丞：即李材，明江西丰城人，字孟诚，号见罗。嘉靖四十一年（1562）进士。授刑部主事。隆庆间为广东佥事，屡破倭寇。万历间为云南按察使。擢右佥都御史，抚治郧阳。以遣部卒供生徒役，激变。还籍听勘。又以在滇虚张功伐下狱。后边人赴阙讼材冤，乃命戍镇海卫。所至聚徒讲学，在狱中，就问者亦不绝。有《李见罗书》《将就纪》《观我堂摘稿》《正学堂稿》。

③　欧阳东凤：字千仞，潜江人。万历十七年（1589）进士。除兴化知县。屡迁南京刑部郎中，擢平乐知府。以才调常州。顾宪成辈讲学，为建东林书院。居四年，谢事归。起山西副使，擢南京太仆少卿，并辞不就。卒于家。《明史·列传第一百十九》有传。

三十余疏不止也。宗伯益都冯公为少宰[①]，有当世具，公同心勠力，事相参决，每疏出，天下传诵之。郡臣吴宝[②]、华钰[③]以抗中贵，下诏狱，倡列卿请赏。若明职掌、定升除、计资俸、酌南北、量调用、均边腹、分劳逸、拔卓异、搜遗废、恤起服，优终养，于人伦国体大有裨益。两计内外吏，黜陟明允。

六年秩满，加光禄大夫、太子太保。寻以东宫恩，进阶柱国。勋郎王士骐[④]论事激切，犯政府，公耻涂附；而妖书狱[⑤]起，金吾有嫁祸于其僚[⑥]者，僚于公有连，以撼公。因决求去，疏十二上，予长休。告皇太孙生，诏方面官存问，岁给舆隶，月给廪米，公不受。部使者报命，方以赐环请，而公逝矣。

公所为德于家者。先世之遗，推与其弟；中丞考绩，当任子[⑦]，公年

---

① 宗伯益都冯公为少宰：少宰，明清为吏部侍郎的俗称，也叫少冢宰。按，临朐冯氏自冯裕至冯溥，前后六代，出过八名进士三名举人，王士祯曰："二百年来，海岱间推学者，必首临朐冯氏。"但与李戴同时代的冯惟敏、冯惟讷、冯琦等均未任吏部侍郎。而冯琦（1558—1603），字用韫，一字琢庵。万历五年（1577）进士。授编修。累官礼部尚书。疏请停矿税，征还各地税监，不果。又极陈士子崇佛教之弊，请约禁。卒谥文敏。著《经济类编》《宗伯集》。此处或指冯琦。

② 吴宝：指吴宝秀，字汝珍，平阳人。万历己丑（1589）进士。历迁南康知府。甫六十，决滞狱，殛奸民，一郡肃然。巨珰李道榷税湖口，穷捕商艘，波及郡民。宝秀持不可。遂诬奏，逮诏狱。妻陈氏请同行，不得，雉经以殉。合郡哭送境上。郡民陈英、熊烺辈叩阍，愿以身代。台省章论救。会星变，乃得宥归。上亦悟，撤李道，回诏，以有司代其任。熹宗立，赠太仆寺少卿。

③ 华钰（？—1608），明镇江府丹徒人，字德夫。万历二十三年（1595）进士。授荆州推官。以禁税监陈奉横征，被奉诬陷下狱。在狱中数年，与同狱之湖广金事冯应京研究理学。遇赦，释为民。

④ 勋郎：即司勋。官名。明清称稽勋司，清末废。　王士骐：明苏州府太仓人，字冏伯。王世贞子。万历十七年（1589）进士。倜傥轩豁，好结纳海内贤士大夫，勇于为人，不避嫌怨。由礼部仪制主事，改吏部员外郎，有政绩，推毂废弃名贤无虚日，为权要所嫉。因妖书案削籍归，屡荐不起，刚直以终。有《醉花庵诗》《驭倭录》《武侯全书》《四侯传》等。

⑤ 妖书狱：明末一大疑案，与争国本有关。在争国本的交锋中，以沈一贯为首的朝臣一方获胜，皇长子朱常洛被立为太子。但后来有人借机生事，散发揭帖《忧危竑议》《续忧危竑议》，搅起了朝廷党争，牵连甚广。

⑥ 僚：指周嘉庆，李戴外甥。按，《明史》卷二百二十五《李戴传》："明年冬，妖书事起。锦衣官王之桢等与同官周嘉庆有隙，言妖书嘉庆所为，下诏狱穷治。嘉庆，戴甥也。比会鞫，戴引避。帝闻而恶之。"

⑦ 任子：因父兄的功绩，得保任授予官职。《汉书·王吉传》："今使俗吏得任子弟，率多骄骜，不通古今……宜明选求贤，除任子之令。"颜师古注引张晏曰："子弟以父兄任为郎。"宋苏洵《上皇帝书》："夫所谓任子者，亦犹曰信其父兄而用其子弟云尔。"

甫艾而以弟载①应诏，今为鹤庆守。立义馆，岁时伏腊，集宗人祀先，燕毛②序齿，读礼说法，修家谱以缀属之。母舅高公莲塘书院，少与同人会文其中，圮而更修之，为主祀舅及诸友先逝者。女弟为朱正传妇，艰于子，为立子自纯而祔之。正传夫妇死，衣食之如初。杨于阶者，内子犹子也，少孤，而察其才可御侮，奖掖之，分阃矣。乔允德与公连姻，所居沮洳，置之中舍，与连墙。

所为德于友者。朱好仁素侮公，公贵，愧不敢见。而好仁以明经北上，乏资斧，失期。为办装。谒选，得鲁山训。贷冠服饩牵之费可百金，仁卒，不责偿。申邦祯亦以明经北上，客死，为棺，敛而舆以还，复助之葬。任希尹赤贫依公，终其身。师夏令子亦明经，为余邑博士，亦擢为邑令。

所为德于乡者。延津地斥卤，民鲜中人产，而收事日烦。上书，行条编法③。土城滨河，虞决，易之瓴甓，身任东门之役，上下来助，邑有金城焉。凶年饥岁，赈贷必先。戊子，以金六百属邑令，食饿者，建义冢二区，里无道殣。邑孔道，疲于奔命，增千金为厩，置供张。巡检司弓兵十人，直出胙城。胙城靳弗予，得复其故，公之力也。邑志缺佚，礼博士纂辑而厘正之，民之疾苦、吏之法戒于斯焉。征建尊经阁、明伦堂，后藏书万卷。城东南为楼，祀奎壁。又为正修书院，育士之后义者。士入试，张筵以祖，书联句赤帜上，鼓吹而导之。贫生岁周之有差，久而无倦。

所施济不可胜计，而自持，则一介无妄受。万户沐某者衔恩，以筐筐谢。不内，长跽不已。内茗一裹，久之，取茗，白金在焉。不记为谁氏物，缄处有私印，拂而视之，知其也，亟还之。门人故吏以金币酬荐者，

---

① 载：即李载，字道夫，号后泉，廪生，以兄荫入太学，荫恩生，鹤庆府（今属云南省）知府，诰授朝议大夫。妻张氏，封恭人。子四：序爵、序品、序宾、序礼。序爵，太学生；序品出继戴；序礼，顺治辛卯举人。

② 燕毛：古代祭祀后宴饮时，以须发的颜色别长幼的座次，须发白年长者居上位。毛，须发。《礼记·中庸》："燕毛，所以序齿也。"郑玄注："燕，谓既祭而燕也。燕以发色为坐。"朱熹集注："燕毛，祭毕而燕，则以毛发之色别长幼，为坐次也。齿，年数也。"

③ 条编法：即"一条鞭法"。"鞭"或作"编""边"。亦作"类编法""明编法""总赋法"等。明中叶以后改革赋役制度，先将赋和役分别归并，再将扰民最重的役逐步并入赋内；原十年一轮的里甲改为每年编派一次；赋役普遍用银折纳；征收起解从人民自理改为官府办理；赋役外的"土贡"、杂税也加以合并，合并后的赋役杂项均向田亩征收。万历年间普遍推行。特点为役并入赋，是继两税法后又一重大改革。但未彻底实施，各地实行亦不一致。

麾使大门之外，无敢入。

公躯干鸿硕，腹如瓠而善容，无贵倨态，煦煦可亲。言者丑诋选郎以尝公，上诘责甚厉，公不为动，第引咎自责，郎得全子。部中或相阅而诋公，用刘襄之为中书舍人，有私故。公疏请，廷臣覆试，果才子也。其敦厚持大体类此。闲居，酌酒赋诗。晚年，酒肉不御，好养生家言，趺坐调息，诵《黄庭》不离口，所延方外人甚众，而不谈黄白服食之术。严事吕纯阳子，叩之辄验，或梦相酬酢。构靖紫团，揽王屋、太行之胜。杖履时及，行将游崟岭①、嵩室，病不果。

余与公同榜，出夷陵刘司空先生②之门，同官秦中，号为袗契。公疾革，诏其子序品，必以余志墓。序品少，不悉生时事，以属姊夫刘郡丞。三年，郡丞始次行实以来，曰："所未具，有使君在。"余乃绎所睹记大都，而志之如右。

公生嘉靖丁酉四月二日，卒万历丁未某月日，年七十有一。原配杨，累封一品夫人。生二女：一为刘永脉妇。永脉，即位夫子，为吾郡丞。一为德安别驾张方亨妇。嗣子序品，即弟载之子，娶于某③。有子二人：长曰某④，聘杨某女；次曰某⑤，未聘。以公卒后某年月日，葬于邑之某。

铭曰：

冢宰天官，以均邦国。均之为言，不名一德。德莫如清，亦莫如直。世膻其名，袭取以色。直为忿戾，清为忮刻。太和元气，日湮月蚀。猗与少保，秉国之均。解纷挫锐，其德乃真。铨衡万品，名也何狗。外无避嫌，内无避亲。内无失己，外无失人。澹澹如海，熙熙如春。朱门蓬户，

---

① 崟岭：即湖北武当山。

② 夷陵刘司空先生：或指刘一儒，明湖广夷陵人，字孟真。子媳为张居正女。嘉靖三十八年（1559）进士，累官刑部侍郎。曾贻书居正，对其作为，有所规劝。居正卒，亲党皆坐斥，一儒独以高洁名。寻拜南京工部尚书。不久托病归。居正女嫁资极厚，一儒命缄藏别室。居正死，资产被没，一儒以所缄物还之。天启中追谥庄介。有《刘庄介公瑞芝堂集》。

③ 某：按，据新出土的《明故承德郎户部山东清吏司主事思玄李公元配敕赠安人杨氏合葬志铭》，此处指郭氏，封太安人。

④ 某：按，据新出土的《明故承德郎户部山东清吏司主事思玄李公元配敕赠安人杨氏合葬志铭》，此处指李辉。李辉，以祖父忠肃公荫中书舍人，升承德郎、户部主事，正六品。妻杨氏，赠安人；继赵氏，封安人。子一。

⑤ 某：按，据新出土的《明故承德郎户部山东清吏司主事思玄李公元配敕赠安人杨氏合葬志铭》，此处指李炆。

朝贤鸥鸟。清不形浊，直不为绞。言者瞆瞆，咨者好好。人官有能，实惟天道。天乎难谌，不慭遗老。为时而出，济时未了。玄关仙箓，素所研精。皈依虔奉，惟吕先生。黄金瓦砾，别馆蓬瀛。往从之游，碧落紫清。衣冠遗蜕，封树佳城。乃铭乃志，世法世情。

【简析】

本墓志不见原石，故不知其形制及撰文者、书丹者、篆盖者之详细信息。志文题为《太子太保吏部尚书李公墓志铭》，见明李维桢《大泌山房集六十五》卷七十七，收入"四库存目丛书"集部·别集类·集152中。李维桢（1547—1626），明湖广京山人，字本宁。隆庆二年（1568）进士。授编修，进修撰，出为陕西参议，迁提学副使。天启初以布政使致仕家居。又召为南京太常卿，不就，以荐为南京礼部右侍郎，进尚书。博闻强记，文章弘肆有才气，海内请求者如市，负重名四十年，其诗文声价腾涌，然多应酬之作，品格不高。有《史通评释》《黄帝祠额解》及《大泌山房集》等。从志文看，李维桢与墓主李戴为同榜进士，同出"夷陵刘司空先生之门"，同官秦中，"号为衿契"。故李戴在病重之际，叮嘱其子李序品请求李维桢为自己撰写墓志。孙奇逢《中州人物考》卷五《李少保戴》亦载："京山李维祯志其墓，归德沈龙江鲤为之表。"可见，李戴墓志为李维桢所撰，墓表为沈鲤所题。沈鲤（1531—1615），明河南归德人，字仲化，号龙江。嘉靖四十四年（1565）进士。授检讨。为东宫讲官。万历时，迁编修，累迁吏部左侍郎。屏绝私交，好推荐贤士，不使人知。十二年（1584），拜礼部尚书，在部持典礼，多所建白。因屡请立太子，又请复建文年号，重修《景帝实录》，为中贵所忌，引疾归。二十九年（1601），拜东阁大学士，入参机务。与沈一贯共事相左，居位数年，屡请罢矿税，终果。后与一贯同罢。有《亦玉堂稿》《文雅社约》等。卒谥文端。在"妖书案"中，沈一贯与沈鲤展开党争，牵连甚广，李戴亦陷其中而被迫致仕；从沈鲤为李戴题写墓表看，两人关系甚密。

墓主李戴（1537—1607），字仁夫，号对泉。其先山西泽州人，九世祖李真徙家延津，遂为延津县东街人。隆庆二年（1568）进士。授兴化知县，减赋息讼，拯救水灾，与民休息，惠政颇多，选户科给事中。万历五年（1577），入闱分校，选得俊才，得民誉。虽得张居正赏识，但"卒无私谒"而外迁陕西参政。三年报最，竟以冗官裁；未三月，复除故官，兵备河湟；未上，擢陕西按察使。执政以宽缓称。擢四川右布政使署篆，迁山西左布政使，拜右副都御史，巡抚山东。在山东赈灾中颇有建树，晋刑部右侍郎。又迁右都御史，总督仓场；晋南京工部尚书，未上，改户部尚书，兼右副都御史，董漕运，抚江北。文中尤记"岛寇犯朝鲜，简师敦陈，树之风声，四封谧如。而岁复灾，请以帑金数万活之"，可见李戴曾处理了"岛寇犯朝鲜"的一场危机。三年，以故官调南京。寻改司空。丁继母忧，归。服除，任吏部尚书。六年秩满，加光禄大夫、太子太保，进阶柱国。三十一年（1603），"妖书狱"起，李戴受外甥牵连而致仕归。三十五年（1607）卒于乡。

纵观李戴一生，为政勤恳，崇尚温和，多惠政，以"温然长者"称，但亦无大的建树。后期对执政赵志皋、沈一贯等不敢立异，卷入"妖书案"中而不能久于其位，而铨政亦日益废弛。文中又从"所为德于家者""所为德于友者""所为德于乡者""所施济不可胜计，而自持，则一介无妄受""其敦厚持大体类此"等方面称赞其道德修养之高，所为善事之多，社会影响之大。使人物形象得以立体丰满地呈现。李戴晚年好养生，诵黄庭，事吕纯阳，杖履名胜，追求逍遥自在的方外生活。孙奇逢认为其"虽耽仙玄，亦不可以苛论也"，对李戴以沉溺方外而避祸的心态把握得比较准确。另，据清道光《辉县志》卷十一《人物·寓贤》："万历末寄籍于辉，寓资村里南社。"可见李戴晚年的生活状态与辉县山水、夏峰学派之间有关联。

李戴墓现存延津县城关镇东街村。墓冢呈圆形，高2米，直径15米。沈鲤题写的墓表已无存。2017年3月8日，延津出土李戴之孙李辉墓志"明故承德郎户部山东清吏司主事思玄李公元配敕赠安人杨氏合葬志铭"。全文1154字，记载李氏世系甚详，再结合本墓志，此支李氏的源头、发展、繁衍情况十分清晰，故本志对研究延津县李氏家族历史以及与其他名门世族的交往史有帮助。

本志现存3139字，超出了一般墓志的容量。其内容与《明史·李戴传》及《中州人物考》卷五《李少保戴》雷同，新异之处不多。志文记载"序品少，不悉生时事，以属姊夫刘郡丞。三年，郡丞始次行实以来"，可见本志撰于李戴卒后三年，即万历三十八年（1610）。笔者怀疑此文或为墓志之底稿，未必是墓志正文。

皇明诰封武德将军锦衣卫北镇抚司理刑正千户周公墓志铭

（明）刘理顺

《诗》咏《陟岵》，嗟行役志孝也。至瞻之不获，而怅望囏积，以殁其身，更有戚然者矣。余甲戌岁始获交金吾周公，倜傥大度，魁岸不凡，聆其言论，忠孝之致油油然。其座右联有"恋主神萦北极，思亲梦绕南云"之句，盖世梓中翘楚也。自是诵读之余，时相过从。尝为余言熹①朝中逆珰乱政，驱除异己，杨左②诸君子抗忠殉节，幽系搒拉之惨，犹发竖眦裂，怒愤填膺。并言其被逮，与诸君子同而获保首领，实出熹皇帝特鉴，复蒙皇上拔之废弃中，任以诏狱之重。两朝浩荡，有誓洒此一腔热血以报耳。乃家严悬车③已久，年逾指使，不获时侍几杖以伸返哺之情，将奈之何？言毕欷歔，泪辄数行下。余曲家宽譬，数年如一日焉。

会东宫出阁④，敕大金吾简端谨者充侍直官，公与其选，于是益不得归省。每接太守公⑤手书，未发封，已呜咽不胜，家人各为掩面。其长君昆仲归就童子试，谆谆以勉，图进取，为大父慰。

戊寅冬，虏掠畿南，薄齐鲁磁相漳卫之间，汹汹然。或言虏之游骑将迫河干，窥廪延矣。公时守西安门，朝夕拮据，念太守公处斗城中，或受警悸，忧形于色，至废寝食，遂遘疾不起。闻沉剧中尚伊吾作定省语也，悲哉！

公名治，字公治。星储，其号。其先晋之洪洞人，国初徙延津之史良

---

① 熹：即明熹宗朱由校。
② 杨左：明末杨涟与左光斗的并称。杨涟与左光斗劾忠贤，两人同被诬陷入狱。
③ 悬车：致仕。古人一般至七十岁辞官家居，废车不用，故云。汉班固《白虎通·致仕》："臣年七十悬车致仕者，臣以执事趋走为职，七十阳道极，耳目不聪明，跛蹄之属，是以退老去避贤者……悬车，示不用也。"亦指隐居不仕。
④ 出阁：亦作"出閤"。皇子出就封国。《宋史·职官志二》："太平兴国八年，诸王出阁，楚王府置咨议参军二员，翊善一员。"
⑤ 太守公：指墓主周治之父。资料缺乏，不知所指，待考。

村。甲第蝉联不绝，详载中丞乐轩公①传志中。以中丞公军功，荫袭执金吾千夫长副；庆陵告成，转正。公为人笃挚慷慨，事不避难。己巳之变②，蓟督误军机，法当逮。时虏在郊关，大将军新战殁，缇骑无一人敢往。公请行，不五日，督臣逮至。及典诏狱，司马梁公③被诬，属公究其家隶。公七疏，为之申辩，诬得白。有戚畹与中涓构狱，始祸者实系两仆斗殴，戚畹必欲坐主谋。疏参司寇，属鞫狱，下公鞫。公屡讯，无贿，疏凡十上，命内理刑覆按之，卒与公所讯无异。其治狱多所平反类如此。公才思敏赡，肆应不穷。凡郊祀、幸学、耕籍④诸大典，所司必以烦剧而亲近御前者属公，公小心勤慎，进退不失尺寸，上为注目。当军政掌卫事者，公旧属司户，骤得迁衔，公不为屈，特揭媒孽，大司马张公⑤与长垣⑥共骇叱曰："是圣眷所属，需大用者，胡得以私隙中衔者？"沮而止。

---

　　①　中丞乐轩公：即周咏，字思养，号乐轩，延津县史良村人。嘉靖三十七年（1558）举人，四十一年（1562）进士，授魏县知县。后为福建道监察御史。四十五年（1566）出按宜大。隆庆二年（1568）按山东。寻典庚午（1570）试。万历二年（1574）巡视京营。三年（1575）任大理丞。四年（1576）升左少卿。五年（1577）擢辽巡抚。未几，拜少司马。十年（1582）进左都御史。后乞骸骨归，卒于乡。清康熙四十一年（1702）《延津县志》卷五《名贤》有传。

　　②　己巳之变：又称后金攻明京畿之战。指明崇祯二年（1629）十月至三年正月，后金大汗皇太极率军突袭北京以及明军阻击后金军的历史事件。

　　③　司马梁公：指梁化龙（1527—1602），明真定府真定人，字乾吉，号鸣泉。嘉靖三十二年（1553）进士，授兵科给事中。隆庆四年（1570）巡抚山东，以河决宿迁，议通海运。并试办有成效，已而卒不行。神宗初，张居正当国，以梦龙为其门下士，特爱之，累迁为右都御史，总督蓟、辽、保定军务。李成梁屡破土蛮，梦龙率兵出关为其后援。以功加兵部尚书，入掌部务，加太子太保。万历十年（1582）张居正卒，被劾致仕。追谥贞敏。有《史论编》《海运新考》。

　　④　耕籍：亦作"耕藉""耕耤"。古时每年春耕前，天子、诸侯举行仪式，亲耕藉田，种植供祭祀用的谷物，并以示劝农。历代皆有此制，称为耕藉礼或籍田礼。据《礼记·月令》，其礼为天子三推，三公五推，卿、诸侯九推。至清末始废。

　　⑤　大司马张公：或指张缙彦（1599—1670），字濂源，号坦公，又号外方子，别号大隐，河南新乡县人。天启元年（1621）举人，崇祯四年（1631）进士。授清涧知县，调三原县知县。十年（1637），迁户部主事。十一年（1638），历任编修、兵科都给事中，曾上书弹劾杨嗣昌。十六年（1643），擢兵部尚书。十七年（1644）三月，李自成攻陷京师，率百官表贺迎接。四月，逃归故里。闻福王据江宁，又受封总督河北、山西、河南军务。清军南下，逃匿于六安州商麻山中。顺治三年（1646）降清。九年（1652），历任山东右布政使、浙江左布政使。十七年（1660）六月，因文字狱被捕下狱；十一月没收家产，流徙宁古塔。康熙十一年（1672），卒于宁古塔。著《宁古塔山水记》《域外集》《菉居封事二卷》《俗史》十八卷《依水园文集》《菉居诗集》《菉居文集》等。

　　⑥　长垣：或指郜永春（1531—1609），字子元，号仰遽，长垣人。嘉靖四十一年（1562）进士，授南陵知县。升河南道监察御史，未几，出巡河东。其主张与权臣不合，遂乞请归里。万历十五年（1587）再荐起，官至山西按察使。著《问学直指》《廉吏规鉴》《论孟大义》《皇明三儒言行要录》十四卷等。

公平日矜意气，耻依回，故虽为宵小愠嫉，而当道转加推重，夫何愧太守公之薪，中丞公之武乎？公生于万历丙申年二月初一日，卒于崇祯己卯年正月初十日，享年四十有四。配申宜人，江西九江府通判申如埙[①]之女。子男四：长笃棐，娶建水知州申廷对孙女[②]，即申宜人内侄女。次丕乘，聘封丘县学生张枢女。汝楫、若采，尚幼。女三：长许聘县学生焦世延男，次许聘县增广生张其纪男。长君既袭公官，将营葬事，奉太守公之命来乞言。余知公，曷敢辞！谨即其行实志之，而系以铭。

铭曰：

河流浩淼，奔绕荆隆。廪延之墟，佳气蓊葱。维彼杰特，夙夜在公。盱目云山，忧心有忡。壮志未酬，奄然长封。人可赎兮，宁百其躬。

崇祯岁次庚辰二月初九日，赐进士及第、翰林院修撰、儒林郎、经筵讲官、东宫讲读官、编纂章奏、眷侍生刘理顺[③]顿首拜撰并书丹。

【简析】

本墓志出土于1998年11月，篆盖、志石俱全，均一米见方，现存延津县史良村周氏宗祠。篆盖"皇明诰封武德将军锦衣卫北镇抚司理刑正千户周公墓志铭"，5行，每行5字，共25字。属九叠篆，盘旋屈曲，雍容丰腴，均匀对称，庄重恢宏。四周饰以花草纹饰，线条纤细，摇曳活泼，与中间尚方大篆的肃穆严整互为衬托，相映成趣。志文连题39行，满行42字，共计1006字。其中多尊礼制，另起行较多，使得整体布局错落纡徐，颇为生动。正体，结体方正，多用方笔，敦厚中不乏灵动，有浓郁的魏碑韵味。本志篆盖、书丹、撰文者皆是刘理顺。刘理顺是杞县人，崇祯七年

---

① 江西九江府通判申如埙：按，《刘文烈公全集》中作"某官"。申如埙，号奏廷，延津县人。万历乙酉科（1585）举人。以兵部司务出为略阳县令。《略阳县志》记其"政教休明，惠风狄畅。棠阴已覆乎赤子，菁莪尤著于青衿。略人称曰'铁耳申公'"。仕至九江府通判。祀乡贤。清康熙四十一年《延津县志》卷五《乡贤》有传。

② 娶建水知州申廷对孙女：按，刘理顺《刘文烈公全集》卷十一《周星储金吾墓志铭》作"娶故御史申廷撰侄孙女"。

③ 刘理顺（1582—1644），字复礼，号湛六，杞县人。崇祯七年（1634）状元，授翰林院修撰，负责《起居注》，管理六曹奏章，纂修《明会要》。历任南京司业、右谕德、经筵讲官。与兵部尚书杨嗣昌有隙而罢官，后起主讲经筵，兼知制诰，升左春坊左中允。崇祯十七年（1644），李自成攻陷京师，刘与妻姜家仆12人投缳俱死。南明王朝赐谥文正，追封詹事。顺治十年（1653），追赐谥文烈。康熙二十五年（1686）建专祠。著《刘文烈公全集》十二卷。

（1634）状元出身，历任显职。李自成攻破京都时，携妻妾家仆投缳俱死，以节义名世。刘理顺有文集十二卷传世。清顺治刻本《刘文烈公全集》卷十一《墓志铭》中收录本志，以"周星储金吾墓志铭"为题。

墓主周治（1596—1639），字公治，号星储，延津县人。周咏孙。周咏乃嘉靖、万历朝名臣，进士出身，历任福建道监察御史、都察院右都御史兼兵部右侍郎、总督蓟辽保定军务，赐飞鱼服，食正一品俸，名震一时。周治之父"太守公"不知所指，但亦应久历仕宦。周治出身名门，荫世袭锦衣卫正千户，仕至北镇抚司指挥同知，方志无传。从文中看，周治曾与逆珰抗争而被捕，目睹"杨左诸君子抗忠殉节，幽系搒拉之惨"，遂"有誓洒此一腔热血以报"。后充东宫侍直官，守西安门，多次上疏进言，"治狱多所平反"。但周治卒于崇祯十二年（1639），享年仅四十四，适逢乱世，老父犹在，其"守西安门，朝夕拮据，念太守公处斗城中，或受警悸，忧形于色，至废寝食，遂遘疾不起"，似乎是忧亲而卒。或许有其他原因，作者不便明言。

文中围绕者孝亲和尽忠两方面叙述周治的生平事迹，但多概述，以突出其忠君爱国和思亲孝友。周治主要生活在天启年间，其属于锦衣卫，既洞悉朝政的种种弊端，又不得不置身乱局之中不能自拔。他亦曾被系狱中，但文中未详述缘由；充任东宫侍直官，参与皇权争斗；只身一人赴军中缉拿蓟辽总督；直接参与诸多审讯……锦衣卫是明代的特殊机构，原为管理护卫皇宫的禁卫军和掌管皇帝出入仪仗的官署，后逐渐演变为皇帝心腹，特令兼管刑狱，给予巡察缉捕权力。后期更是东西厂并列，成为厂卫并称的特务组织。本文从一个锦衣卫官员的角度展示了明天启、崇祯年间党争不断、厂卫横行，国家司法系统遭到破坏，官员民众生活在恐怖之中的社会现实，这是本文独特的价值所在。

文中又提及"大司马张公"和"长垣"，笔者推测指新乡张缙彦和长垣郜永春。周治之妻为曾任九江府通判的申如埙之女，周治长子周笃辈以御史申廷撰侄孙女为妻等，这些资料为研究延津周氏家族与新乡张氏、长垣郜氏、延津申氏等名门望族的交往有帮助。

原阳县篇

陈留索昏库上里社碑

（汉）蔡邕

社祀之建尚矣！昔在圣帝，有五行之官①，而共工子勾龙为后土②，及其末③也，遂为社祀。故曰：社者，土地之主也。《周礼》："建为社位，左宗庙，右社稷。"戎丑攸行④，于是受赈；土膏恒动，于是祈农。又颁之于兆民，春秋之中，命之供祠。故自有国至于黎庶，莫不祀焉。

惟斯库里，古阳武之户牖乡也。春秋时有子华⑤为秦相。汉兴，陈平由此社宰⑥，遂佐高帝克定天下，为右丞相，封曲逆侯。永平之世，虞延⑦

---

① 五行之官：古代传说中的五神。《左传·昭公二十九年》："故有五行之官，是谓五官……木正曰句芒，火正曰祝融，金正曰蓐收，水正曰玄冥，土正曰后土。"

② 勾龙：社神名。汉蔡邕《独断》卷上："社神，盖共工氏之子勾龙也，能水土，帝颛顼之世，举以为土正。天下赖其功，尧祠以为社。"后土：田正。上古掌管有关土地事务的官。《左传·昭公二十九年》："五行之官，是谓五官……水正曰玄冥，土正曰后土。"杜预注："土为群物主，故称后也。"

③ 末：亦作"没"或"殁"。

④ 戎丑攸行：语出《诗·大雅·绵》："乃立冢土，戎丑攸行。"毛传："戎，大；丑，众也。"孔颖达疏："立此社者，为动大众，所以告之而行也。"意谓"冢土"（大社，祀神之处）是大众所由行动之处。古时王者起大事，动大众，必先祭社神而后行动。

⑤ 子华：一说池子华。传为秦大司马公子池之后，秦惠文王曾以子华为相。但此说有争议。

⑥ 按，汉陈平微时居库上里，乡里祭社时，陈平为宰，分肉食均匀，受到父老称赞。见《史记·陈丞相世家》。后因有"陈平分肉""陈平宰社"之典。

⑦ 虞延（？—71），字子大，东汉陈留东昏人。光武时为洛阳令，执法不避外戚。明帝时累迁太尉、司徒。楚王谋反，外戚阴氏中伤之，诏书切责，虞延自杀。《后汉书》卷三十三有传。

为太尉、司空封公。至熹平，延弟曾孙放①字子卿为尚书令，外戚梁冀乘宠作乱，首策诛之，王室以绩封召都亭侯、太仆、太常、司空。毗天子而维四方，克措其功，往烈有常。于是司监爰及邦人，金以为宰相继踵，咸出斯里，秦一汉三而虞氏世焉。虽有积善之庆，终身之致，亦斯社之所相也。乃相与树碑作颂，以示后昆云。

唯王建祀，明事百神。乃顾斯社，于我兆民。明德惟馨，其庆丰彰。自嬴及汉，四辅②代昌。爰我虞宗，乃世重光。元勋既立，锡兹土疆。乃公乃侯，帝载用康。神人协作，且巨且长。凡我里人，尽受嘉祥。刊铭金石，永世不忘。

【简析】

本碑不见原石，故不知其形制及书丹风格。碑文见民国二十五年《阳武县志》卷五《文征·陈留索昏库上里社碑》，亦见《蔡中郎集》卷五。撰文者蔡邕（132—192），东汉陈留围人，字伯喈。少博学，好辞章、数术、天文，妙操音律。灵帝时辟司徒桥玄府。任郎中，校书东观，迁议郎。熹平四年（175）与堂溪典等奏定"六经"文字，自书于碑，使工镌刻，立太学门外，世称"熹平石经"。后以上书论朝政阙失，为中常侍程璜陷害，流放朔方。遇赦后，复遭宦官迫害，亡命江海十余年。董卓专权，召为祭酒，迁尚书，拜左中郎将，封高阳乡侯。卓诛，为司徒王允所捕，自请黥首刖足，续成汉史，不许，死狱中。有《蔡中郎集》，已佚，今存辑本。蔡邕善书，并且有着自己的书法理论。他主张"书者，散也"，其"散怀抱"的理论开了"意在笔先"书法创造思想的先河。再者，他提出"阴阳既生，形势出矣"的观点，强调书法创作中"势"的审美价值。其次，他主张"下笔用力，肌肤之丽"，发现了蕴藏在书法线条中"力"的审美内涵和价值表现。蔡邕的传世作品不多，但"骨气洞达，爽爽有神力"。本碑或为蔡邕撰并书，若留存于世，定为神品。

---

① 放：即虞放（？—169），字子卿，东汉陈留东昏人。太尉杨震门徒，曾诣阙为杨震申冤。桓帝时为尚书，以议诛梁冀功封都亭侯，为司空。性疾恶宦官，遂为所陷。灵帝初以党事诛。

② 四辅：官名。相传古代天子身边的四个辅佐。《书·洛诰》有"四辅"之称。《益稷》有"四邻"，《史记·夏本纪》作"四辅"。至《尚书大传》、贾谊《新书》始有疑、承、辅、弼（《新书》作道、弼、辅、承）为"四辅"之说，皆出于秦汉间人的依托。至王莽托古改制，置四辅以配三公，又为其子置师疑、傅承、阿辅、保拂（弼）之官。明太祖曾置春、夏、秋、冬官，也叫"四辅"。

　　本文记载了古阳武户牖乡之库里的社祀（土地庙）的创建情况。作者考证了我国古代崇祀土地神的信仰缘由，提出"社者，土地之主也"的观点，指出"故自有国至于黎庶，莫不祀焉"的普及程度。作者认为，古阳武之地之所以能够"宰相继踵，咸出斯里，秦一汉三而虞氏世焉"，虽有"积善之庆，终身之致"的因素，又离不开"斯社之所相也"。故"神人协作，且巨且长。凡我里人，尽受嘉祥"。反映了我国古代人民对儒家伦理思想传承的重视和对土地神信仰的根深蒂固，体现了传统农业社会的文化特征和民族心理。

　　文中记载了古阳武贤才辈出的事实，其"宰相继踵，咸出斯里，秦一汉三而虞氏世焉"的提法富有概括力，反映了此地文化积淀的深厚。所以，本文对研究我国土地神信仰的由来、发展、影响乃至古阳武的文化底蕴和文化特征有帮助。

重修河渎庙碑记

（明）吴英

　　阳武，开封属邑也。黑洋山，阳武属地名。东南去县二十里，山以黑洋名久矣。弘治三年，缘钦差司空白[1]按至洋山，谒庙间，相视庙廊历岁久远、敝而葺者屡矣，首命医学训科[2]李昶以董匠氏，不逾月告成。规模广袤，气象雄伟，视昔加什之三四。时同大参熊[3]遂责令道士王景阳给与下帖，朝夕焚修；又询及庙源委，佥曰莫知。乃命昶务究始末，以志于

---

　　① 白：指白昂（1435—1502），明常州府武进人，字廷仪。天顺元年（1457）进士。擢礼科给事中。丁忧服满改刑科。宪宗初即位，疏请谨命令以全大信。历官应天府丞、南京左佥都御史、兵部左侍郎、户部侍郎、刑部侍郎、刑部尚书。卒谥康敏。按，弘治二年（1489）五月，黄河大决于开封及封丘荆隆口，郡邑多被害。九月，白昂以户部侍郎修治河道，赐以特敕令会同山东、河南、北直隶三巡抚，自上源决口至运河，相机修筑。三年（1490）正月，白昂查勘水势，建议"北堵南疏"，获得成功。

　　② 训科：明代各府、州、县各设一专司医学的官员，府称正科，官为从九品；州称典科，县称训科，均有官职无俸禄。

　　③ 熊：或指熊禄，江西进贤人，进士。历任兵部主事，员外郎，福建参政，云南布政使，南京光禄寺卿等。弘治年间曾任河南布政司左参政。

石。昶承命后，爰率乡人好礼者李然、周郎等出赀鸠工，伐石于山。未几，昶公差。延今弘治戊午春，本县县令张公林茂①等仍命前事，属予记。辞弗获，以故旁搜博访，历咨故老，始得撮其庙之攸自，洎河之变迁大略，录于左。

窃惟自古祀典之神皆以义起，凡有功德于民、有裨国家者皆得血食于土，矧黄河在中原，虽变徙不一，损益无常！永乐以来，徐吕②漕运大赖此济。河神庙建义本诸此。宋以前黄沁变迁，未详考征。元迄洪武二十三年，黄河始自荥泽地名姚村口溃泄，历本县黑洋山西北，过胙城地名沙门儿沿，迄开州③等处下达直沽注海。洪武二十四年，又自姚村口溃泄，更历洋山，过汴城迤北，下达徐吕洪，历永乐、宣德以迄。正统十三年夏，黄河仍自姚村口溃泄，又历本县南行二十余里，过汴城迤南，至亳县等处，下达淮泗注海。时姚村口迄洋山等处黄河淤塞，徐吕洪浅，转输胶阻，当道疏上，因创置斯庙于洋山乾隅、河北之滨，封号"朝宗顺正惠通灵显广济大河之神"，责令原、阳二县春秋轮祀，添设管河大参、宪副从此始也。时遂兴事，任力经始，自姚村口挑至洋山处，欲夺水势，导归洋山下故道，以济徐吕漕运。累年，弗获。景泰二年，司空石④、都宪洪⑤按至本县，南去三十余里地名脾沙冈迤西李家湾，改河二道，欲夺水势，仍入洋山下流故道。累年，弗获。天顺四年，都宪贾⑥按至汴城迤西地名曹家溜至翟家口等处，改河一道，欲夺水势，亦入洋山下流故道。弗获。天

---

① 张公林茂：即张林茂，直隶满城人。举人。弘治年间任阳武县令。廉介严明，民怀吏畏。九年秩满，升均州知州。

② 徐吕：即徐州、吕梁。按，徐州洪和吕梁洪水是徐州段运河的两处险要地段。《明史·河渠志》："徐、吕二洪者，河槽咽喉也。"

③ 开州：金以澶州为开州，即今河南濮阳。民国改开州为濮阳县。按，清乾隆十年《阳武县志》卷六《祠庙·河渎庙》作"开封"。

④ 石：即石璞（？—1469），明河南临漳人，字仲玉。永乐九年（1411）举人，入国子监，选授御史。正统初累官任江西按察使，善断疑狱。迁山西布政使。十三年（1415）召为工部尚书。景泰间两次出治黄河沙湾决口，开新河以通漕运。累迁兵部尚书，与于谦同理部事。旋督湖广军务。天顺初致仕。四年（1460）召为南京左都御史，年老不能任事。七年（1463）勃罢归，旋卒。

⑤ 洪：即洪英，明福建怀安人，字实夫。永乐十三年（1415）会试第一，入翰林，与修三礼。正统十四年（1449）土木堡之役后，任左副都御史，巡抚山东，筑临清城，修运河堤。景泰三年（1452），进左都御史，巡抚浙江。乞归。有《澹成集》。

⑥ 贾：指贾铨（？—1467），明广平府邯郸人，字秉钧。永乐二十二年（1424）进士。授礼科给事中。正统初，谳在京重囚，多所原宥。历大理知府、云南左布政使，治行为当时之最。天顺中，以右副都御史巡抚山东、河南。岁饥，请召还山东清军御史，停征河南课马。卒官。

顺五年，都察院都使金督同各属按至怀庆府武陟县迤东地名保家湾古迹沁河处，沁河原派东南，会入黄河交流。时将原入黄河派处用工闭塞，自保甲湾挑至荆嘴四十余里。天顺七年春三月，开放缺口，沁河始导入洋山下黄河故道，谚亦呼为沁河，徐吕得济，漕运疏通。二十五载有余，成化戊戌，大参王见旧庙基址洼下，祭时病涉，命有司迁于南阜，神庙建于西，官亭建于东，倍于前修。庙制延袤丈尺，俱附碑阴。弘治改元，黄河溃泄，自汴城西过东北下达徐吕等处。弘治辛亥夏六月，河仍从原武会入黄河交流，洋山至于家店，沁河淤塞，舟楫不通。延今数载，兹记特洋山建庙攸自与夫徐吕水利之由耳。

其黄河源出自星宿海，在元考详；沁河源出行之北，予不复赘。将来黄沁变迁，又不知其几许。因请记，庸述此，聊释观者思焉。

【简析】

本碑不见原石，故不知其形制及书丹风格。碑文摘自民国二十五年（1936）《阳武县志》卷五《文征》，以"重修河渎庙碑记"为题。关于阳武县河渎庙，清乾隆十年（1745）《阳武县志》卷六《祠庙·河渎庙》："河渎庙，在黑洋山。弘治十一年知县张林茂重修，邑人吴英碑记。"附录本文，无题。碑立于弘治十一年（1498），撰文者吴英，阳武县人，弘治己酉科（1489）举人，曾任山东乐陵县知县。

本碑为重修阳武县河渎庙而立，吴英受县令张林茂之托，围绕"庙之攸自"与"河之变迁"两个内容梳理阳武县黑洋山在明代治河中的地位和作用。在我国治黄史上，原武、阳武两县遭受黄灾之重、时间之长非他县可比。作者以"黑洋山"为基点，梳理了自明初至弘治十一年（1498）百余年间的黄河泛滥改道、运河拥塞、或疏或堵、引黄济漕、黄沁变迁等诸多事实，为研究原阳县治黄史乃至中国治黄史提供了真实具体的第一手资料，弥足珍贵。

相比于传统重修庙宇碑记，本文很少对河神的介绍和渲染，而是看到诸如"司空白""大参熊""县令张林茂""司空石""都宪洪""都宪贾""都使金""大参王"等治河官员的前赴后继，兢兢业业，艰难前行，正如作者所言"凡有功德于民、有神国家者皆得血食于土"，这些人才是治河干臣，民族脊梁。

文中提及"庙制延袤丈尺，俱附碑阴"，可知此碑有阴，记载此河渎庙之布局及形制，按惯例亦应附修庙官民的名单。这些对灾荒史、治河史、水神信仰的研究都有帮助。

作者在文末慨叹"将来黄沁变迁，又不知其几许"，充满了无奈和忧虑。事实证明其担忧非虚，明清乃至民国，黄河肆虐，人民遭灾仍是常态，中国治河的血泪史仍在延续。

重修娄贞公祠堂记

（明）阎邦宁

自有原邑以来，乡哲之载祀典者，惟娄公一人。询之，则咸称雅量为甚，或持戒弟自免之一语为征。夫雅量固非盛德者不能，先生固盛德长厚之君子，乃其称唐名相、列青史而享世祀者，徒以量而已乎？相，系天下之安危；史，定百年之邪正；祀，延万世之报飨。果无他可述，独此一节，可以见量，遂尽生平，何以服当时、训后世乎？金宪韦公①曾树之碑并勒其本传，盖亦惜后人之未知公也。

予尝详考唐史，知其卓越当世者有四焉。史称公宽厚清慎，犯而不校；又称沉厚宽恕，恭勤不怠。观其事污君无侧媚之行，立乱朝无比党之私，一时相臣未见端谨出公之右者，虽梁公②亦自叹服。吾未能窥其际矣。此其盛德之宏深者，一也。协恭以处同僚，密勿③以进贤相，使吐蕃而赞婆悦服，临白涧而八战八捷，镇河陇四十余年而民赖安之。此其才猷

---

① 金宪：金都御史的美称。《醒世恒言·陈多寿生死夫妻》："陈多寿官至金宪，朱氏多福恩爱无比，生下一双儿女，尽老百年。"顾学颉校注："古时称御史为宪台。明代，都察院设有左右佥金都御史，所以称为'金宪'。"韦公：即韦商臣，明浙江长兴人，字希尹，号南苕。韦厚子。嘉靖二年（1523）进士。授大理评事。以请平反无罪廷臣，谪清江县丞，稍迁河南按察金事。为权要所构，迁四川布政司参议，落职归。按，万历二十二年《原武县志·艺文》录韦商臣《皇明书娄贞公本传碑》及《皇明唐娄师德传》。

② 梁公：指唐朝名臣狄仁杰，卒后追封梁国公。

③ 密勿：勤勉努力。《诗·小雅·十月之交》："黾勉从事，不敢告劳。"王先谦《诗三家义集疏》谓"鲁'黾勉'作'密勿'。"《汉书·刘向传》："君子独处守正，不挠众枉，勉强以从王事……故其诗曰：'密勿从事，不敢告劳。'"颜师古注："密勿，犹黾勉从事也。"

之安攘者，二也。荐五龙①以夹日，人知为梁公也。梁公之挽周为唐，伊谁荐之乎？始而论相，不求人知；既而见轻，不以为愠。向非武氏临朝之间，终无以发。梁公"盛德包容"之叹，此其荐贤为国不为私，则为唐不为周明矣。视《泰誓》容贤利国之臣何愧焉！此其臣节之忠贞者，三也。当时告密罗织之狱毒海内，天子且在房州，宗藩及顾命元臣如无忌、遂良辈曾无一人得免者，虽忠鲠昭昭如梁公亦系狱承反是实矣，先生独以沉厚宽恕卒脱其祸，仲山甫②之明哲保身可无愧焉。此其德祚之完美者，四也。以是四者而称名相、传青史以享世祀，宜乎，不宜乎？

卒而谥之曰"贞"。按《谥法》"清白守节曰贞"，名当实矣，祝史无愧词矣。奈何后人不称其贞而称其量，不重其四十年将相之勋而重戒弟之一语，不述其荐贤存唐之大节而述其忧乱远祸之细谨！吾恐前哲之心不白于千载之上矣，得非后生兹土者之责乎？

先生子姓云仍，无虑千数，列乡校者常十余人。天祚厚德，有明征矣。今捐赀修祠者，汝兰其讳者也。汝兰沉厚端谨，有祖风。其孙某某，俱庠之有文望者。鼎新门堂凡九楹，费将几百金，始于十月初十日，竣于十一月十五日。恳求予言，以识落成。予故原先生之可祀可法者，以彰后进景仰之准，慎勿以雅量一节掩前哲云。

【简析】

本碑不见原石，故意不知其形制及书丹风格。碑文摘自清乾隆十二年（1747）《原武县志》卷九《艺文》，以"重修娄贞公祠堂记"为题；明万历二十二年（1594）《原武县志·艺文》亦录此文，以"皇明重修娄贞公祠堂碑"为题。撰文者阎邦宁，原武县人，字仲谧，号月川。嘉靖甲子（1564）解元，隆庆戊辰（1568）进士。授职工部主事，出守松江府，后迁至山西按察使司副使。

所谓娄贞公，即娄师德（630—699），唐郑州原武人，字宗仁。太宗

---

① 五龙：指狄仁杰。典出《新唐书》卷一百十五："仁杰蒙耻奋忠，以权大谋，引张柬之等，卒复唐室，功盖一时，人不及知。故唐吕温颂之曰：'取日虞渊，洗光咸池。潜授五龙，夹之以飞。'世以为名言。"

② 仲山甫：或作仲山父。西周人。周宣王之大臣。名失传。封于樊，亦称樊仲、樊仲山父、樊穆仲。宣王战败，丧失军队甚伙，乃欲登计民数于太原。仲山甫劝谏。后辅佐宣王，尹吉甫尝作《烝民》之诗以称扬其德。

贞观中擢进士第。高宗上元初，为监察御史。仪凤三年（678）应诏从军，屡胜吐蕃。累官至同凤阁鸾台平章事，掌朝政。前后总边要为将相三十年，所至有功。曾谓弟曰："宠荣已极，人所嫉也，何以自免？"弟曰："自今虽有人唾某面，某拭之而已。"师德曰："适逆其意，止使自干耳！"卒谥贞。《新唐书》卷一百八有传，侧重于展现其"深沉有度量"的品性，这也是本文论述的缘由。本文针对世人皆"咸称雅量为甚"，提出自己的疑问，以娄师德生平事迹为论据，从四个方面全面展现娄师德的个性和成就，即"盛德之宏深""才猷之安攘""臣节之忠贞""德祚之完美"。

对历史人物的品评相当困难，往往是仁者见仁，智者见智。作者并不反对世人的观点，但在此基础上，有理有据地提出了自己的观点，颇有史论文章角度新奇，立论卓异，推理严谨的风采。作者希望后人能全面认真娄师德的品性、贡献和成就，"以彰后进景仰之准"。

文末介绍了重修娄师德祠堂的情况，用语不多，叙述了撰写此文的缘由。但没有注明创作及立碑时间，其他附加信息也很少，这是方志节录碑文的通病。

留侯祠碑记

（清）谢包京

秦政暴横，天下共欲亡之，不特留侯也。独无有倡之者，非智不给而勇不足也，英烈之气耗折于虐焰间耳。侯五世相韩，追韩之亡而思以报之，散家财给力士，击秦于博浪沙中。余初意博浪必深山大泽、茂林曲涧，可以数匿遁逃，否则发筍门①，却笠居，凭力斗于穴可幸免耳。及余吏兹土，见皆平原旷野，牛羊散其间可数而知也。以秦之威，乃大索十日不获，何哉？或疑其有章刚埋草之术，如世所称犇天马、覆华盖，为黄石②所授遁

---

① 筍门：即鱼筍门。门如鱼筍，比喻险要关隘。按，鱼筍是一种渔具，编竹成篓，口有向内翻的竹片，鱼入篓即不易出。

② 黄石：即黄石公，亦称圯上老人。相传张良于博浪沙刺秦始皇失败后，逃亡至下邳（今江苏睢宁北），在圯上遇黄石公，授《太公兵法》。

甲秘策，是不徒诬侯兼诬天下矣。夫侯自击秦后，亡命游下邳，逾年始有圯上老人之事，豪杰报国，成败祸福固不计也，岂必逆料其不死而后为之哉？使侯当日果有鬼神之谋，又岂不知秦皇之有副车而误中之？则是鬼神之术亦穷矣。盖秦之索侯而不获者，人也，亦天也；侯之击秦而不中者，天也，非人也。假令击秦而中，秦皇薨于槌下，煅匠不得埋①，鲍鱼②不得混，扶苏旦夕奔丧，蒙恬自上郡将兵还，赵高、阎乐③、李斯之徒不得逞其狡，秦之亡不亡未可知也。惟击之不中，索之不获，秦皇于是始知天下之同心而叛也，车中之人皆可疑矣，惴惴栗栗而殒于沙丘，岂非天乎？若夫大索之举，秦法细苛，不获则未必尽天下而诛之，获则必究其所从来，疑为同逆而当之以赤族，天下之人亦何利于获侯为哉？且汉兴四百年，张俭④以罪亡，坐匿俭者千余家而不憾；况侯举大义时在汉初，去三代未远，人心固未尝丧也，相与全之，亦复何疑？矧天业生侯为赤帝⑤师，岂白帝子之所能死？然而侯之心报仇而已，初不意其相全若此也。天下之人见博浪之举事而索之不获，始知天命之有定分而虐焰之不足畏，垄上之锄、野庙之狐、鱼腹之帛⑥同声而起，智者奋其谋，勇者奋其力，咸为侯之气所感，则侯为之倡也。高祖称侯为人杰⑦，太史公亦独以志气许侯而不及其才略⑧，盖

---

① 按，《史记·秦始皇本纪》："葬既已下，或言工匠为机，臧皆知之，臧重即泄。大事毕，已臧，闭中羡，下外羡门，尽闭工匠臧者，无复出者。"

② 鲍鱼：盐渍鱼，干鱼。其气腥臭。《史记·秦始皇本纪》："会暑，上辒车臭，乃诏从官令车载一石鲍鱼，以乱其臭。"

③ 阎乐：秦末人。赵高婿。任咸阳令。高与乐谋，诈称有大贼入望夷宫，乐率将吏千余人入宫，逼秦二世自杀。

④ 张俭（115—198），东汉山阳高平人，字符节。初举茂才，桓帝延熹中为山阳东部督邮，尝劾中常侍侯览及其母罪恶，览怒，诬俭结党，诏捕俭等。俭亡命在外，人多重其名行，破家相容。献帝建安初征为卫尉。

⑤ 天业：帝王之业。南朝宋谢瞻《张子房诗》："婉婉幙中画，辉辉天业昌。"赤帝："赤帝子"的简称。指汉高祖刘邦。《史记·高祖本纪》记刘邦斩白蛇之事。旧谓汉以火德王，火赤色，故称刘邦为"赤帝子"，称秦统治者为白帝子。赤帝子斩杀白帝子，表明汉当灭秦。

⑥ 按，"垄上之锄""野庙之狐""鱼腹之帛"皆典出《史记》卷四十八《陈涉世家》。

⑦ 高祖称侯为人杰：典出《史记·高祖本纪》："（张良、萧何、韩信）此三者，皆人杰也。吾能用之，此吾所以取天下也。"

⑧ 按，《史记·留侯世家》："太史公曰：学者多言无鬼神，然言有物。至如留侯所见老父予书，亦可怪矣。高祖离困者数矣，而留侯常有功力焉，岂可谓非天乎？上曰：'夫运筹策帷帐之中，决胜千里外，吾不如子房。'余以为其人计魁梧奇伟，至见其图，状貌如妇人好女。盖孔子曰：'以貌取人，失之子羽。'留侯亦云。"此段乃司马迁之评语，重张良之"志气"而不重其"才略"。故苏轼《留侯论》："太史公疑子房以为魁梧奇伟，而其状貌乃如妇人女子，不称其志气。呜呼！此其所以为子房欤！"

才略特其余耳，士固以志气为尚哉！

【简析】

本碑不见原石，故不知其形制及书丹风格。碑文摘自民国二十五年（1936）《阳武县志》卷五《文征》，题为"留侯祠碑记"，特注"康熙元年重修，知县谢包京"。可见此碑立于康熙九年（1670）重修留侯祠之时。关于古阳武留侯祠，清乾隆十年（1745）《阳武县志》卷六《祠庙》："留侯祠，在县治东北，即古博浪沙地。康熙九年重修。"谢包京，浙江温州府永嘉县人。进士。康熙元年（1662）任阳武县令。居官清正，民德之。立生祠于五柳集。祀名宦。清乾隆十年《阳武县志》卷十一《艺文·赵宾〈谢邑侯生祠记〉》有"温语劝耕，宽其赋税期会""抚字心劳""捐俸金助逆旅酒赀""平心疏通，使不得上下其手困褐父"等记载，可见其勤政为民之本色。

此文为谢包京所撰，颂扬留侯的壮举和志气，批驳弥漫在留侯身上的虚妄之见。作者首先提出"独无有倡之者，非智不给而勇不足也"，突出张良之"勇"和"英烈之气"。然后通过对博浪沙地理环境的考察，得出张良刺秦后，"以秦之威，乃大索十日不获"，其原因既在于举得人心，又在于时运好，即"盖秦之索侯而不获者，人也，亦天也"，而不是什么"鬼神之术""鬼神之谋"。接着，作者再深一层，指出应辩证分析张良刺秦的意义和收获。秦王死不死不是问题的关键，关键在于"击之不中，索之不获"的结局使得秦王终于明白"天下之同心而叛"，产生众叛亲离之感，每天生活在"惴惴栗栗"之中，最终导致秦皇"殒于沙丘"；同时，亦使得天下大众"知天命之有定分而虐焰之不足畏"，敢于揭竿而起，用武力反抗暴秦。所以，"为侯之气所感"和"侯为之倡"才是张良刺秦的最大价值所在。最后，作者顺理成章地得出了"士固以志气为尚哉"的观点。

全文思路清晰，论述谨严，有的放矢，驳立结合，前以"勇"起，后以"志气"结，史为今用，借题发挥，其结论"士固以志气为尚哉"具有普遍性，撼人心魄。

谢包京乃进士出身，《大清一统志》称其"抚辑流移，遍给牛种。凡辟草莱百余顷，又请酌济。驿站裁，派河夫，平盐价，疏盐引，民力获纾"。从本文看，其品评历史人物有独到眼光，刨除虚妄，注重其在历史发展中的实际作用，颇有见地。此文不像碑文，更像是一篇策论，或许立碑时直接选一篇策论而刻之，或者编辑方志时有所裁略。

陈曲逆侯祠碑记

（清）谢包京

壬寅秋，谢包京出宰阳武。明年春社，父老请举祀典，入户牖乡，谒汉陈丞相曲逆侯平庙。

夫丞相，世多称其智计。以包京观之，殆一清心寡欲，忠勤愿谨人也。天下惟清心寡欲之士，为能忘机，故能烛机之先，而不为机之所乘；为能轻物，故能据物之上而不为物之所累。而且矢志忠勤！其于名也，有时而不足惜，而图以报千秋国士之知，存心愿谨；其于身名也，有时有所甚重，而欲以成国家万全之福。何以知其然也？

初公游学四方，结轸①于贤豪长者，家无儋石，宴如也。富人张负②奇公相，归公女孙，始得衣服鲜丽。渡河以观时势，非与世人得锱铢营什一，挟轻赀防肸箧者比，盖忘机者也。乃舟中人动色，谋不利于公，公辄心知之，裸而佐刺舡，卒免于祸。③凡人怀宝则惧，无宝则释，公不以宝为宝，而以我为宝也。非其清心寡欲，烛机于先者乎？此其一征也。寻亡楚归汉，汉使为护军长，谤者谓其受诸将金，高帝诘之，公初不以为意，但曰："平子然处贫，非此无以自资。苟身不用，金具在，可还也。"④

---

① 结轸：停车。轸，车箱底部的横木，亦作车的代称。

② 张负：邑中富人。《史记·陈丞相世家》记陈平娶张负女之事。

③ 按，事见《史记·陈丞相世家》："渡河，船人见其美丈夫独行，疑其亡将，要中当有金玉宝器，目之，欲杀平。平恐，乃解衣裸而佐刺船。船人知其无有，乃止。"

④ 按，事见《史记·陈丞相世家》："汉王召让平曰：'先生事魏不中，遂事楚而去，今又从吾游，信者固多心乎？'平曰：'臣事魏王，魏王不能用臣说，故去事项王。项王不能信人，其所任爱，非诸项即妻之昆弟，虽有奇士不能用，平乃去楚。闻汉王之能用人，故归大王。臣裸身来，不受金无以为资。诚臣计划有可采者，大王用之；使无可用者，金具在，请封输官，得请骸骨。'汉王乃谢，厚赐，拜为护军中尉，尽护诸将。诸将乃不敢复言。"

帝因知公有轻物之心，不为物累者，必能善于用物，故捐之黄金四万斤，而不问其出入，卒以成间楚之功。此又其一征也。高帝崩，吕后、惠帝治丧，诸大臣务为廉洁，为身名计，无敢私谒，公囩然不顾，独驰赴幕下，效忠悬于后。时惠帝在，后未有王诸吕意，公窃计帝孤处，恐诸吕之间己也，是以主先人之谋，其迹若蹈于阿附者而不知恤。及惠帝亡，少帝立，禄①、产②王，公是时唯唯诺诺，又似乎甚爱惜其身名，而与王陵③小异。至乃燕坐深思，忧形于色，举其一生所谓阴谋奇计者都无所施，独用陆生一言交欢太尉，不旋踵诛吕而安刘，非其愿谨自将，则身已死于诸吕，又焉能延赤帝④之祚也哉？是则公之戆直不如王陵，奇计不如郦生⑤，而独其清心寡欲、忠勤愿谨者过之，诚有道之士也。用能集人望而承天庥，身兼两相，享有寿考。

晚益进学，以燮理为己任。董仲舒，醇儒也，天人之策⑥实自公启之，岂徒以智计称耶？世人不察其学问之所从来，惟相与诩诩焉誉其六出⑦之奇，是其誉之也，与其为谤之也，相去宁能以寸？

包京遵典礼拜献已，因指俎间肉谓诸父老曰："今社日也，此馂余胙，若曹咸得均其惠焉，宁复能起曩日孺子为若宰乎？惟其清也，故能均；惟其忠也，故能惠。吾愿天下之为宰者皆以公为法，何如？"则咸顿首曰："善。"请为记，而勒诸石。

---

① 禄：即吕禄（？—前180），西汉单父人。吕后侄，吕释之子。吕后七年（前181）封赵王。为上将军，居北军，卫宫。吕后卒，欲为乱，为周勃等所诛。

② 产：即吕产（？—前180），西汉单父人。吕泽次子，吕后侄。吕后七年（前181）封梁王。吕后病危时为相国，居南军。吕后卒，欲为乱，为朱虚侯刘章所杀。

③ 王陵（？—前181），西汉泗水沛人。始为县豪。刘邦微时，兄事陵。及刘邦起于沛，陵聚众数千人属之。从刘邦转战各地。高祖六年（前201），封安国侯。为右丞相。为人少文任气，好直言。因反对吕后欲封立诸吕为王，据理廷争，罢相，改任太傅。卒谥武。

④ 赤帝："赤帝子"的简称。指汉高祖刘邦。

⑤ 郦生：指郦食其（？—前203），西汉陈留高阳人。好读书，家贫，为里监门，为刘邦定计下陈留，号广野君。常为汉王说客，使诸侯。楚汉战争中，奉使说齐王田广归汉，韩信乘机袭齐，齐王以为被食其出卖，将食其烹死。

⑥ 天人之策：即"天人三策"。据《汉书·董仲舒传》，武帝即位，举贤良文学之士前后百数，而仲舒以贤良对策。以"天人感应"说为其对策要旨，所对凡三，世称"天人三策"。说明"王者承天意以从事"，建议"诸不在六艺之科、孔子之术者，皆绝其道，勿使并进"，主张罢黜百家，独尊儒术。仲舒所对，为武帝采纳，开此后两千余年封建社会以儒学为正统的局面。

⑦ 六出：按，《史记·陈丞相世家》："（陈平）凡六出奇计，辄益邑，凡六益封。奇计或颇秘，世莫能闻也。"

【简析】

本碑不见原石，故不知其形制及书丹风格。碑文摘自民国二十五年（1936）《阳武县志》卷五《文征》，以"陈曲逆侯祠碑记"为题。关于陈平祠，清乾隆十年（1745）《阳武县志》卷六《祠庙》："陈曲逆侯祠，在县东北二十里。汉武帝三年建，洪武二十三年重修，康熙元年重修，邑令谢包京碑记。"但按碑中所载，谢包京于康熙元年（1662）任阳武县令，"明年春社，父老请举祀典，入户牖乡，谒汉陈丞相曲逆侯平庙"，有感而发，遂撰此文。可见，此碑文撰写康熙二年（1663）。谢包京，进士出身，出宰阳武后颇有政绩。关于其生平及政绩，见本书所录谢包京《留侯祠碑记》之"简析"。

陈平乃阳武县历史名人，富于传奇色彩。他一生以足智多谋称誉天下，先是以"六出"奇计帮刘邦夺得江山，后用韬晦之计隐忍待发，诛诸吕而安刘，故"夫丞相，世多称其智计"。但作者却不这样认为。古人论策，多以立论奇异而险中求胜，本文亦有此特色。作者认为，陈平的"智计"只是外相，其内在的本质是"清心寡欲，忠勤愿谨"，并以《史记·陈丞相世家》中的诸多事例证明之，然后通过"公之戆直不如王陵，奇计不如郦生，而独其清心寡欲、忠勤愿谨者过之"的比较得出"诚有道之士也"的结论。除此之外，作者还指出陈平"晚益进学"，博学多识，董仲舒著名的"天人三策"实源于陈平的思想。这两大观点发前人之未发，立论卓异，有理有据，有醒人耳目、茅塞顿开之效。

作者撰写此文的目的是告知阳武父老要全面认知陈平，不能仅仅津津乐道于其"智计"，而要看到其"清心寡欲，忠勤愿谨"的本性。同时，作者借"陈平分肉"之典强调"惟其清也，故能均；惟其忠也，故能惠"，希望天下"为宰者皆以公为法"，只有自身"清""忠"才能做到"均""惠"。以史为喻，借题发挥，表达了为政一方，造福人民的愿望。

作为碑记，文中对祭祀活动的本身介绍很少，把诸多笔墨放在对陈平精神的挖掘上，使得文章内涵深厚，见解新奇，有笔力千钧之感。

阳武县县长王公彝亭墓志铭

（民国）张静轩

前武安县知事世愚弟张静轩[①]撰文。

前偃师县县长世愚弟南奉三[②]篆盖。

邑人世愚晚陈昆山[③]书丹。

君姓王氏，讳常懿，字彝亭。先世浚县人，明季迁新乡南之朗公庙，遂家焉。曾祖登元，祖印，皆以君叔父静波[④]太史赠奉政大夫。曾祖妣荆，祖妣马，赠封宜人。考安仁，妣李氏。

君髫龄，承静波公庭训，蚤游黉序，负文名。嗣科举停，卒业于河南法政学校，历充河南督军公署秘书、烟酒公卖局局长、河南法政学校监学等职。时马太宜人、李孺人年皆耄耋，君忧倚闾陟屺，两地伤心，乃思有以慰重帏而公私兼顾者，遂返创祥记煤业公司，提倡实业，卒如愿。后遭年荒析居，君择瘠让肥，优遇他支。静波公殁后，子亦早世，遗孙锡瑶无依，君为之择配成室。

新乡地居要冲，君连任商会会长十余年。时大兵麇集，汹汹索款，势欲焚掠。君弥缝其间，省费消患，市安若堵。民十六年，本邑驻军孙、徐两师时有违，言将构兵，君恐糜烂商民，从中周旋，使各相安。民十七年，君权阳武县篆。开诚布公，以清慎勤为职志，兴革利弊，政教大行，一时口碑载道，至今犹有去思之感。民二十五年，君代表河南商界出席全国国民大会，多所建白，慨然欲效于世。会事变发生，乃杜门谢客，甘贫

---

① 张静轩：民国时，曾任武安县知事。生平不详。按，查《武安县志》，民国十一年（1922）八月，新乡人张向晨任武安县知事。《新乡县志》中有"张向晨，河南省议会议员，署荥阳县知事"的记载。不知张静轩、张向晨是否为一人。

② 南奉三（1895—1957），字晓云，新乡人。求学于汲县，后为田芸生家西席，入齐燮元幕府，任泗县烟酒事务局局长。齐败，回乡任县督学、教育局科长、局长及馨香职业学校教习。又任新安县、偃师县县长。愤时事之日非，恨无力以匡扶，回乡投身教育。长于书法，邑人誉为"南书杜（杜筱甫）画"。新乡沦陷时，未能弃家外逃，被迫充任伪县政府教育科长、秘书等职。1951年镇反时被捕遭镇压。（见南肯堂《先君家传》，《新乡文史资料》第四辑）

③ 世愚晚：过去写信，对父执辈称世伯，自称世晚或世侄。陈昆山：无传。待考。

④ 静波：即王安澜。本书所录清于沧澜《创建经正书舍记》有注。

如饴。遐迩正望君重出山，以福桑榆，胡天不吊，不慭遗一老，竟于民三十一年七月十九日子时疾卒城内居次，春秋六十有一。生于光绪八年五月二十九日辰时。配郭氏，罗山县教谕、获嘉蕴聪公之次女，娴内则，尽妇道，先君六年卒，享年五十有七。生子一：锡璋，河南大学经济学士。孙一：清泉，尚幼。侧室二：李氏、牛氏。锡璋[1]将于八月十二日葬君夫妇于其村之南原新茔，来乞铭。予曾受业静波先生之门，与君为通家，故不辞而为之铭。

铭曰：

吁嗟彼苍，歼我善良。孰与策画，造福梓桑。骑箕远逝，白云之乡。其人虽远，其名益彰。行山矗矗，卫水洋洋。先生之风，山高水长。佳城新卜，克荐馨香。宜尔子孙，日炽而昌。

苏清顺刻石。

【简析】

本墓志不见原石，有拓藏平原博物院。该拓呈方形，28行，满行26字，共计658字。纸面干净，略有泛白，字迹清晰，边界线明显，规整舒畅，品相完好。正书，有行意，运笔洒脱，利落自如，结体敦厚，内收外放，给人隽永俊秀之感。书丹者陈昆山是阳武县人，不知其生平事迹，无法判断其整体书风，令人遗憾。篆盖者南奉三为新乡县名绅，长于书法，可惜此盖无存。

墓主王常懿（1882—1942），字彝亭，新乡县朗公庙人，新乡名进士王安澜之侄。从小受王安澜教诲，毕业于河南法政学校。历任河南督军公署秘书、河南烟草公卖局局长、河南法政学校监学等职。返乡后，创办祥记煤业公司。1925年任新乡县商会会长；1928年任阳武县县长；1936年被选为河南商界代表，参加南京政府召开的全国国民大会。文中并不是平铺其事迹，对其个性、人品、思想追求也有涉及。诸如提倡实业救国、注重民生、抗战时"杜门谢客，甘贫如饴"等，无不丰富充实了人物的

---

① 锡璋：即王锡璋（1915—2006），河南省新乡县人。1935年在天津南开中学参加"一二·九"运动；1936年在河大参加中华民族解放先锋队；1937年入党。曾任新乡市市长、市委书记、政协主席，河南省教育厅党组书记、厅长。1956年当选为省委候补委员。按，《新乡文史资料》第17辑《王锡璋忆事》为专辑，可参阅。

内涵。

　　从文中看，王彝亭在新乡商界属于举足轻重的人物。据王锡璋回忆，王彝亭在抗战前长期担任新乡商会会长，曾是国民政府的"国大代表"，与新乡的国民党要员郭仲隗、张天放、杨一峰关系要好，新乡沦陷后他离开县城到朗公庙居住，拒绝伪职，并组织了一些武装，保卫家乡。后来到天津隐居两年，然后又回到家乡，曾帮助儿子做了一些有益的事情。关于这个时期的生活状态，碑中仅用"杜门谢客，甘贫如饴"八字概之，语简意丰，种种磨难，自不待言。但无论如何，他的死一定与国难有关。篆盖者南奉三在新乡即将沦陷时，让自己的儿子赴太行山打游击，自己与全家老幼十余口被困古城，后被迫担任伪职。在他篆盖之时，新乡尚处于铁蹄践踏之下，他尚担任伪职，但王锡璋之所以聘其篆盖，除了世交之外，还有对其人品的认可。故后人对当时王彝亭家族、南奉三家族等士绅在国难之际的生存状况，也应该做理性的客观研究。

封丘县篇

重修封父亭记

（清）王赐魁

尝考祀典，所载"太上立德，其次立功，其次立言"，此之谓三不朽[①]。非是者，泯然弗传。

封邑旧有封父亭，在县治西。稽之邑乘，相传为夏后氏[②]世分茅胙土之侯也。盉山[③]之会，执玉帛者万国侯，膺符于封，亦犹乎杞之东娄[④]、商之阏伯[⑤]也。封人祝而祀之，历三千七百余年矣。祀典煌煌，迄今盖讴思不置云。

余以甲寅冬莅任兹土，瞻拜封父祠。读碑志，知封邑经水患后载之

[①] 三不朽：谓立德、立功、立言。三者经久不废，故曰不朽。语本《左传·襄公二十四年》："大上有立德，其次有立功，其次有立言，虽久不废，此之谓不朽。"

[②] 夏后氏：指禹受舜禅而建立的夏王朝。称夏后氏。亦称"夏氏""夏后"。《史记·夏本纪》："禹于是遂即天子位，南面朝天下，国号曰夏后，姓姒氏。"

[③] 盉山：同"涂山"，会稽山。位在浙江省中部一带，相传夏禹大会诸侯于此，故改名为"会稽山"。《说文解字》："盉，会稽山也。"段玉裁注："盖大禹以前名盉山，大禹以后则名会稽山，故许以今名释古名也。"

[④] 杞之东娄：即牟娄。《左传·隐公四年》："四年春王二月，莒人伐杞，取牟娄。"唐孔颖达注："牟娄，杞邑，莒伐取之，自是以后常为莒邑。"

[⑤] 阏伯：古代人名。后用为商星的别称。《左传·襄公九年》："陶唐氏之火正阏伯居商丘，祀大火，而火纪时焉。相土因之，故商主大火。"《左传·昭公元年》："昔高辛氏有二子，伯曰阏伯，季曰实沉，居于旷林，不相能也，日寻干戈，以相征讨。后帝不臧，迁阏伯于商丘，主辰。商人是因，故辰为商星。"杜预注："主祀辰星。辰，大火也。"

祀典，诸祠毁废殊多。封父一亭，四明屠公粹忠[①]重建聿新。越己未岁，秋雨弥月，栋宇倾颓，亭榭荒凉，非所以崇侯功、报侯德而以妥以侑也。余因之怆然，爰庀材鸠工，重为修建，丹艧焉，涂垩焉。庚申夏，告竣落成，祠宇岿然，亭台焕然，绿柳依依然，流水潺潺然，较前之倾废者美哉轮焉，美哉奂焉，庶封之人于黍稷荐馨之余亦可以娱四时之乐而纵游观也。封人咸进而颂之曰："荧荧者其楹，亭亭者其亭。封父不朽之名，自此而与天地同其无疆矣。"

余是欣然以志。

【简析】

本文不见原石，故不知其形制及书丹风格。碑文摘自康熙十九年《封丘县志》卷五《艺文·碑记》，以"重修封父亭记"为题。撰文者为时任知县王赐魁，奉天人，官生。康熙十三年（1674）任封丘知县，二十二年（1683）任滁州知州。

按，王赐魁是于康熙十三年（1674）任封丘知县的。县志录有王赐魁《重修明伦堂记》，描述初至封丘县时的情状和治理措施，即"值军兴旁午之际，间阎告匮，生民阽厄，蒿目时艰，中心如怒。为之劝课农桑，修养抚循者数年，封之人稍得以宁息焉。迄今越六载余，乃于百废渐兴之后重建学宫之明伦堂焉"。重建明伦堂与重修封父亭为前后之举。

封父亭，为封丘县著名古迹，与封丘起源与封氏由来有关。据载，封丘地区为炎帝后人姜钜部落的活动区域。姜钜曾参加涿鹿之战，立战功，大禹钧台集会，封姜钜后代封父为诸侯，食邑于封丘，建封父侯国。武王灭商之后，周公之子伯禽迁封氏全族至山东，从事弓箭制造，封父国不复存在。秦时，迁南燕君伯儵于卫地延乡，伯儵之子病死，伯儵在儿子墓前建祭台，即封丘台，又叫墓子台。楚汉之争时，刘邦逃难，经过延乡，遇翟母施饭。西汉建立，刘邦封翟母为封丘侯，同时在延乡设立封丘县，属于兖州陈留郡，始有封丘县建制。所以，封父亭"封人祝而祀之，历三千七百余年矣"。

---

① 屠公粹忠：即屠粹忠（？—1706），清浙江定海人，字纯甫，号芝岩。顺治十五年（1658）进士，官至兵部尚书。康熙帝曾亲书"修龄堂"匾额赐之。有《三才藻异》《采芝堂诗》。

文中详细记载了康熙十九年（1680）重修封父亭的情况。文中的描写不错，显示了作者精湛的语言功底，如"祠宇肖然，亭台焕然，绿柳依依然，流水潺潺然，较前之倾废者美哉轮焉，美哉奂焉"等。

不过，文中的内容稍显简单，亦缺少具有深厚的议论和剖析。即便如此，本文对封丘人文历史的研究有参考价值。

重修使君百里公冢茔碑记

（清）茬建星

昔者厉山氏①之有天下也，其子曰农②，能殖百谷，故祀以为稷；共工氏③之霸九州岛也，其子曰后土④，能平九州岛，故祀以为社。因以见后世之神皆前代之人。凡生有忠于国，死有利于民者，往往建庙奉祀，俎豆而馨香之。盖有德必报，自在人心，非偶然也。

县之东北五里许，有使君庙，由来旧矣。其庙址即公冢茔。考诸邑乘，公为东汉徐州刺史，每岁旱，车辙所经即雨，徐人感其德，至今犹有遗祀焉。吾封为公桑梓乡，冢前建祠，凡有所祷，无不灵应如响。盖其精诚所结，犹不忘乎故土也。但年深日永，神冢几与平地等。子实李君、峻岭贾君，善士也，每当展拜之下，不胜恻然，因约诸善信各捐赀财，共得若干金，砌以砖石，环以墙垣，建立端门⑤，不数月而大功告竣。自是而不

---

① 厉山氏：即炎帝神农。《礼记·祭法》："是故厉山氏之有天下也，其子曰农，能殖百谷。"郑玄注："厉山氏，炎帝也，起于厉山。或曰有烈山氏也。"

② 农：按，《康熙字典·酉集下·辰部·农》："又万山氏有子曰农，能植百谷，后世因名耕甿为农。"

③ 共工氏：传说中远古时人，名康回。相传为诸侯（部落首领）。与颛顼争为帝，不胜而怒，乃头触不周之山，天柱折，地维绝。天向西北倾斜，日月星辰移动，东南大地缺损，陷塌为海洋。

④ 后土：即句龙。人名。相传为共工之子，能平水土，后世祀为后土之神。《左传·昭公二十九年》："共工氏有子曰句龙，为后土。"《晋书·天文志上》："弧南六星为天社，昔共工氏之子句龙，能平水土，故祀以配社，其精为星。"

⑤ 端门：宫殿的正南门。《后汉书·左雄传》："请自今孝廉年不满四十不得察举，皆先诣公府，诸生试家法，文吏课笺奏，副之端门。"王先谦集解引胡三省曰："宫之正南门曰端门。尚书于此受天下奏章，令举者诣公府课试，以副本纳之端门，尚书审核之。"

骞不崩①，亦孔之固②，神有幽冥之安，人益获默佑之福矣。

　　事起于嘉庆二年闰六月望日，功成于嘉庆三年二月二十九日。因援笔而志之。

【简析】

　　本碑不见原石，故不知其形制及书丹风格。碑文摘自民国二十六年（1937）《封丘县续志》卷二十六《文征六·碑记类》，以"重修使君百里公冢茔碑记"为题。文后有"右文录自原碑。按此碑在邑东北五里庙岗使君墓前，嘉庆三年孟夏上浣立。建星学行无考。"故知此碑立于嘉庆三年（1798）。撰文者苌建星，无传，"学行无考"。

　　关于使君百里公，方志有载："汉百里嵩，字景山，封丘人。为徐州刺史。时值亢旱，嵩循行境内，部车所至，甘雨辄降，人号为'刺史雨'。及卒，谥曰使君，民立庙祀焉，祷雨辄应。"关于百里嵩墓，《太平寰宇记》卷一："百里嵩墓，在县东七里。《后汉书》：'嵩字景山，陈留封丘人。为徐州刺史。时旱，嵩乃传车巡部，所到属县，膏雨随车。卒，葬于此。"可见，百里嵩为封丘历史上著名贤哲。《后汉书补逸》卷九："嵩为守，必有殊政，惜不传耳。不然，何以呼吸通天也？"

　　文中记载了嘉庆二年（1797）闰六月望日至嘉庆三年（1798）二月二十九日，重修百里嵩冢茔的经过。内容并不复杂，但开首处的论述却道出了民间神灵产生的社会基础和人们崇祀神灵文化缘由。作者认为，"后世之神皆前代之人"，可谓一语道破神灵的本质，有拨云见日、一针见血之效。在此基础之上，作者有进一步指出"凡生有忠于国，死有利于民者"，往往发展为神灵，人们"建庙奉祀，俎豆而馨香之"，此乃"有德必报，自在人心"之必然结果。此段论述对中国民间信仰的研究具有重要的参考价值。

　　了解百里嵩的历史，洞悉百里嵩信仰文化的由来，对后人认识封丘的

---

　　①　不骞不崩：不亏损，不坍圮。《毛诗正义》卷九之三《小雅·鹿鸣之什·天保》："如月之恒，如日之升。如南山之寿，不骞不崩。如松柏之茂，无不尔或承。"汉毛亨传："骞，亏也。"唐孔颖达疏："天定其基业，长久且又坚固，如南山之寿，不骞亏，不崩坏。"《诗经·小雅·无羊》："尔羊来思，矜矜兢兢，不骞不崩。"汉毛亨传："骞，亏也。崩，群疾也。"

　　②　亦孔之固：《小雅·鹿鸣之什·天保》："天保定尔，亦孔之固。"意谓上天保佑你安定，江山稳固又太平。

人文积淀有帮助。

河南衡家楼新建河神庙碑记

（清）嘉庆皇帝

黄河发源昆仑，东流入于甘陕，出三门底柱①之险，至于孟津，遂浩浩荡荡，以达于海。其性挟沙，易于壅积。有壅积之害，则难免溃决之患。本朝百数十年以来，遭水患者屡矣，莫不发帑堵筑，虽用民力即可赈恤，实一举而数善备，舍此岂有良法哉！

予小子敬承大业，恪守成规，尝恭读皇考《圣制文》云："河工关系民命，未深知而谬定之庸碌者，惟遵旨而谬行之，其害可胜言哉？"②煌煌圣训，实子子孙孙所应遵守。

岁癸亥九月，已逾秋泛，方盼安澜之奏，忽惊河臣嵇承志③飞章入告，河北岸衡家楼汛，大河夺溜，于十三日冲决堤身。数日之间，陆续塌宽，竟至五百余丈。河流直注大名所属长垣等三州县，遂入山东省，抵张秋镇，横穿运道，下汇盐河，由利津入海。此实予之不德，上干天和，以致大变。然徒战竞失措，于事奚益？亟命侍郎那彦宝④驰赴工次，总办堵

---

① 底柱：山名。在三门峡黄河急流中，其形如柱，故名。现已炸毁。底，也写作"砥"。《墨子·兼爱中》："洒为底柱，凿为龙门。"汉张衡《东京赋》："底柱辍流。"

② 按，见乾隆《南巡记》碑："河工关系民命，未深知而谬定之庸碌者，唯遵旨而谬行之，其害可胜言哉。故予之迟又迟者，以此而深惧予之子孙自以为是，而后之司河者之随声附和，而且牟利其间也。"现存扬州天宁寺山门殿后，乾隆御笔。

③ 嵇承志（？—1805），江苏江宁（今南京）人。大学士嵇璜之子。举人。历官长芦盐运使，河东河道总督，大理寺少卿。乾隆、嘉庆中，先后参加海河、永定河、黄河封丘衡家楼等治理工程。后升任顺天府尹。

④ 那彦宝（？—1843），满族，文生员出身。嘉庆五年（1800）任内阁学士兼礼部侍郎，又任兵部右侍郎、理藩院右侍郎、兵部左侍郎、工部左侍郎、御前侍卫、仓场侍郎等。六年（1801）署云南巡抚。九年（1804）任户部右侍郎、户部左侍郎。十一年（1806），建内务府大臣。十九年（1814），任理藩院右侍郎、工部右侍郎、总管内务府大臣、刑部右侍郎、刑部左侍郎。二十五年（1820），以内阁学士署理河南巡抚，任经筵讲官。道光元年（1821），任吏部左侍郎。六年（1826），任库车办事大臣。八年（1828），任绥远城将军。十一年（1831），署四川总督。十三年（1833），署四川提督、正黄旗蒙古都统等。

筑事宜。仍命巡抚马慧裕、总河稽承志襄办，鸠工集料，协济帑金，不下壹万两，赈恤难民，同时并举。直隶则命藩司瞻柱①遍施大赈，山东则命尚书费淳②同巡抚铁保③督办运道安民诸务。幸诸臣协力同心，敬劝不懈，使民受实惠而少流离，运道疏通而鲜阻滞，于十月初三日兴工趱办，昼夜无停。感昊慈垂佑，隆冬冰薄，全消冱冻，人力易施，又兼引河④得势，计日可藏巨工。

　　河之初决也，予心焦急，不得善策，乃进廷臣询访咨诹，以收集思广益之效。诸大臣各抒嘉猷入告，俱随时指示，遍加探纳。亦有谓河北徙委之气数乃禹治水之故道，听其自流，不必堵筑。予心不以为是，岂有舍数百万人民田产庐舍付之洪流？况七省，漕运要道，尤为国家大计，若轻议更张，是自贻伊戚，非至愚者不为也。当更张而不更张，固为失算；若不必更张而妄为，其害更甚。治河如聚讼，于兹益信矣。

　　河决在冲家楼北岸，集夫鸠料，筑堤埝，开引渠，塞菱下埽，迭坝刷沙，工巨用繁，恐未能必成。自兴工后，咸沐河神庇护，毫无阻滞，日有进益。北岸施工倍难，况大河全趋，非漫溢分溜可比，设冬令严寒，不能兴筑，春汛涨发，盛满堪虞，则合龙必迟，漕运有阻，所系綦重。兹于二月下旬，费淳、铁保奏报，南粮首帮全渡张秋漫口，连樯北上，是运道无虞，静俟合龙佳信矣。忽于三月三日惊闻东坝垫陷三十余丈，恐惧寸忱，宵旰莫释。续据那彦宝等具奏，抢护平妥，引河通畅，仍可望日内合龙。夫成败枢机，总由天倦，感惧之诚弥增，敬慎之念益切，唯俟河复民安，稍赎予咎耳。自是迁徙无定，又趋西坝，诸臣尽力督办。中旬以后，河流渐归引河。至二十二日，金门挂缆，进埽断流。亥时合龙，全河复归故道。

---

　　① 瞻柱：旗人。曾任直隶按察使、直隶清河道、福建按察使。在藩司任最久，专责钱粮。后以任内虚收被治罪。

　　② 费淳（？—1811），清浙江钱塘人，字筠浦。乾隆二十八年（1763）进士。授刑部主事。嘉庆十二年（1807）官至体仁阁大学士、兵部尚书。坐失察事降职。逾年复授工部尚书。历官廉洁，勤劳不懈。卒谥文恪。

　　③ 铁保（1752—1824），清满洲正黄旗人，栋鄂氏，字冶亭，一字梅庵。乾隆三十七年（1772）进士。授吏部主事，历郎中、侍讲学士、礼部侍郎等官。嘉庆时官至两江总督，因水患降级，又因知县李毓昌被毒死案，革职发往乌鲁木齐效力。再起后迁至吏部尚书，又因在喀什噶尔受人蒙蔽事革职。道光初，以三品卿衔休致。工书法，精医学。有《惟清斋集》。

　　④ 引河：用人工导引黄河之水。后泛称人工开挖的支流。《史记·河渠书》："朔方、西河、河西、酒泉，皆引河及川谷以溉田。"《汉书·沟洫志》："荥阳下引河东南为鸿沟。"

予敬感天恩深厚，祖考默佑，使百万生民咸登衽席，七省漕运仍归天庾，皆沐河神垂庇。《记》云："御灾捍患则祀之。"[1] 敬命择地建庙，卜吉兴工，春秋致祭，庶伸感谢寸诚，永庆安澜，波恬轨顺，与臣民同沐鸿慈，曷其有极哉！夫以五万余丈之巨工，况值沙浮地冻之候，三冬气暖，不入而成，虽稍有垫陷而旋转甚速，上苍昭格，如在其上，甚可畏也。

予寅承大宝，益宣敬勤虔惕之怀，文不能述，谨泐丰碑，用纪实事。

是为记。

【简析】

本碑现存封丘县荆隆宫乡桑园村。为两通，规格形制内容相同，一为汉文，一为满文，俗称满汉对照碑。汉文碑立于嘉庆九年（1804）春三月，现仅存碑身，碑座、碑首佚失。碑身呈竖长方形，青石质，高228厘米，宽121厘米。碑阳刻正文，边框饰有云龙纹图案，文后钤刻方形朱白文篆书印各一方。碑文26行，满行60字，全文1034字。末行"嘉庆九年岁在甲子季春月下旬御笔"。可见此碑为嘉庆皇帝亲撰并书丹。笔者没有见到原石或拓照，故不知其书丹风格，或为馆阁体楷书。碑文摘自民国二十六年（1937）《封丘县续志》卷二十六《文征六·碑记类》，以"河南衡家楼新建河神庙碑记"为题。文后有"右文录自原碑。按此碑在县南桑园东首广佑祠。嘉庆九年建。计碑二：一汉文，一满文。东西并峙，现俱存"。

文中用纪实的手法记述了发生于嘉庆八年（1803）黄河衡家楼决堤事件，真实反映了黄河决堤的历史事实及清代应对水灾的政策措施。此次决堤发生于嘉庆八年九月十三日下午，最初堤决口在三十余丈，两日之后已至一百余丈，随后陆续扩大到五百余丈。决堤后黄河流向东北，淹没直隶大名府长垣、东明、开州三州县后进入山东濮州、范县、曹州等地，在张秋镇横穿运河后汇入盐河，从利津入海。决堤后，清政府采取了一系列措施堵筑决口、赈恤灾民。从嘉庆八年十月初三日兴工至九年三月二十二日合龙，耗时近半年，耗费库银逾一千万两。此次决堤乃清朝立国一百余年来较大的一次，影响甚大。一方面，民众遭遇灭顶之灾；另一方面，黄流"横穿运道，下汇盐河"，直接危及国家的生命线——漕运和盐运。从文中

---

① 按，《五礼通考》卷四十五："夫圣王之制祀也，功施于民则祀之，能御灾捍患则祀之。"

看，决堤发生后，清政府采取了多方面的应对措施，首先勘查实情，接着调集人、财、物，对决堤进行堵筑，同时召集群臣建言献策，群策群力，否定了"听其自流，不必堵筑"的主张，坚持"堵筑"。这中间并非一帆风顺，险情迭出，但所幸无大碍，终得合龙。

本文起首即提出治河"莫不发帑堵筑"，称其"实一举而数善备"，为治河良法，为下文张本。在灾祸发生后，嘉庆帝以"予之不德，上干天和，以致大变"而自责，调集官员、物资、国帑全力以赴，"使民受实惠而少流离，运道疏通而鲜阻滞"。在治河方略上，嘉庆帝否定"听其自流，不必堵筑"的出发点是"岂有舍数百万人民田产庐舍付之洪流？况七省，漕运要道，尤为国家大计，若轻议更张，是自贻伊戚，非至愚者不为也。当更张而不更张，固为失算；若不必更张而妄为，其害更甚"，并感慨"治河如聚讼"，为后人了解有清一代治河方略的争论、变化、效果提供了重要的史料。

嘉庆帝把此次堵河成功归功于"河神庇护""感惧之诚弥增，敬慎之念益切"，希望"河复民安""使百万生民咸登衽席，七省漕运仍归天庾"，此心不可谓不诚。故"命择地建庙，卜吉兴工，春秋致祭"，希望"永庆安澜，波恬轨顺"，作为封建帝王，能够为国为民，亦属不易。

此碑为嘉庆帝亲自撰文并书丹，又涉及中国治黄史上的一件大事，可以从帝王的角度来审视治河在国家统治中的重要地位，可以加深对治河艰难的认识，故对中国治河史的研究具有重要的史料价值，可以与清仁宗实录相参阅。

重修青陵台贞烈祠碑记

（清）齐承庆

《易》曰："恒其德贞。"①又曰："妇人之道，从一而终。"②盖妇者，从

---

①　按，见《易·恒卦》："六五，恒其德，贞，妇人吉，夫子凶。"坚持自己的美好品德不动摇，终其一生，坚贞无悔。这对妇人来说从一而终是吉祥的，对丈夫来说却不好，丈夫要开拓、创业。

②　按，见《易·恒》："妇人贞吉，从一而终也。"

夫者也。常则以顺为正，变则苦节①能贞，至于不以富贵撄其心，不以生死渝其守，从容赴义，慷慨捐躯，则战国息氏之节为尤，足以扶纲常而维风化。

息氏之事，《一统志》《九域志》以及《古乐府》《古诗归》所载甚详。余博稽古迹，景仰遗徽，即未尝不慨然叹，肃然敬。丙寅，夏承乏兹邑。政余，批阅县志，又得诸父老传闻，益有以得其颠末，固不独乌鹊双飞之曲②而知其心之坚，读其雨淫淫之词③而知其志之决，读利其生不利其死④之书而知其同室同穴、情笃而挚也。

息氏冢并青陵台在邑东北郊。陵谷变易，金石销沉，台之故墟与鸳鸯冢、连理树皆无可复考。吊古者每低徊久之。康熙十八年，邑令王公⑤慨然有显扬之志，为之立祠崇祀，于是息氏之节愈彰，而缅息氏之遗风者益有所观感而兴起。百余年来，渐就倾圮，邑绅魏皀、王国柱等复醵资而重新之。因以请序于予。

余维青陵一事，诸书志之，邑乘载之，名公巨卿又复歌咏而传记之，则息氏之苦节不自余而彰，亦不必藉余而传。特以发潜德之幽光，垂令名于不朽，而因以扶纲常、维风化者，守土之责也。遂援笔而为之记。

赐进士第、知封丘县事、加三级记录五次齐承庆⑥撰。

嘉庆十一年岁次丙寅仲冬。

---

① 苦节：《易·节》："节，亨。苦节，不可贞。"孔颖达疏："节须得中。为节过苦，伤于刻薄。物所不堪，不可复正。故曰'苦节，不可贞'也。"意谓俭约过甚。后以坚守节操，矢志不渝为"苦节"。《汉书·苏武传》："以武苦节老臣，令朝朔望，号称祭酒，甚优宠之。"

② 乌鹊双飞之曲：即《乌鹊歌》。按，《说郛》卷三十一上："韩凭为宋康王舍人。妻何氏美，王欲之。捕舍人筑青陵台。何氏作乌鹊歌，歌曰：'乌鹊双飞，不乐凤凰。妾是庶人，不乐宋王。'"

③ 雨淫淫之词：按，《搜神记》卷十一："宋康王舍人韩凭娶妻何氏，美，康王夺之。凭怨，王囚之，论为城旦。妻密遗凭书，缪其辞曰：'其雨淫淫，河大水深，日出当心。'既而王得其书，以示左右，左右莫解其意。臣苏贺对曰：'其雨淫淫，言愁且思也。河大水深，不得往来也。日出当心，心有死志也。'俄而凭乃自杀。"

④ 利其生不利其死之书：按，《搜神记》卷十一："其妻乃阴腐其衣，王与之登台，妻遂自投台，左右揽之，衣不中手而死。遗书于带曰：'王利其生，妾利其死，愿以尸骨赐凭合葬。'王怒，弗听，使里人埋之，冢相望也。"

⑤ 邑令王公：即王赐魁，奉天人，官生。康熙十三年（1674）任封丘知县。二十二年（1683）任滁州知州。

⑥ 齐承庆：安徽芜湖人。进士。嘉庆十年（1805）任封丘知县。

【简析】

本碑不见原石，故不知其形制及书丹风格。碑文摘自民国二十六年版《封丘县续志》卷二十六《文征六·碑记类》，以"重修青陵台贞烈祠碑记"为题。文后有"右文录自原碑。碑现存邑东北青堆贞烈祠。承庆，见职官表"。齐承庆，安徽芜湖人。进士出身。嘉庆十年（1805）任封丘知县。生平事迹难考。

青陵台是封丘名胜，历时久远。其故事源头见于《搜神记》卷十一："宋康王舍人韩凭娶妻何氏，美，康王夺之。凭怨，王囚之，论为城旦。妻密遗凭书，缪其辞曰：'其雨淫淫，河大水深，日出当心。'既而王得其书，以示左右，左右莫解其意。臣苏贺对曰：'其雨淫淫，言愁且思也。河大水深，不得往来也。日出当心，心有死志也。'俄而凭乃自杀。其妻乃阴腐其衣，王与之登台，妻遂自投台，左右揽之，衣不中手而死。遗书于带曰：'王利其生，妾利其死，愿以尸骨赐凭合葬。'王怒，弗听，使里人埋之，冢相望也。王曰：'尔夫妇相爱不已，若能使冢合，则吾弗阻也。'宿昔之间，便有大梓木，生于二冢之端，旬日而大盈抱，屈体相就，根交于下，枝错于上。又有鸳鸯，雌雄各一，恒栖树上，晨夕不去，交颈悲鸣，音声感人。宋人哀之，遂号其木曰'相思树'。'相思'之名，起于此也。南人谓：此禽即韩凭夫妇之精魂。今睢阳有韩凭城，其歌谣至今犹存。"其后诸书多录，多有变化，细节上有添减。如《说郛》卷三十一上："韩凭为宋康王舍人。妻何氏美，王欲之。捕舍人筑青陵台。何氏作乌鹊歌，歌曰：'乌鹊双飞，不乐凤凰。妾是庶人，不乐宋王。'"《山堂肆考》卷二百二十六《韩凭魂》："俗传大蝶必成双，乃梁山伯祝英台之魂。又曰韩凭夫妇之魂，皆不可晓。李义山诗：青陵台畔日光斜，万古贞魂倚暮霞。莫许韩凭为蛱蝶，等闲飞上别枝花。"《御定佩文韵府》卷八之一《韩凭妻》："《九域志》：宋康王舍人韩凭妻美，王欲之。妻作乌鹊歌以明志，曰：'南山有乌，北山张罗。乌自高飞，罗当奈何。'"

关于韩凭妻，《搜神记》"韩凭娶妻何氏"，但本文为"战国息氏"，源于《河南通志》卷四十九《韩凭妻息氏墓》："在封丘县城东北青陵社。宋大夫韩凭娶妻息氏，貌美，康王夺之。俄而凭自杀。息乃阴腐其衣。王与登台，遂自投台下，左右揽之，衣不中手。遗书于带曰：'王利其生，不利其死。愿以尸赐凭合葬。'王怒，弗听，使里人埋之，冢相望也。凤昔有交梓木生于二冢之端，旬日而大，合抱屈体，相就根交于下。又有鸳鸯鸟雌雄各一，恒栖树上，交颈悲鸣。宋人哀之，遂号其木曰'相思树'云。"

关于韩凭夫妇之墓，传有多出，所载不一。如《太平御览》卷一百七十八《居处部六·台下》："《郡国志》：'郓州须昌县有犀丘城青陵台，宋王令韩凭筑者。'"晋干宝《搜神记》卷十一："今睢阳有韩凭城，其歌谣至今犹存。"《河南通志》卷四十九《韩凭妻息氏墓》："在封丘县城东北青陵社。"

正如文中所言，"息氏冢并青陵台在邑东北郊。陵谷变易，金石销沉，台之故墟与鸳鸯冢、连理树皆无可复考"，台、冢的历史应该很长，而祠的历史应该较短。《池北偶谈》卷五《封丘古迹》："（同年岳给事镇九峰秀起家封丘知县）又有青陵台韩凭妻冢，岳皆为建祠，立碑表之。"可见，最早建祠的是岳峰秀（字镇九，山东省嘉许县岳楼村人。康熙辛丑进士。初任封丘县令，官至刑部掌印）。康熙十八年（1679），王赐魁又"为之立祠崇祀"。但"百余年来，渐就倾圮"，嘉庆十一年（1806），邑绅魏岛、王国柱等复醵资而重新之，本文即载此事。

文中对韩凭夫妇的事迹叙述较少，对具体的修葺过程也很少提及，把重点放在抒情与议论上。起首就提出"苦节"的概念，明确指出"战国息氏之节为尤"，并用"不以富贵撄其心，不以生死渝其守，从容赴义，慷慨捐躯"具体阐释之。接着，结合韩凭夫妇事迹的细节强调"其心之坚""其志之决""其同室同穴、情笃而挚"。作者之所以如此颂扬"息氏之节"，其目的就是"扶纲常而维风化"。

作者视"扶纲常而维风化"为守土者之责，有着明显的政治目的。他把"息氏之节"定位为"恒其德贞""妇人之道，从一而终"，这是有其时代局限的。我们现在更看重的是韩凭夫妇对爱情的坚贞，这是生命中最为华丽之处。

坝台义地碑记

（清）黄赞汤

　　嗟呼！闾里兼并之豪，讵甘心于朽骨？草泽椎埋[①]之党，庸殖利于哀邱[②]？顾乃私擅犁田[③]，诡谋窃壤，将使新鬼故鬼各抱烦冤，长殇下殇[④]终归暴露，生丁夭札，卒遭凶矜，天道有知，久必加之冥报。王章具在，焉能逭其典刑！人之无良，伊可畏也！

　　缅维道光二十七年，两河告歉，旱魃横行，百室化离，流民遍绘，道殣相望，沟瘠难苏。封丘二坝之间，又积骨成莽焉。管河邑丞某暨署贤士夫救患恤灾，慨敦古处，理骴掩骼，聿准礼经。爰自堤基以北，迄乎丞署左右，东界大工步道，西界坝台步道，规地为域，计地二十亩有奇，共此一蘽[⑤]，攸分百族。死难同穴，何防区处之嫌；殁亦吾胞，各致全归之义。其有未殰未化，委蜕犹存者，固为特筑幽宫，无忧异物。或躯壳不属，仅正首邱；或支节偏枯，惟余骨立。或失其瘠背而髀肉皆消，或放厥官骸[⑥]而皮囊现存。或冥遭刖祸，下体无遗；或怪类刑天[⑦]，飞头莫续。或断山魈之一足，或横长狄[⑧]之奇肱。虫臂鼠肝，或变本来之

---

　　① 椎埋：劫杀人而埋之。亦泛指杀人。《史记·酷吏列传》："王温舒者，阳陵人也。少时椎埋为奸。"裴骃集解引徐广曰："椎杀人而埋之。"

　　② 哀邱：按，唐元结《哀丘表》载，其任山南西道节度参谋时，收战死者之尸骨，葬于泌南，名为"哀邱"。

　　③ 犁田：按，《全唐诗》卷二百六十五顾况《悲歌》："边城路，今人犁田昔人墓。岸上沙，昔日江水今人家。今人昔人共长叹，四气相催节回换。明月皎皎人华池，白云离离渡霄汉。"

　　④ 长殇下殇：古代丧礼，十六岁至十九岁间死亡为"长殇"，八岁至十一岁间死亡为"下殇"。《仪礼·丧服》："年十九至十六为长殇，十五至十二为中殇，十一至八岁为下殇，不满八岁以下，皆为无服之殇。"

　　⑤ 蘽：土筐。按，碑中字形为左土右累，通"蘽"。

　　⑥ 官骸：指身躯；形体。清李渔《奈何天·忧嫁》："霸王夫偣，正好配虞姬，耳目官骸样样奇，文人逐件有标题。休疑，少刻相逢，便见高低。"

　　⑦ 刑天：神话人物。《山海经·海外西经》："刑天与帝争神，帝断其首，葬之于常羊之山。乃以乳为目，以脐为口，操干戚以舞。"

　　⑧ 长狄：亦作"长翟"。春秋时狄族的一支，传说其人身材较高，故称。《公羊传·文公十一年》："叔孙得臣败狄于咸。狄者何？长狄也。"何休注："盖长百尺。"

像；蛇蚹蜩甲，或留尺寸之肤。靡不惨动析骸，累椑①区舁；泽臻肉骨，蓬颗②分藏；招丑于蝇蚋之群，夺食于乌鸢之口。禁采樵者五十里，分难比于鲁贤；瘗亭葬之百余棺，功实超乎汉吏。

盖是役既竣，为冢六七百数，虽略加封树，而望之崇如。维时建牌记，凡五以志事之原起，并为义冢，上告有司，丞署文书，固彰彰可考也。乃阅时蓁久，遂有附近编民同知郁约，始则私分茅土，隐扬陆海之波；继且擅改桑田，潜易山邱之局。如掘草煮盐，及平冢地为田，诸弊往往而有，徇利极乎垄断趣畔。至于尸骸，本殊夏屋之封，何堪日消？试听秋坟之哭，奈彼宵深。固陋俗之宜惩，亦当官之不察。

余周视宣防③，博询疾苦，恶发邱之有渐，悯守冢之不严，久抱痌瘝，亟谋申画。适据官绅等请办厉禁，俾护业乡，副我初衷，嘉斯美尚。爰捐俸赐，籍助兴修，悬桁杨④以诘奸人，区畛域以符旧址，复饬主簿李恩荣、千夫长李锡三互相检校，毋任侵逾。慕陈广汉之敕捏，俱寥恒口；溯宋影城之改卜，无取重劳。亦既转废为兴，慎终如始矣。第恐良法美意，久而易渝；仁术惠心，后将不继。计安黄壤，永闷⑤青磷。时回俄迁⑥，堤防必豫。是用铭诸贞石，昭告来兹。务留三尺之崇，勿纵一坏之盗⑦，庶几魂游蒿里⑧，免滋大厉之陆梁⑨；地近松厅⑩，长赖在官之调护云尔。

---

① 累椑：即欙椑。取土的器具。欙，盛土器；椑，锹、锸之类的挖土用具。亦谓以欙椑取土。《清史稿·列女传二·周怀伯妻边》："亲族哀其志，欙椑而掩之。"

② 蓬颗：长有蓬草的土块。一般指坟上长草的土块，亦借指坟头。《汉书·贾山传》："使其后世曾不得蓬颗蔽冢而托葬焉。"颜师古注："颗谓土块。蓬颗，言块上生蓬蒿耳。"

③ 宣防：即"宣房"。宫名。西汉元光中，黄河决口于瓠子，二十余年不能堵塞，汉武帝亲临决口处，发卒数万人，并命群臣负薪以填，功成之后，筑宫其上，名为宣房宫。亦泛指防河治水。

④ 桁杨：加在脚上或颈上的刑具。亦泛指刑具。《庄子·在宥》："今世殊死者相枕也，桁杨者相推也，刑戮者相望也。"成玄英疏："桁杨者，械也。夹脚及颈，皆名桁杨。"

⑤ 闷：按，或应作"閟"。

⑥ 迁：按，碑中字形作左三点水右"迁"。

⑦ 一坏之盗：应为"一抔之盗"。《汉书》卷五十《张释之传》："其后人有盗高庙座前玉环，得，文帝怒，下廷尉治。案盗宗庙服御物者为奏，当弃市。上大怒曰：'人亡道，乃盗先帝器！吾属廷尉者，欲致之族，而君以法奏之，非吾所以共承宗庙意也。'释之免冠顿首谢曰：'法如是足也。且罪等，然以逆顺为基。今盗宗庙器而族之，有如万分一，假令愚民取长陵一抔土，陛下且何以加其法乎？'"

⑧ 蒿里：本为山名，相传在泰山之南，为死者葬所。因以泛指墓地；阴间。《汉书·广陵厉王刘胥传》："蒿里召兮郭门阅，死不得取代庸，身自逝。"颜师古注："蒿里，死人里。"

⑨ 陆梁：嚣张，猖獗。《三国志·魏志·高贵乡公髦传》："朕以寡德，不能式遏寇虐，乃令蜀贼陆梁边陲。"

⑩ 松厅：唐中期监察院礼祭厅的别名。唐赵璘《因话录》卷五："都厅亦曰监院南院。会昌初，监察御史郑路所葺礼祭厅，谓之松厅，南有古松也。刑察谓之魇厅，寝于此魇。"

同治元年岁在壬戌季春之月，督河使者庐陵黄赞汤记。

【简析】

本碑不见原石，故不知其形制及书丹风格。碑文摘自民国二十六年（1937）《封丘县续志》卷二十六《文征六·碑记类》，以"坝台义地碑记"为题。文后有"右文录自原碑。碑向在义地旁立，今已颓卧道左，字迹漫漶，几不可识。按，赞汤，字莘农，道光进士，屡典文衡，号能得士。时任督河使者"。黄赞汤（1805—1869），字莘农，号征三，清江西庐陵（今吉安）人。道光癸巳科（1833）进士。钦点翰林院编修，江南道监察御史，掌湖广道京畿道监察御史，奉天府府丞通政司副史，光禄寺正卿，宗人府府宰都察院左副都御史，河东河道总督，广东巡抚。历署掌江南道监察御史，顺天府府尹，户部右侍郎兼管钱法堂事务，河南巡抚兼提督军门。历充国史馆协修纂修总纂，文渊阁校理奉天提督学政，盛京宗室觉罗官学汉教习阅卷大臣，丙午科（1816）乡试副考官，己酉科（1849）考试试差阅卷大臣，戊午科（1858）复试顺天举人阅卷大臣，乙卯科（1855）福建乡试正考官，福建提督举政钦差，稽查通州西仓巡视北城察院，稽查盛京宗室觉罗官学，奉天福建查办事件大臣，稽查左翼觉罗官学，杨村两次查验剥船大臣，防河大臣，赏戴花翎覃恩诰授资政大夫、荣禄大夫、光禄大夫。享年六十五岁。

本碑为恢复封丘二坝之间旧有义地、义冢之事而立。文中记载，道光二十七年（1847）河南大灾，"百室化离，流民遍绘，道殣相望，沟瘠难苏"，而封丘尤重，"封丘二坝之间，又积骨成莽焉"。为埋葬灾民遗骨，特"自堤基以北，迄乎丞署左右，东界大工步道，西界坝台步道"辟地二十余亩为义地，建造义冢六七百数。从中可见此次大灾之惨，为后人研究河南的灾荒史留下了更为直观的资料。

但随着时间的推移，这二十余亩地被附近编民私分擅改，"如掘草煮盐，及平冢地为田"，使亡灵不得安息，世风遭到破坏，即"将使新鬼故鬼各抱烦冤，长殇下殇终归暴露"。针对这种局面，时任督河使者的黄赞汤一方面"爰捐俸赐，籍助兴修"，另一方面"复饬主簿李恩荣、千夫长李锡三互相检校，毋任侵逾"，终于"转废为兴，慎终如始"。而立碑以记之，并昭告后人尊重亡灵，敬畏生命，使天地和煦，无有戾气，而国泰民安。

此文多用四六句式，感情沉郁，文辞凝重，读来激荡澎湃，泫然泪下。诸如"或躯壳不属，仅正首邱；或支节偏枯，惟余骨立。或失其瘠背而髀肉皆消，或放厥官骸而皮囊现存。或冥遭刖祸，下体无遗；或怪类刑天，飞头莫续。或断山魈之一足，或横长狄之奇肱。虫臂鼠肝，或变本来之像；蛇蚹蜩甲，或留尺寸之肤"，把灾后遗体的惨状渲染到极点，让人不忍卒读。故本文不同于传统的以记事为主的碑文，而更像是一篇有分量的抒情重文，文学性和感染力极强。

现在封丘县荆隆宫乡依然有大工村、坝台村等村庄，这些地方应该就是文中义地、义冢所在地。若此碑存世，当为研究封丘灾难史的第一手珍贵资料。

南京大理寺评事张君墓志铭

（明）钱谦益

崇祯壬午四月，闯贼再围汴城。五阅月，不解。张君以南评事里居，分守北城，倾家以给守者，民皆愿为君死。秋尽，黄河水大至，挟霖雨灌城。越三日，贼游骑入之，君犹效死不去，贼怒，挥刃，堕水中。其子宁生乘船来援，乃得出。十月初九日，创甚，卒于封丘之寓馆，享年六十有五。十一月十六日，渴葬①于城西三里河之新茔。宁生避难南奔，持宗伯孟津公②之书哭而谒铭于余。

呜呼！今天下士气竭，臣节靡，逃亡俘虏相视以为固然。顷者，荆襄陷没，持斧之使俛首臣服，夹侍而先马，又见告矣。当此之时，有如张君者，唱明君臣大义，技柱于重围绝地之中，洪水浸之而不惊，白刃临之而不慑，

---

① 渴葬：古礼称死者未及葬期而提前埋葬。《公羊传·隐公三年》："葬者曷为或日或不日，不及时而日，渴葬也；不及时而不日，慢葬也。"何休注："天子七月而葬，同轨毕至；诸侯五月而葬，同盟至；大夫三月而葬，同位至；士逾月，外姻至……渴，喻急也。"

② 孟津公：即王铎。见本书所录王铎《祝潞国主贤殿下遐龄碑》之"简析"。

使天下士大夫相勖以致命遂志，无委辟①之患难，无幸生之臣子，所以劝忠孝而励顽顿者，可谓至矣。吾将取以为臣鹄焉，其忍不志而铭之乎！

君讳如兰，字子馨，其先山西沁水人也。高祖锐，弘治中为开封府推官，因家焉。锐生舜臣，舜臣生电，电生尚德。尚德徙睢州，君之父也。君之姑嫁孙中丞。中丞爱君夙惠，俾从其姓，补博士弟子员，弱冠举乡试，久之不第，署封丘教谕，知同官②、富平③二县，迁南京大理寺评事。覃恩请敕命，始复张姓。

君为政洁廉慈爱，疆力耆事。在同官，建重关以扼虏，筑石堤以捍城，人至今赖之。富平，簪笔吏千余人，囊橐盘牙④，通轻侠⑤，倾京师。君壹切案治，相传敕，莫敢犯。逋贼益起，咸宁⑥为冢宰依倚，逆奄修怨于旧宰富平公，君力持之，政声藉甚，仅量移⑦南评事。复坐除名，咸宁蛰之也。咸宁败，奉诏以原官起用，而君遂不复出，家食十五年而终。君自少至老，读书强学，朱黄⑧二毫不省去手，手钞经史、别集、说家之书至数百卷，好法帖古印、断碣残章，搜访于崩厓古冢、榛莽煨烬

---

①　委辟：萎瘪，不饱满。委，通"萎"。汉王充《论衡·论死》："若粟在囊中，满盈坚强，立树可见……如囊穿米出，囊败粟弃，则囊橐委辟，人瞻望之，弗复见矣。"黄晖校释："'委'读'萎'，耎弱也；'辟'读'襞'，卷迭不申也。"

②　同官：即同官县（今陕西省铜川市）。

③　富平：即富平县（今陕西省渭南市富平县）。

④　囊橐：犹勾结。《续资治通鉴·宋高宗绍兴二十七年》："因循岁月，积弊已久，是以胥吏得以囊橐为奸，贿赂公行而莫之谁何。"盘牙：交结；连结。汉王符《潜夫论·述赦》："又重馈部吏，吏与通奸，利人深重，幡党盘牙。"

⑤　通轻侠：指与江湖侠客相交通。轻侠，指轻生重义而勇于急人之难的人。《汉书·何并传》："初，邛成太后外家王氏贵，而侍中王林卿通轻侠，倾京师。"《北史·薛安都传》："安都少骁勇，善骑射，颇结轻侠，诸兄忌之。"

⑥　咸宁：或指王绍徽，明陕西咸宁人。万历二十六年（1598）进士。授邹平知县，擢户科给事中，居官有清操。泰昌时为太仆少卿。与东林诸人不睦。天启间魏忠贤召为左金都御史，年余，屡擢为吏部尚书。仿《水浒传》，编东林一百八人为《点将录》，献于忠贤，按名黜汰。魏党既盛，忠贤遣内臣出镇，又屡兴大狱，绍徽颇不以为然，遂忤忠贤。落职。崇祯初，逆案既定，削籍论徙。

⑦　量移：多指官吏因罪远谪，遇赦酌情调迁近处任职。清顾炎武《日知录·量移》："唐朝人得罪贬窜远方，遇赦改近地，谓之量移。"泛指迁职。明王世贞《除夕张山人分韵是日有浙藩之报》之二："自怜迟暮意，初作量移人。"

⑧　朱黄：指朱黄两色笔墨。古人校点书籍时用之以示区别。宋叶适《京西运判方公神道碑》："聚帙数万，多朱黄涂乙处。"

之中，考点画，辨欹识，今之赵明诚①、吾子行②也。有亭圃在吹台③繁圃闲，与词人张林宗④、阮大冲⑤饮酒射猎，登高赋诗，极望平芜，叹杜甫、高李⑥之不可作。

　　盖君之为人，不独其孝友忠义，凛然大节，而倜傥博达，中原豪侠亦未有能先之者。呜呼已矣，可胜叹哉！君娶雷氏、王氏，生三子，曰：宁生、恭生、保哥。宁生为国子生，以城守有功题叙⑦，礌砢⑧有志节，称为君子者也。宁生之来也，余与之坐而问曰："君所著书及金石录犹有存乎？"泣曰："皆问诸水滨矣。""王孙西亭⑨、竹居⑩父子藏书及王损仲⑪之

---

　　①　赵明诚（1081—1129），宋密州诸城人，字德父，亦作德夫、德甫。赵挺之子，李清照夫。少为太学生，以荫入仕。徽宗崇宁四年（1105）除鸿胪少卿。大观二年（1108）与妻归青州故乡，隐居多年。宣和中起知莱州，调淄州。钦宗靖康二年（1127）奔母丧赴江宁，起知江宁府。移知湖州，未赴，卒于建康。与妻同好金石图书，广求古器、彝铭、遗碑、石刻，著《金石录》。

　　②　吾子行：一作吾衍。元代龙游（今属浙江）人，字子行，号贞白处士。左目眇，右足跛，性格旷放，不事检束，以教学为业，因官司受辱，投西湖死。平生嗜古学，通经史百家言，于音律尤精；诗效李贺体；工隶书、小篆。有《竹素山房诗集》《续古篆韵》《周秦刻石释音》《学古编》《闲居录》等。

　　③　吹台：在河南开封市郊东南约1.5公里处。相传春秋时晋国乐师师旷在此奏乐，后梁王增筑吹台。或云大禹治水时尝居于此，故又称为禹王台。有禹王庙，庙有大殿五间，其中三贤祠祀唐代诗人李白、杜甫与高适。唐玄宗天宝年间，李白、杜甫与高适尝同游于此。

　　④　张林宗：即张民表（1570—1642），明河南中牟人，字林宗，又字法幢，一字塞庵，自称旃然渔隐，又号芯渊道人。万历十九年（1591）举人。应会试十次不第。任侠好客。嗜古文，藏书数万卷，皆手自点定。工草书，酒后即颓然挥洒放笔。李自成破开封，溺水死。有《原圃塞庵诗集》。

　　⑤　阮大冲：亦作阮太冲，即阮汉闻（1572—1641），字太冲，号白松老人。本浙人，长年居京师，亦称顺天人。明国子生。学问广博，有治世之才。但生不逢时，故绝意仕途，迁居尉氏，与靳于中交游。后为躲避战乱，随靳于中居密县，自号"大隗山樵"，潜心著述，与中牟张宗林、汝南秦京称"中州三先生"。崇祯十五年（1642）回尉氏，被李自成起义军围困，被俘处死。有《太冲集》存世。

　　⑥　高李：唐诗人高适、李白的并称。唐杜甫《昔游》诗："昔者与高李，晚登单父台。"

　　⑦　题叙：谓按等级或勋劳奏请给予晋升或其他奖励。清李渔《奈何天·形变》："［旦念介］捷报贵府老爷阙，以助饷有功，蒙圣略袁特本题叙，奉圣旨高封尚义君。"

　　⑧　礌砢：亦作"磊砢"。树木多节。亦喻人才卓越。《晋书·庾敱传》："目峤森森如千丈松，虽礌砢多节，施之大厦，有栋梁之用。"亦形容心地光明，举止洒脱。明张居正《宝剑篇》："丈夫礌砢贵如此，何能龌龊混泥滓！"

　　⑨　王孙西亭：即朱睦㮮（1517—1586），字灌甫，号西亭，周定王六世孙，万历五年（1577）举周藩宗正。张一桂《明周藩宗正镇国中尉西亭公神道碑》记载甚详，可参阅。

　　⑩　竹居：指朱睦㮮之子朱勤美，字伯荣，开封人。为周藩宗正，以文学世其家。采辑宗藩成宪，勒为一书，即《王国典礼》。

　　⑪　王损仲：即王惟俭，明河南祥符人，字损仲。万历二十三年（1595）进士。授潍县知县，迁兵部职方主事。三十年，坐事削籍。家居二十年。光宗立，起光禄寺丞。天启初，迁大理少卿，累官工部右侍郎。遭阉党诬陷，落职闲住。生平淡泊处世，好书画古玩，不惜典衣举息购置。以家居多暇，得尽读经史百家之书，天启间与董其昌并称博物君子。但口多微词，评骘艺文，排击道学，机锋百出，人不能堪。有《王损仲集》。

彝鼎犹存乎？"曰："尽矣。"问张林宗、阮大冲，曰："林宗尽室以筏渡，筏绁于屋角覆焉。太冲漂浮，遇大树，入于其腹，槁而死。"呜呼，中州数百年文物与儒雅风流一旦俱尽，其不独为君悲而已也！

铭曰：

汴京城阙兮，再困重围。河伯不仁兮，相其淫威。矫矫张君兮，誓死自持。河身可徙兮，我心不移。佳城郁郁兮，大河之湄。沧桑陵谷兮，刻此铭诗。

【简析】

本碑不见原石，故不知其形制及书丹、篆盖等信息。志文见钱谦益《牧斋初学集》卷五十一《墓志铭二》，民国涵芬楼影印明崇祯瞿式耜刻本，上海古籍出版社《清代诗文集汇编》第二册。撰文者钱谦益（1582—1664），明末清初江南常熟人，字受之，号尚湖，又号牧斋，晚号蒙叟、东涧遗老。明万历三十八年（1610）进士。历编修、詹事，崇祯初为礼部侍郎，因事罢归。以文学冠东南，为东林巨子。娶名妓柳如是，筑绛云楼，藏书极富。南明弘光帝时，起为礼部尚书。清兵渡江，出城迎降。顺治三年（1646），授礼部侍郎，任职五月而归。后两次以大案牵连入狱，均得幸免。七年（1650），绛云楼毁于火，藏书悉成灰烬，晚境颇颓唐。诗文极有造诣，入清后所作多抑塞愤张之语。有《初学集》《有学集》《国初群雄事略》，又编《列朝诗集》。清高宗列谦益入《贰臣传》，焚其书，虽屡禁不绝。

钱谦益是明末清初颇有争议的人物。作为文学家，他开创了有清一代的诗风，"其学之淹博、气之雄厚，诚足以囊括诸家，包罗万有，其诗清而绮，和而壮，感叹而不促狭，论事广肆而不诽排，洵大雅元音，诗人之冠冕也！"（凌凤翔《初学集序》）他又被誉为"当代文章伯"，黄梨渊《忠旧录》称他为王弇州后文坛最负盛名之人。同时，他曾立志私人完成国史，具有接触的史学才能。另外，构筑"绛云楼"，藏书丰富，"所积充牣，几埒内府"。作为文人，他确实独步天下，为一代名士。但另一方面，他汲汲于仕途，陷入明末党争，许多行为为人所不齿；入清之后，降清北上成为其一生污点。陈寅恪认为："牧斋之降清，乃其一生污点。但亦由其素性怯懦，迫于事势所使然。若谓其必须始终心悦诚服，则甚不近情理。"

本文写于崇祯十五年之后不久，张如兰之子张宁生"避难南奔，持

宗伯孟津公之书哭而谒铭于余",文中又有"顷者,荆襄陷没,持斧之使
俛首臣服,夹侍而先马,又见告矣",而荆襄陷没于崇祯十五年(1642)
十二月初四日,可见本文或写于崇祯十六年(1643)左右。此时的钱谦益
与柳如是结缡芙蓉舫,目睹崇祯朝逐步灭亡,心焦如焚,承受亡国之痛的
煎熬。故其对"今天下士气竭,臣节靡,逃亡俘虏相视以为固然"的世态
十分愤慨,对墓主张如兰"唱明君臣大义,技柱于重围绝地之中,洪水浸
之而不惊,白刃临之而不慑"的行为大家赞赏,认为张如兰之死可以"使
天下士大夫相勖以致命遂志,无委辟之患难,无幸生之臣子,所以劝忠孝
而励顽顿者,可谓至矣",并誉张如兰为"臣鹄",欣然命笔,撰写此文,
多慷慨激昂之气,多"我心不移"之情怀。

墓主张如兰(1578—1642),字子馨,开封人。补博士弟子员。弱冠
举乡试,久之不第,署封丘教谕。任同官、富平知县,迁南京大理寺评事。
生逢乱世,仕途坎坷,虽"政声藉甚",但"仅量移南评事",最终受人陷
害而"坐除名"。崇祯即位,奉诏以原官起用,"而君遂不复出,家食十五
年而终"。王铎《张评事子馨传》的描述更为形象,"公慨然曰:'吾一书生,
两为邑宅,犯大蛇之唇齿,身得不碎,足矣。何心偃仰事人也?'"可见其
胸襟气度之高。崇祯十五年(1642)十月,死于战乱之中。

张如兰为开封名士,与明末汴梁一代的名士如张林宗、阮大冲、王损
仲、周藩父子等有交往,在文坛有一定地位。但战乱频仍,张宁生所著书及
金石录"问诸水滨",周藩父子藏书及王损仲之彝鼎化为灰烬,张林宗"尽室
以筏渡,筏挂于屋角覆焉",阮太冲"漂浮,遇大树,入于其腹,槁而死",
如此等等。作者描绘出明末乱世"中州数百年文物与儒雅风流一旦俱尽"的
惨状,为后人了解明末清初中原文坛的生存状态提供了宝贵的资料。

严格地讲,张如兰不是封丘人,但他卒于"封丘之寓馆",葬于"城
西三里河之新茔",应与封丘有很深的渊源。明代封丘属开封府管辖,其
历史文化与开封密切相关。故本文对研究明末开封一带的士族构成、文人
交流等有帮助。

同时,文中提到张如兰卒后,张宁生"持宗伯孟津公之书哭而谒铭于
余",此"书"即王铎《张评事子馨传》,见《拟山园选集》卷四十八《传五》。
明末,王铎曾依托汲县潞王、开封周王以及其他中原名士,整个家族颠沛流
离,吃尽辛酸。故此文又为研究王铎在明末时的生存状况提供了历史资料。

长垣县篇

大唐灵昌郡匡城县业修寺果园庄之词并序

（唐）段迥

乡贡进士段迥撰词。施主王元亮，处士临承佑书。

粤至高者天也，门然县七政①之辉；至广者地也，宴然澄百川之气。虽别荡云沃日②，宁浮夜壑之舟；合璧连珠，未照无明之域。岂若一人感梦③，画像南宫；八脱洪源，传经西土。变灵威而救苦海，散法雨以济炎山。启方便之门，则三涂④并轨；开有缘之路，则七戒居心。思玄无测其浅深，博物莫知其近远。不生不灭，其惟释氏乎？

此果园者，寺主希□都师灵光奉为天皇天后以率土苍生之所立也，诸色人等之供修焉。法师凤达玄风，雅通妙觉。察古今休咎，听浮图之铃；

① 门然：按，《全唐文》卷0405段迥《匡城县业修寺碑》作"朗然"。七政：古天文术语。或指日、月和金、木、水、火、土五星，或指天、地、人和四时，或指北斗七星。

② 别：按，《全唐文》卷0405段迥《匡城县业修寺碑》作"则"。沃日：冲荡日头。形容波浪大。晋木华《海赋》："潏湟濩渭，荡云沃日。"亦形容广远。宋王禹偁《回寇密直谢官启》："学士学植凌云，词源沃日。"

③ 一人感梦：典同"项日感梦"。相传汉明帝梦见神人，身有日光，飞在殿前，欣然悦之。明日博问群臣，此为何神？有通人傅毅曰："臣闻天竺有得道者，号之曰佛，飞行虚空，身有日光，殆将其神也。"于是上悟，遣使者张骞等人于大月支写佛经四十二章，并在洛阳城西雍门外起佛寺。事见汉牟融《理惑论》。后遂用作典故。北魏杨衒之《〈洛阳伽蓝记〉序》："自项日感梦，满月流光，阳门饰豪眉之像，夜台图绀发之形。"

④ 三涂：佛教语。血涂、刀涂、火涂。血涂是畜生道，因畜生常在被杀，或互相存食之处；刀涂是饿鬼道，因饿鬼常在饥饿，或刀剑杖逼迫之处；火涂是地狱道，因地狱常在寒冰，或猛火烧煎之处。三涂即三恶道的别名。《百喻经·夫妇食饼共为要喻》："坠堕三涂，都不怖畏。"

蹑寥廓高卑，飞德真之锡。将以登天游雾，岂徒鸣磬焚香而已哉！

　　邑人成公、滕定、赵乾、杨药师并济北名家、山东英妙，挺含章之秀气，万古驰声；振夏日之严威，百代垂誉。长啸之后，惟若嗣音，故能疏烦想于心留[1]，莹虔诚以恭敬；悟色空之合迹，知内外之异门。欲碎斜山，先挥法刃；冀落尘纲，愿触惠风。于是测景瞻星，共崇梵宇；万楹蘘像，绿云上□；百文[2]孤标，通天秀出。飞梁偃□[3]，拖太虚之彩虹；疏纲参差，挂高楼之新月。金晖象驾，色乱丹霞；玉英鹤林，光摇碧雪。如[4]吟仙铎，似闻观世之音；人步香阶，如到聪尼之国。尔乃春亭东指，版筑犹存；幽郭西瞻，弦歌如在。两[5]□横海，□乏[6]叶舟；后望大河，遥分竹箭。平原块北[7]，嘉树扶疏；桃李茂盛，每垂秋实；松竹夹道，不变春荣。所谓勘智惠之铁围，得曹卫之宝势。

　　于时天宝八载岁次己丑四月乙未朔十日甲辰，迴乐室[8]清济，地接祇园；持法[9]丹经，心希妙理。拾百氏之芳润，芙[10]大释之形容。

　　其词曰：

　　粤若大雄，赫然而见。既号普贤，仍为正遍。马寺[11]东营，鹤林西变。道引佛□，门开方便。其一

　　① 心留：按，《全唐文》卷0405段迴《匡城县业修寺碑》作"心胸"。

　　② 百文：按，《全唐文》卷0405段迴《匡城县业修寺碑》作"百丈"。

　　③ 偃□：或为"偃蹇"。高耸貌。《楚辞·离骚》："望瑶台之偃蹇兮，见有娀之佚女。"王逸注："偃蹇，高貌。"

　　④ 如：按，《全唐文》卷0405段迴《匡城县业修寺碑》作"风"。

　　⑤ 两：按，《全唐文》卷0405段迴《匡城县业修寺碑》作"前"。

　　⑥ 乏：按，《全唐文》卷0405段迴《匡城县业修寺碑》作"泛"。

　　⑦ 块北：按，《全唐文》卷0405段迴《匡城县业修寺碑》作"块圠"。块圠，漫无边际貌。三国魏曹植《诰咎文》："遂乃沉阴块圠，甘泽微微，雨我公田，爰暨于私。"亦指地势高低不平貌。《文选·左思〈吴都赋〉》："尔乃地势块圠，卉木駃蔓，遭薮为圃，值林为苑。"李善注："块圠，莽沕也。高下不平貌也。"

　　⑧ 乐室：按，《全唐文》卷0405段迴《匡城县业修寺碑》作"筑室"。

　　⑨ 持法：按，《全唐文》卷0405段迴《匡城县业修寺碑》作"接法"。

　　⑩ 芙：按，《全唐文》卷0405段迴《匡城县业修寺碑》作"美"。

　　⑪ 马寺：即白马寺。在河南省洛阳市东郊。东汉明帝永平十一年（68）建，为佛教在中国最早的寺院。北魏杨衒之《洛阳伽蓝记·白马寺》："白马寺，汉明帝所立也，佛教入中国之始。"

尊容俨雅，大厦宏敞。宝阁万重，星楼千丈。雁塔①斜飞，鹏檐直上。日月为光，滴沥成响。其二

猗欤妙觉，彼□先知。真情有趣，法体无为。不可□议，岂得心非。其三

东拱春亭，西邻匡郭。朵散青莲，花开红药。慈云布而龙兴，甘露坠而瑶落。不生不浜②，惟□惟□。其四

【简析】

本碑为长垣唐碑，已不存。本文摘自清李于垣修、杨元锡纂《长垣县志》（清嘉庆十五年刊本）卷十五《金石录·唐》，台湾成文出版有限公司《中国方志丛书·华北地方·第五二四号》第1261—1265页。录文后有跋语："右碑正书，在县聚四十五里小盖村业修寺，今名寿圣寺。碑高三尺八寸，宽二尺二寸，字径五分，无大剥损，仅阙数字。碑首'郡守远疟'至'段迥撰词'为一行，下有'县令李瑗'四字较小。第二行施主、书写姓名。惟首行'郡守远疟'四字不可解。文内称'天皇天后'者，考《唐高宗本纪》，上元元年八月壬辰，皇帝称天皇，皇后称天后。此碑立于天宝八载，寺当为高宗、则天时所见，故有是称耳。"此段跋语对此碑的形制、布局、书风、刻写时间等考证甚详，具有史料价值。录文以"匡城县业修寺碑"为总题。按，隋开皇十六年（596）改长垣县置匡城县，属滑州。治所在妇姑城（今河南长垣县西南司坡村）。《寰宇记》卷2："以县南有古匡城为名。"大业初属东郡。唐属滑州。五代梁复改长垣县，后唐复曰匡城。

按，长垣之地西周时属卫国。春秋时期，卫国于长垣同时置蒲邑（今长垣县城）、匡邑。匡城遗址在今长垣县城西南十公里的张寨乡孔庄村一带，旧名为匡主。著名的"匡人围孔"就发生于此。清嘉庆十五年（1810）刊本《长垣县志》卷十五《金石录》曾列"匡城碑"条，记载明正德十二年（1517），土人掘地得石，有"匡城"二字，正书，径一尺六

---

①　雁塔：唐玄奘《大唐西域记·摩揭陀国下》："有比丘经行，忽见群雁飞翔，戏言曰：'今日众僧中食不充，摩诃萨埵宜知是时。'言声未绝，一雁退飞，当其僧前，投身自殒。比丘见已，具白众僧，闻者悲感，咸相谓曰：'如来设法，导诱随机，我等守愚，遵行渐教……此雁垂诫，诚为明导，宜旌厚德，传记终古。'于是建窣堵波，式昭遗烈，以彼死雁，瘗其下焉。"后因指佛塔。唐王勃《益州绵竹县武都山净慧寺碑》："银龛佛影，遥承雁塔之花。"

②　浜：按，《全唐文》卷0405段迥《匡城县业修寺碑》作"泯"。

寸。此碑后立长垣司家坡东玄帝庙门外，现无存。可见，长垣为春秋时旧匡地于史有据。

本碑题有"大唐灵昌郡匡城县"。灵昌郡即滑州。按，滑州乃隋开皇十六年（596）改杞州而置，治所在白马县（今河南滑县东南城关镇）。大业二年（606）改为兖州。三年（607）改东郡。唐武德元年（618）复置滑州。天宝元年（742）改为灵昌郡，乾元元年（758）复为滑州。辖境相当今河南滑县、长垣、延津等县地。可见天宝八载时，长垣属灵昌郡管辖，为匡城县。故本碑对研究长垣的沿革有重要的参考价值。

文中记载当时匡城县业修寺"果园庄"的情况。作者提及当时的寺主希□都师为"奉为天皇天后以率土苍生"而创立"果园庄"，让"诸色人等之供修焉"。此处"春亭东指，版筑犹存；幽郭西瞻，弦歌如在"，"平原块北，嘉树扶疏；桃李茂盛，每垂秋实；松竹夹道，不变春荣"，风景甚美，有利于清修。

文中用语华丽浮靡，极尽渲染之能事。既张扬佛理，阐述佛法，从中可见当时的信佛之风之盛；又灿烂绚丽，足见六朝骈俪文风之影响之深。

河内公祠堂记

（元）杜仁杰

在昔春秋时，卫于周为迩属，蒲于卫为紧县，故卫之君臣庭议以谓非贤且勇长于政事者不能宰是邑。以吾先师季路来莅之，不期岁，吏慑其威，民服其化。自公结缨之后，蒲之民时而思之父母之、祠而祀之神明之者有年矣。逮秦、汉、魏、晋而下，六朝、隋、唐之间，天下不知其几陵迟而几板荡。夫蒲固旧蒲，今代何代而民谁民哉？盖祠之兴废，亦系于世之治否而已。况壬辰之祸[①]，古今无是惨，河朔萧然者盖五十余年于兹矣。

---

① 壬辰之祸：金哀宗开兴元年（1232），蒙军南下，大举攻金，围困汴梁，金哀宗离开汴梁，北渡黄河。

我国朝开创以来，至圣上甫五业①，始以文教作治具，是以前贤祠冢好事者往往葺而守之，从上所好而然也。丧乱后，独此祠仅存，然上雨旁风，丹青绘塑剥落亦无几。比年，祠傍之民稍稍坌集成市，虽有香火巫觋等立，以禳祓疾疬、祈祷孙息为事，呜呼，礼乐崩坏，至此亦极矣！良可痛悼！

邑人有薛君者，幼隶军籍，晚慕黄老，为道士，能舍己之术，乐我之义，慨然以兴起为己任。于是岁涓月除，朝经暮构，至于一草一芥，一瓦一砾，皆手所自掇；而又执契券以明公私，按图志以敹侵冒，虽尺寸之地不得匿。若夫门三其首，榱栋已陈，庑两其傍，阶陛随筑，骎骎乎见落成之渐。

予适道出于蒲，友人太医侯君仲安以记祝其恳。予辞以不能且不敢也。予谓公亲受教于孔子，其格言、其盛德志诸《左氏传》，与夫《家语》《论语》等编载之甚详。使少赞一词，是誉天地之大，褒日月之明，赘执甚焉。祀典有之。自天子之都达于郡县，二丁之祭②，虽万世不能废。公处十哲③之列而配享血食，吾恐在彼而犹在此也。且公之神，在天则为河汉、为列星，在地则为川渎、为乔岳，散之于气为雷霆、为风雨，栖之于物为金、为锡、为器车，钟之于人为圣、为贤，安往而不在，岂独于蒲若是其专哉？

① 五业：指明、廉、仁、义、圣五项功业。语出西汉贾谊《治安策》："令海内之势如身之使臂，臂之使指，莫不制从。诸侯之君不敢有异心，辐辏并进而归命天子，虽在细民，且知其安，故天下咸知陛下之明。割地定制，令齐、赵、楚各若干国，使悼惠王、幽王、元王之子孙毕以次各受祖之分地，地尽而止，及燕、梁他国皆然。其分地众而子孙少者，建以为国，空而置之，须其子孙生者，举使君之。诸侯之地其削颇入汉者，为徙其侯国，及封其子孙也，所以数偿之；一寸之地，一人之众，天子亡所利焉，诚以定治而已，故天下咸知陛下之廉。地制一定，宗室子孙莫虑不王，下无倍畔之心，上无诛伐之志，故天下咸知陛下之仁。法立而不犯，令行而不逆，贯高、利几之谋不生，柴奇、开章之计不萌，细民乡善，大臣致顺，故天下咸知陛下之义。卧赤子天下之上而安，植遗腹，朝委裘，而天下不乱。当时大治，后世诵圣，一动而王业附，陛下谁惮而不为此？"
② 二丁之祭：即"丁祭"。自唐以后，历代王朝规定每年仲春（二月）、仲秋（八月）的上丁之日（该月上旬的丁日）为祭祀孔子的日子。唐刘禹锡《奏记丞相府论学事》："今四海郡县咸以春、秋上丁有事孔子庙，其礼不应于古，且非孔子意也。"
③ 十哲：指孔子的十个弟子，即颜渊、闵子骞、冉伯牛、仲弓、宰我、子贡、冉有、季路、子游、子夏。自唐定制，从祀孔庙，列侍孔子近侧。开元时，颜渊配享，升曾参，后曾参配享，升子张。后代又增有若及宋朱熹，合称"十二哲"。

或曰："子可谓知其一而遗其二者也。且独不见子游①之于武城，宓子贱②之于单父，鲁恭③之于中牟，元德秀④之于鲁山，斯皆有惠政遗爱于民！美则美矣，此特去留之暂耳，未若公仕于卫、祠于蒲、墓于蒲，其始终之节灼然见于后世者盖如是，虽庸人孺子亦知公之不屑去蒲也审矣！"予闻之，不觉敛衽，退而言曰："予昏不能进是，请书或者之言以为记。"

仍系以诗，俾歌以祀之。诗曰：

公乎公乎，无舍而蒲。生于民而其惠有孚，死于位而其节不渝。已乎已乎，后之来祀者其无替乎，其无替乎！

【简析】

本碑原在长垣县城东三里仲子墓。高六尺，宽二尺七寸，正书，字径寸许。首书"元济南杜仁杰撰"，末书"大明宏治八年岁次乙卯春二月既望，知县杜启等重立石"。可见此碑乃重刻之碑。长垣仲子墓经历代重修，规模宏大，可惜1930年黄河泛滥，子路祠墓均被冲垮，如今仅剩遗址，此碑不知存否。碑文摘自清李于垣修、杨元锡纂《长垣县志》（清嘉庆十五年刊本）卷十三《艺文录上·记》，台湾成文出版有限公司《中国方志丛书·华北地方·第五二四号》第1033—1036页。撰文者杜仁杰，前文有载，可参阅。按，本文有"予适道出于蒲，友人太医侯君仲安，以记祝甚恳，予辞以不能且不敢也"的记载，根据内容判断，本文与《崇真观碑》《长垣县岱岳观记》写于同时，皆为此次"道出于蒲"时所作，撰于元至元八年（1271）。

本文记载了长垣县河内公祠堂的重葺过程。文中有"丧乱后，独此祠

---

① 子游（前506—？），即言偃。春秋时吴国人，名偃，字子游。孔子弟子。列文学科。仕鲁为武城宰，以礼乐教民。孔子过武城，闻弦歌之声，嘉许之。

② 宓子贱：春秋时鲁国人。名不齐，字子贱，孔子弟子。曾为单父宰，弹琴而治，为后世儒家所称道。《汉书·艺文志》载，儒家有《宓子》十六篇，久佚。

③ 鲁恭（32—112），东汉扶风平陵人，字仲康。少居太学，习《鲁诗》。章帝集诸儒于白虎观，恭以经明召，与其议。拜中牟令，以德化为理，不任刑罚。累迁司徒，选辟高第，至列卿郡守者数十人。性谦退，奏议依经，无所凭讳。

④ 元德秀（696—754），唐河南人，字紫芝。少孤，事母孝。登进士第，历仕邢州南和尉、龙武录事参军、鲁山令。有惠政，以诚待他人。后隐居陆浑山，卒，门人谥文行先生。天下高其行，称曰元鲁山。

仅存"的记载，但不知该祠始创于何时。经历了金末元初的大动荡后，此祠"上雨旁风，丹青绘塑剥落亦无几"，邑人薛君"舍己之术，乐我之义，慨然以兴起为己任"，经历辛苦构建，终于落成。作者应太医侯仲安之请而撰写此文。

作者论述了子路与长垣的关系，肯定了子路治蒲的成就，强调了其"仕于卫、祠于蒲、墓于蒲，其始终之节灼然见于后世"的特点，歌颂了其"惠政遗爱于民"，即"生于民而其惠有孚，死于位而其节不渝"。

子路治蒲在长垣发展史上具有文化原型的意义，其"亲受教于孔子""贤且勇，长于政事""惠政遗爱于民"等特点为后代治理长垣者树立了一个执政为民的标杆，在长垣文化的构建中具有积极意义。

另，元王恽《秋涧集》卷七十《重修河内公庙化缘疏》："惟公德并群哲，材优四科，为邦致三善之称，折狱有片言之誉。顾瞻乔木，怀想其人。况此蒲乡，实维旧治，民淳讼简，犹沐休风。世远祠存，不忘久敬。然尘昏像设，殆缊袍敝故之余；草满露坛，起燕麦动摇之叹。惟夫兴葺，可表尊崇。凡我同盟，义当少助。谨疏。"此疏不知与本碑有关系否。若有关系，对研究杜仁杰、元好问、王恽等之交游有帮助。

重修学冈记

（明）刘矩

学堂冈，按邑志云"在邑城北九里余道东"，势则隆然，宛转甚广。昔夫子屋之，讲学于此。考之传记，吾夫子周流四方，以行其教，尝适卫适陈，如蔡如楚。莅于斯地，弟子仲由①治蒲，即此地也。车辙入境，以"三善"②称之。堂之建，意在于此时欤？不然，亦无缘时寓于斯焉！然斯冈之旧，邑志云"前有正殿，后讲堂。堂之阳杏坛。坛之东西有亭，曰咏

① 仲由：春秋鲁卞（今山东泗水）人，字子路，一字季路。孔子的学生，性爽直勇敢。《孔子家语·七十二弟子解》："仲由，卞人，字子路。有勇力才艺，以政事著名。"
② 三善：按，古有"蒲邑三善"之典。《孔子家语·辨政》："子路治蒲三年，孔子过之。入其境曰：'善哉由也，恭敬以信矣。'入其邑曰：'善哉由也，忠信而宽矣。'至廷曰：'善哉由也，明察以断矣。'"

归，曰问志。前有棂星门"。自周而下，历秦、汉暨宋、元，尹兹邑者多矣，或视之而弗修，或修之因卑就简，复废于荒烟野草之间。地无其人，谁与兴理？乃人事之或然者也，意者殆有俟于将来乎！

　　岁甲戌，无锡刘宏超远以俊乂之才，博洽之学，由科第来尹兹邑，毅然以兴学育才、宗师夫子为念。乃谋于寮寀文学暨邑之衣冠士类辈曰："圣人讲学之所，寥寥岁久，废而弗修，谁之责乎？"乃捐俸市木，陶塼与瓦，民役于在官之余，匠用于里夫之羡，并手偕作，以后为耻。筑泮池，得铸金为万者一，为千者九，为十者七，悉资于用。仍构殿一，置圣□于中；堂一，亭二，戟门三，与夫坛址悉斥而大之。于堂之西从而屋之，置乡先生有行实者位次于其间；傍构闲轩，令有志者肄业于内。缭以高埔，树以杏花。既而于中夜有丝音，闻者惊异。

　　经始于天顺己卯二月，落成于九月朔旦。众皆谓邑尹公修斯堂得其宜，化黎庶有其方，匪直在于言语文字之间焉。于是人情丕悦，俗化大变。邑之父老意气融融，采石于山，欲镵诸文字，传于悠久。遂属笔于矩。

　　矩，澶①产也。澶去星垣②财三舍余，其平居懿烈，耳之熟矣，可慁③于言哉？然稽之载籍，若汉文翁④在蜀地，修学舍，选师儒，诲后进，俾风化可拟于齐鲁，遗于汉简，迨今有光。观超远公为邑所立之迹，卓荦俊迈，殆有慕文翁之风而兴起者欤！他日观王风、采民言者将必取之，以贡寓于国史，又安知有下于前修耶？

---

　　① 澶：即澶渊。古湖名，又称繁渊。春秋时卫地。在今河南省濮阳市西北。按，《长垣县志》中录刘矩作品数篇，其自称"澶渊人"或"开州人"。金皇统四年（1144）改澶州置开州，治所在濮阳县（今河南濮阳县）。辖境相当今河南濮阳市和濮阳、清丰、长垣三县及山东莘县南部地。元属大名路。明洪武二年（1369）省濮阳县入州。故刘矩为濮阳县人。

　　② 星垣：指长垣县。按，关于长垣县名的由来，有两种说法：一以星宿命，一以城有防垣（防护墙）而命名。星宿说由来已广，如嘉靖《长垣县志》："以星宿有长垣，故名。"万历《长垣县志》："汉始置长垣县，乃属三川郡，三川分野，张宿上有四星曰长垣，故以名县。"

　　③ 慁：同"吝"。

　　④ 文翁：汉庐江舒人。景帝末，为蜀郡守，"仁爱好教化"，在成都市中起学官，入学者免除徭役，成绩优者为郡县吏，每出巡视，"益从学官诸生明经饬行者与俱，使传教令"。蜀郡自是文风大振，教化大兴。后世用为称颂循吏的典故。

【简析】

该碑旧在长垣县学堂冈圣庙二门外。正书。首书"邑尹刘公重修学堂碑。赐进士及第、翰林修撰、儒林郎、澶渊刘矩撰。赐进士出身、溧阳知县、邑人李溥篆。前阳武儒学训导、邑人王宗书",末书"天顺五年六月吉日,本县县丞李琛、杨春,主簿李谦,典史魏朋,教谕曾进,训导郭伦、傅岩"。笔者未见此碑,不知原碑存否。碑文摘自清李于垣修、杨元锡纂《长垣县志》(清嘉庆十五年刊本)卷十三《艺文录上》,台湾成文出版有限公司《中国方志丛书·华北地方·第五二四号》第1053—1056页,以"重修学冈记"为题。而卷十五《金石录·明》列其目,以"修学堂冈碑"为题。按,原文作者下有注"字仲方,开州人。永乐辛丑进士及第。授翰林编修,迁修撰"。

本碑主要记载明天顺三年(1459),长垣县令刘宏"以兴学育才、宗师夫子为念",倡修学堂冈的经过。意在兴教化,化黎庶,宣扬儒家思想,兴一方文治。刘宏,字超远,常州无锡人。举人出身。景泰五年(1454)任长垣知县。勤政爱民,废坠修举。升东平知州。

学堂冈乃长垣圣迹,在县北十里。冈旁有庙,始建无考。相传孔子尝过此讲学。元季殿宇遭兵火无存。知县刘宏的此次重修,奠定了现存学堂冈圣庙的基本格局。前棂星门,内大成殿,后为杏坛,坛东西为"咏归""问志"二亭,坛后有深造堂。即"殿一""堂一""亭二""戟门三",堂西有屋,旁构闲轩,缭以高墉,树以杏花,遂丝音弦诵顿起,"人情丕悦,俗化大变"。此后,屡有重葺,但旧格局犹存,因此,本文对研究学堂冈的建筑风格、文化的绵延兴盛具有史料价值。

按,文中有"筑泮池,得铸金为万者一,为千者九,为十者七"的记载,为一奇事。本碑录文之末有"旧志云'文内兴工日,筑泮池,得铸金事甚奇,若天为助者',知县刘宏自记同",可见此事为真,为方志渲染兴文教以治万邦提供了合适素材。只不过刘宏自为之记难寻,无法得知当时筑池得金的具体情况,甚为可惜。

双忠祠碑记

（明）李梦阳

双忠祠者，祠关龙逢、比干者也。祠比干者何？长垣去干墓百里而近。祠逢者何？逢、干侔也，又邑有村曰龙相，龙相人掘地而获石，文曰"龙逢"。云"双"之谁？知县杜之开①也；大之者，伍畴中②也。伍侯之来也，诣祠谒览焉，而叹曰："是尚不足以恢恢耀乎！"乃兹猥焉卑也。窃闻之，标迷者必显其臬，成大者罔恤其小③，故欲启遐诏来④，必有阐名拚实⑤。于是葳工庀物，度时节力，厥祠是新，崇其堂室，峻其垣墉，浚池莳木，旁屋翼如。财靡帑出，役罔农妨。再阅月而祠成，起瞻壮睹，望之峛如，枚枚渠渠。于是二忠，哲者知之，过之歜以悲；瞀者问之，知黯焉内摧；逐臣放子过⑥，涕淫淫垂；亦有颡泚⑦面赤者，车将过而辕为之回也。斯伍子之绩也！

或问逢、干之事于李子。

曰："余曩过朝歌之墟，盖数谒干墓云；及灵宝西南，又望见逢墓。于心实摧之，不自知涕淫淫下也。"然谍记备之，圣者述之，余复何说矣？

曰："干于纣，无去之义"。是矣，志曰"人臣三谏其君而弗听，则退

---

① 杜之开：即杜启。字子开，苏州吴县人，进士。弘治三年（1490），授长垣知县。治河有功，筑太行长堤，增坝堰铺舍。暇与诸生讲授易学，人士皆宗之。擢监察御史。

② 伍畴中：字畴中，苏州吴县人，进士。正德十三年（1518）授长垣知县。负才名，留心教养，修双忠祠，延未第举人读书其中，赡以养田，文风蔚起。政事之暇，多所著述，尤工草书。历任兵部郎中。

③ 按，古人说"成大事者，不恤小耻"。此处意谓成大事者不顾恤小的方面，但必须"阐名拚实"。

④ 启遐诏来：启迪教化遐荒之地的人们，告诫后来者。

⑤ 阐名拚实：即"阐拚名实"。阐明名实的内涵和功用。"拚"同"挥"，发挥，发扬。

⑥ 过：按，台北伟文图书出版社版《空同先生集》作"过之"。

⑦ 颡泚：《孟子·滕文公上》："其颡有泚，睨而不视。"赵岐注："颡，额也。泚，汗出泚泚然也。见其亲为兽虫所食，形体毁败，中心惭，故汗泚泚然出于额。"后因以"颡泚"表示心中惭愧、惶恐。明刘基《北上感怀》诗："闻之犹鼻酸，见者宜颡泚。"

而待放”[①]。“逢何死也？”李子曰：“忠臣必君之悟也，斯杀身从之矣，有君而不有身也。”传曰“见危授命”，当是时，暇戚疏计哉？

曰：“三代异兴而同亡。周之亡也，稽首奉图籍，西向纳土，不闻有死之，何也？”曰：“文弊之也。”文弊则天下横议，横议则纵横行，纵横行则乱贼肆而贞纯匿。故苏洵者纵横者也，其言曰“比干有心而无术，苏秦有术而无心”[②]。秦，何人也？鷃雀与孔鸾长短耶？故祸天下者必洵之言者也。设使干有术亦效秦揣摩捭阖以诱之耶，诚使揣摩捭阖足以诱之，秦奚不使战国君为禹汤耶？故忠臣成仁，义士死国，舍仁义何术矣？

曰：“若是，则干、辛[③]、恶来[④]胡久于人朝？”李子曰：“夏商之亡以人，周之亡以俗。俗坏于纵横，纵横始于横议，横议由于文弊。故言纵横者必洵者也，祸天下者也。”

李子既赋《迎送神辞》三章，俾协之律、被之弦管、发之鼓钟，以妥灵侑尸矣。乃复载祠由并私所撰说，刻之碑曰：斯文也，余盖嘉伍子绩云。伍子名余福，姑苏人也。宰邑之三年，是为正德庚辰[⑤]。辞曰：

君各乘兮两螭，分前导兮四旗。沛连蜷兮云际，倏若留兮欻游。执天秤兮震河鼓，灵禗禗兮畴怨苦。林冥冥兮崄艰，惊回风兮河波。瞰二墟兮心酸，涕旧都兮滂沱。右迎神。

巍额兮广颧，怒目兮颜丹。左设瑚兮右琏[⑥]，灵并惨兮不欢。抚长铗兮凝视，风浪浪兮鸣户。云迤迤兮覆宇，日窈杳兮即暮。兰镫[⑦]兮桂醑，琴瑟絚兮万舞。僾有闻兮叹息，祝申申兮告予。曰秉直兮匪躬，遭闵兮遘

---

① 按，王逸《楚辞章句叙·七谏》：“古者人臣三谏不从，退而待放。屈原与楚同姓，无相去之义，故加为七谏，殷勤之意，忠厚之节也。”

② 按，苏洵《谏论》：“龙逢、比干不获称良臣，无苏秦、张仪之术也；苏秦、张仪不免为游说，无龙逢、比干之心也。是以龙逢、比干吾取其心，不取其术；苏秦、张仪吾取其术，不取其心，以为谏法。”

③ 辛：即帝辛（约前1105—前1045），商朝最后一位君主，帝乙少子。子姓，名受（一作受德），谥号纣，世称殷纣王、商纣王。夏商周断代工程把帝辛在位时间定为前1075—前1046年。

④ 恶来：商代人。蜚廉子。生而有勇力，双手能撕裂虎兕。与父同侍纣。武王伐纣，并杀父子。

⑤ 宰邑之三年是为正德庚辰：按，台北伟文图书出版社版《空同先生集》作“宰邑之年是为正德庚辰，而祠成立碑，伍盖遣邑学生王汉、杨桂来言碑事”。

⑥ 按，瑚、琏皆宗庙礼器。用以比喻治国安邦之才。《论语·公冶长》：“子贡问曰：‘赐也何如？’子曰：‘女，器也。’曰：‘何器也？’曰：‘瑚琏也。’”

⑦ 兰镫：语出《楚辞·招魂》：“兰膏明烛，华镫错些。”镫，古同“灯”。

凶。噂沓兮绰约，庸之弗疑兮谓为哲。邦殄瘁兮后陨颠，二代^①墟兮心劳煎。右降神。

望天门兮显通，腾而上兮云中。陟帝兮左右，夹长剑兮曳文绶。入不独兮出与双，陵倒影兮斡阴阳。五风兮十雨，福我氓兮有稌有黍。右送神。

【简析】

该碑旧在长垣县双忠祠大门内西首。正书，字径二寸，字画迈劲。首书"赐进士、中顺大夫、前江西按察司副使、提学、北郡李梦阳撰，大梁左国玑书并撰额"。碑文两面合写，形制与辉县百泉"啸台重修碑"（亦为李梦阳撰文、左国玑书丹）略同。笔者未见此碑，不知原碑存否。碑文摘自清李于垣修、杨元锡纂《长垣县志》（清嘉庆十五年刊本）卷十三《艺文录上》，以"双忠祠碑记"为题，台北成文出版有限公司《中国方志丛书·华北地方·第五二四号》第1063—1067页。作者李梦阳下有小注"字献吉，庆阳人。进士。官江西提学副使。自号空同子"。又据明李梦阳《空同先生集》卷第四十《文·碑文八首》校之，台北伟文图书出版社有限公司1976年版第1121—1125页，以"双忠祠碑记"为题。

李梦阳乃明朝之士林领袖，他的三起三落的仕宦生涯颇具传奇色彩。弘治十八年（1505）四月，因弹劾"势如翼虎"的张鹤令，被囚于锦衣狱，不久宥出，罚俸三个月。出狱后，途遇张鹤令，李梦阳扬鞭击落其两齿。正德元年（1506），因替尚书韩文写弹劾刘瑾的奏章，被谪山西布政司经历。不久又因他事下狱，赖康海说情得释。刘瑾败，复原官，迁江西提学副使。后因替朱宸濠写《阳春书院记》而削籍。他的嫉恶如仇、刚直不阿、直言快语、狂狷使气的个性在本文中也得到了淋漓尽致的体现。

本文起首用双起分承和设问句式点题，阐释"双忠"之所指。接着，用"云'双'之谁"引出双忠祠的创建者。然后叙述双忠祠的创建过程及其影响。这样的叙述内容在碑石中极其常见，不足为奇。但本段句式多变，用语瑰奇，把惯常之内容写得风生水起，跌宕起伏。作者心中的激

---

① 二代：两个朝代。《论语·八佾》："周监于二代，郁郁乎文哉！"邢昺疏："二代，谓夏、商。"《国语·周语上》："今周德若二代之季矣。"韦昭注："二代之季谓桀纣也。"

愤、欣喜、自豪、释然之情绪变化也展露无遗，充分展示了作者深湛的思想和高超的语言技巧。

前文的叙述是为后文的议论做铺垫。作者用问答的形式提出了五个问题，并分别加以阐述。第一，重在回答长垣没有龙逢、比干之墓却有双忠祠的问题，一句"谍记备之，圣者述之"言简意赅，无复再论。第二，肯定比干"于纣，无去之义"，强调直谏而不惧。第三，回答关龙逢为何而死，歌颂见危授命、杀身成仁、不计个人名利得失的忠义精神。第四，指出三代"异兴而同亡"的根源在于"文弊"（文风凋敝，不行仁政），"文弊"则"纵横"之风兴盛，"纵横"肆虐则"贞纯"之士"匿"，仁义之风自然消泯，国家自然衰败。第五，回答为何比干、纣王、恶来能"久于人朝"，进一步补充、阐发上文的观点。最后，作者用骚体写"赞词"。一般的赞词多用四字句抒情、点化，深化主题，而本文却通过想象中的"迎神""降神""送神"的情景，写经历了人世间磨难的"秉直"忠灵，怀着"劳煎"之心，在神灵的引导下，"显通腾而上"，徜徉云中，与天帝同行，找到了灵魂的归宿，实现了精神境界的升华。不仅如此，作者还让双忠幻化为神灵，继续造福"我氓"，使人世间风调雨顺，"有稌有秬"。

本文以"双忠"为切入点，论述仁义教化在治国中的作用，见识卓越，文笔灵动，展示了文坛领袖的艺术功力，成为碑文中的力作。

该文为时任长垣知县伍余福派人所求而得。嘉庆本《长垣县志》卷十四《艺文录下·诗》收录伍余福《与李空同求作〈双忠祠记〉》七古一首，其诗还刻于双忠祠堂，嵌壁草书，碑末有"辛巳春二月望日具"题字。按，"辛巳"为正德十六年（1521）。故本文或写于正德十五年（1520）。此时的李梦阳49岁，经历了人生的三次起伏之后寄居大梁。

赠文林郎河南道监察御史郜公暨配封太孺人邵氏合葬墓志铭

（明）申时行

余与宪使仰蓬郜君同举进士，则已闻赠公及太孺人贤。余既谢政归里，久之，而宪使君以书来，曰："孤不天，少而先子见背，母孺人嬛嬛抚孤，以节孝被旌典，寻获赠封，徽上恩甚厚，惟是潜德懿行所不朽地下者，未有属也。则藉手世谊，丐一言于载笔者！"余于赠公、太孺人犹子也，何敢辞！

按状，赠公讳壬，字明远，别号蓬丘，姓邰氏，大名之长垣人也。其先自东明[①]来徙。祖果。父信，母罗氏。生五子，其仲为公。

公生倜傥不羁，有大志，好扶义立节，锄抑强梗，里中特严惮之。邻有恶少，冯气势为虐，望见公，辄引匿谢。过市，豪或群殴人，公好论之不解，则直前批其颊。豪讼于官，令义之，释不问。势家有别墅，过者辄被窘辱。尝夺公牛车，公执词让之，竟屈伏。家贫，年甚少，然州间尊事之，犹耆宿也。

天性孝友，乐施予，不伐其德。尝折节读书，规博士业。会兄伯徭使县中，治文书，不办[②]。公挺身代之，迎刃而解。寻以吏事庞杂谢去，复理旧业。业未竟而公病，病革，顾侍者索衣冠，危坐而卒。论者以得正而毙比之易箦事云。

配太孺人邵氏。始入门，事舅姑以孝闻。公性严急，太孺人讽以绩学励行。公没时，长子才八龄，宪使君二龄耳，茕茕持门户，养舅姑以老。庀其终事，而教二孤治博士经，属兄祜督视之而丰其给，宪使君遂成进士。治邑有声，为名御史。隆庆戊辰，守臣以太孺人节孝闻于朝，诏旌其门，具如令。今上正储宫覃恩，在廷则赠公监察御史，如子官而太孺人有封云。宪使君始令南陵，则教之仁恕，卒以循吏荷征，擢其以御史视碻河东。还，太孺人迎，谓之曰："儿幸持风纪，厘蠹弊，甚善。然无奈招怨树敌，何也？谨避之矣。"宪使君乃请告归。会主爵者修旧郄，欲出之，即其家，擢少参[③]。太孺人曰："此阳擢而阴中之也。"宪使君遂卧家不出而日娱侍太孺人，不禄养而善养，融融然乐也。盖生七十余年，既弛家政而犹躬事纺绩，以勤俭终其身。又斥其余，以衣食其家众，如赠公志。其贤如此！

---

① 东明：即东明县。清属直隶大名府。

② 不办：犹言不能。《宋书·沈攸之传》："诸人咸谓吾应统之，自卜懦薄，干略不办及卿，今辄相推为统，但当相与戮力尔。"

③ 少参：明代于各布政使下置参政、参议，时称参政为大参，参议为少参。明吴国伦有《送徐行父少参赴关内》诗。

公生弘治乙丑，卒嘉靖甲午，享年三十。太孺人生正德丙寅，卒万历辛巳，年七十有六。子男二：长永年，寿官；娶王，继董。次即宪使君永春，嘉靖壬戌进士，仕为按察使；娶苗，封孺人。女一。孙男六，女五。详状中，不具载。先是赠公祔葬祖茔之次，及是，卜城南大岛村之阳，启赠公以合太孺人而窆焉。实万历壬午十二月十八日也。

余读宪使君所自为状及孙宗伯《节孝传》，则有概焉。赠公生不出井邑，身不挂青紫，而褆躬莘莘，有孟公①之义，朱季②之强，直其流风遗训，燕及嗣人。而太孺人佐内保孤，迄于扬显，以副赠公之志而成宪使君之名，卓有大丈夫之识鉴。不偕老而齐德，所为昌大郜氏之宗者未有涯也。余是以铭。

铭曰：

洵彼良士，中道而折。扶义抗慨，有声烈烈。展如邦媛，厉操冰雪。立孤亢宗，既才且哲。伉俪同心，后先一节。徽宠旌褒，乃振其阅。修短殊造，其卒同穴。刻诗幽宫，令闻斯揭。

【简析】

本墓志不见原石，故不知其形制及书丹、篆盖者信息，亦不知其刻写风格。志文摘自明申时行《赐闲堂集四十卷》卷二十四，以"赠文林郎河南道监察御史郜公暨配封太孺人邵氏合葬墓志铭"为题，明万历间刻本，齐鲁书社1997年版《四库存目丛书·集134》。申时行（1535—1614），字汝默，号瑶泉，晚号休林居士，明苏州府长洲人。嘉靖四十一年（1562）进士。授修撰。历左庶子，掌翰林院事。万历六年（1578）以吏部侍郎兼东阁大学士，入预机务。十一年（1583），任首辅，务为宽大，罢张居正所行考成法。但多承帝意，建树不大，人称"太平宰相"。后屡请神宗立太子，为言官所攻，求罢而归。加至太子太师、中极殿大学士。卒谥文定。有《赐闲堂集》。按文中记述，申时行与长垣县郜永春为同科进士，

---

①　孟公：或指孟公绰。姬姓，孟孙氏，名绰或公绰，春秋时期鲁国大夫，大约生活在鲁襄公时期。他为人静心寡欲，清正廉洁，为孔子所敬重。《史记·仲尼弟子列传》中把他与遽伯玉、晏平仲、子产等人并列："孔子之所严事：于鲁孟公绰。"

②　朱季：或指朱晖。东汉南阳宛人，字文季。明帝时为卫士令，再迁临淮太守，有治绩，吏民畏爱之。为人有节义，尝与同郡陈揖交善，揖早卒，有遗腹子友，晖常哀之。及南阳太守桓虞召晖子骈为吏，而晖辞骈荐友。后累迁尚书令。和帝即位，窦宪北征匈征，晖上疏谏，顷之病卒。

有同僚之谊，且政治主张比较接近。故不仅"闻赠公及太孺人贤"，而且"余于赠公、太孺人犹子也"，可见两人私交之深。本文写于申时行"谢政归里"之时。

郜壬（1505—1534），字明远，别号蘧丘，长垣县人。郜壬倜傥不羁，幼有大志，平时"扶义立节，锄抑强梗"，为乡里名士。可惜英年早逝，难遂大志。故文中所记略显简单，未有显耀之举。其妻邵氏（1506—1581），年轻守寡，"茕茕持门户"，颇为不易。郜壬卒时，长子郜永年才八岁，次子郜永春才两岁，邵氏辛苦持家，教子成材。文中描写邵氏不仅勤俭孝敬，而且于为官为宦颇有见地，郜永春得益良多。

郜永春（1531—1609），字子元，号仰蘧。郜壬次子。嘉靖三十七年（1558）举人，四十一年（1562）进士。初授南陵知县，擢河南道御史。隆庆时，上疏为遭延仗而削职为民的前御史詹仰、前给事石星鸣冤。后出巡河东盐池，进行盐政改革，以正直敢谏，不畏权贵著称。与首辅张四维等不睦，辞官告归，隐居城南村十六年。万历十五年（1587），因荐起为关内道参议。未及上任，又擢怀降兵备，转南阳参政，升阳和兵备道、山西按察使。不久，引疾辞官家居，建怡萱楼侍母。平生入仕不过十二年，在家闲居达四十年。万历三十七年（1609）卒，享年七十八岁。著《问学指南》《论孟大义》《三儒言行录》等。祀乡贤祠。其墓位于城南乔村南地。

郜氏为长垣县名门望族。文中叙"其先自东明来徙"，其实此支郜氏源自山西上党，经东明而迁居长垣。文中叙述其世系甚明，为研究长垣郜氏家族的历史保存了珍贵的资料。同时，郜永春驰骋官场时与申时行交往颇深，而与张四维等不睦，亦可多少窥知明朝张居正之后朝政的纷争。

郜氏一族家风颇正，泽及后昆。郜永春之孙郜献珂、曾孙郜焕元皆入仁，并有盛名，在其成长的过程中，定会受到郜壬夫妇思想的影响，亦所谓"徽宠旌褒，乃振其阅"。

按，清李于垣修、杨元锡纂《长垣县志》（清嘉庆十五年刊本）卷十四《艺文录下》录有王锡爵《明赠御史郜公墓表》与本文有直接关联，卷十一《人物记·政事·明·郜永春》亦存有有关郜氏家族的史料，可参阅。

少傅长垣李公神道碑

（明）张鼐

今皇上有大武功者三：西平夏，东破倭，以存属国；西南平播，郡县其地四千里。当是时，皇帝之圣神，威武变化，烜灼千古，则亦有具文武材，先后御侮之臣，曰少傅兼太子太保、兵部尚书、长垣李公。

公之功在辽，连破虏以断绝倭首尾，而国家卒以破倭；其在平播，则身率大将，覆其巢，献俘拓地，结数十年难竟之局。故公治行文章、河渠兵戎之绩赫然显著于朝，而独于主上武功夹辅为多。

余按公以右佥都御史抚辽也，时倭奴已蹂朝鲜、窥中国，而辽岁苦虏患。会东虏卜彦、西虏炒花□兔之属，合谋阑入^①，公先檄大将董一元^②匿精兵镇武堡，诱卜彦至，击之，斩首四百级。又遣别将孙守廉等夜袭炒花营，解右屯围。二虏皆狼狈引者。居无何，虏复连犯，公连破之，捣其巢；又大破之，有靖远、高平、什方寺之捷。当是时，虏不敢犯辽宁、登莱、天津，而王师得一意与倭战也。

杨应龙^③反播州。公受尚方赐剑，总督川、广、湖、贵诸军事。至则南川飞练綦江已焚戮，而重庆且告急，公密论其守臣坚壁垒固守，而姑为文告缓贼，疏请征兵诸路而简用其大帅。明年春，诸路帅各以兵至，有

---

①　阑入：无凭证而擅自进入。后泛指擅自进入不应进去的地方。《汉书·成帝纪》："阑入尚方掖门。"颜师古注引应劭曰："无符籍妄入宫曰阑。"

②　董一元：明宣府前卫人。出身将家。嘉靖时历蓟镇游击将军，御鞑靼有功，迁参将。隆庆中再以功迁副总兵。万历中以都督佥事历昌平、宣府、蓟州总兵官。劾罢。旋再起署都督同知，擢镇辽东。二十二年（1594），大破卜失兔、炒花等。后随总督邢玠赴朝鲜御日本，失利贬秩。日军退出朝鲜后，还故秩。久之卒。

③　杨应龙（？—1600），明播州土官。隆庆五年（1571），父播州宣慰使杨烈卒，请袭职。万历元年（1573）给敕书，为杨氏第二十九代土官。性猜狠嗜杀，数从征调，恃功骄蹇。知川兵脆弱，阴有据蜀志。十八年（1590），所属人员告发反状。朝议处分未定。二十年（1592），应龙奏辨，愿率兵赴朝鲜御日自赎。寻后罢。二十四年（1596），出兵攻抚邻近土司，进掠江津、南川、合江，侵及湖广。二十七年（1599）陷綦江，尽杀城中人。二十八年（1600），总督李化龙分兵八路进击。应龙兵败自杀。播州杨氏亡。

众二十万。公分五监六帅，以八道进讨。推官高折枝①先以南川兵进据桑木，帅马孔英②继至，再胜金子坝，连胜高坪，克海门关，以逼贼巢。帅刘挺③进綦江，破三峒，与贼父子遇，连战皆捷，取娄山关，入其养马城。帅吴广④进合江，用间降安罗三寨，击斩贼将郭通绪，入崖门，再捷牛水塘，栖贼于囤而偪其后户楚。帅陈璘⑤进偏桥，扫四牌、七牌苗，下长坎，蹑青蛇，略大小三渡，设牌栅以防贼逸黔。帅童元镇⑥进乌江，战不利，合水西兵胜于母氏囤。帅李应祥⑦亦招降夷，进战有功。当是时，诸将毕集海龙囤下，而公以父忧奉诏墨縗视师，责战益急。六月五日，挺连破其外关，广、璘潜师攻囤后，遂入大城。应龙自缢死。槛其妻孥党属归京师，所捕斩首虏二万二千六百有奇，殍获⑧无算。

贼既平，条上善后十二事，分其地，郡县之。又立屯卫、邮置、学

---

① 高折枝：按，《大清一统志》卷二百九十六《重庆府·名宦》："高折枝，固始人。进士。万历中任重庆府推官。卓有远略，惩奸除猾，不避权贵。播贼杨应龙将反，愤然以剿除为己任。綦江破时，折枝在成都，日夜驰千里至郡，捍卫城池。兵役变不移时，谈笑定之。已复，监军政。南川诸路军未入，先斩关击贼，随与诸将抵囤下，遂克大憝。播平，夷汉畏伏。总制李化龙欲题以兵宪弹压遵义，会以忌中，遂拂衣去。"

② 马孔英：明宣府塞外降丁。积战功为宁夏参将。万历二十年（1592），宁夏叛将哮拜等勾卜失兔大举入犯，孔英从总兵李如松击败之。二十四年（1596），屡败卜失兔、著力兔、宰僧。又破灭播州杨应龙。累功进都督同知。以总兵官镇贵州。后以冒功被劾，罢归卒。

③ 刘挺：应为"刘綎"。刘綎（？—1619），明江西南昌人，字省吾。刘显子。万历初任云南迤东守备。擢游击将军，与邓子龙等击败侵滇缅兵。二十年（1592），以副总兵率川兵援朝鲜御日本，进任御倭总兵官。班师后，以四川总兵官平播州宣慰司杨应龙之叛，进左都督。四十七年（1619），随杨镐出关攻后金。次年，深入被困，力战死。生平大小数百战，威名震海内，每战挥镔铁刀轮转如飞，人称刘大刀。

④ 吴广（？—1601），明广东翁源人。以武生从军，累著战功，历福建南路参将。万历二十五年（1597）以副总兵从刘綎赴朝鲜御日本，俘斩甚众。甫班师，李化龙征播州，以广为总兵官。与诸军逼海龙囤，从囤后登，遂平播州。广中毒箭，逾年而卒。

⑤ 陈璘（1467—1538），明广东翁源人，字朝爵。嘉靖末为指挥佥事，进广东守备。隆庆、万历间参与击灭惠州赖元爵山寨。万历初，进署都指挥佥事，金书广东都。从总兵凌云翼攻破罗旁瑶寨多处，迁副总兵。寻以在驻地大兴土木，役使士卒，激起兵变，被劾夺官。二十六年（1598），为御倭总兵官，赴朝鲜，督水军，与邓子龙、李舜臣败倭。进都督同知。师还，适有播州之役，为湖广总兵官。二十八年（1600），突破娄山关，攻克海龙囤，平播州。又移州镇压贵州皮林苗吴国佐。改镇广东，卒官。有谋略，善将兵，然所至贪黩。

⑥ 童元镇：明桂林右卫人。万历中由指挥累进都督佥事、广西总兵官，多次镇压瑶民起事。二十八年（1600），从李化龙镇压播州杨应龙叛乱，自铜仁由乌江进兵，大败。被谪戍烟瘴之地卒。

⑦ 李应祥：明湖广九溪卫人。以武生从军，积功为广西思恩参将。万历间任四川总兵官，镇压松、茂、建昌、邛部少数族起事，时称名将。播州之役，总督李化龙荐为贵州总兵官，又督兵直抵海龙囤，与诸军共灭杨应龙。

⑧ 殍获：应作"俘获"。

校、田税之制，盖千年夷壤隶于职方^①。是役也，公申令严肃，训督将帅，密谋制胜，出奇条变，功成事定，拮据开辟，计划深远，华夷敉宁，殆百年仅见之伐也。

公弱冠为嵩令，善休息民。邑有矿，奸民穿凿，相雠杀，或谓公不如采之官。公弗许，厚封固之，而治其雠杀者。为南京工部郎，榷芜湖开，祛猾厘蠹，舟车无阂，官税充溢。徙即南京吏部，务为清简，交其名人，肆力风雅。其为河南提学佥事，迁山东参议，皆称学使者，衡文体，正士习，勤学不倦，中州齐鲁诸儒生乐而推之，至今不忘。

公既成播功而归终丧也。天子起公治河。先是河臣创议开泇河，功未就。公疏因之。便拓其遗迹为新渠，堤闸具修，岁漕数百万无梗。再以艰去。召为兵部尚书，协理戎政，有整饬营务四十二事；既秉枢，有防边任将十六事。其营务疏略曰："京军之可虞者，其身贫苦而不知其生人之乐，其心离散而不知有急君之义。凡人必结其心，乃可得其□；□同其休，乃可共其戚。今之饬营务者，其要□□□曰去其疾苦，蠲其靡滥，使京军担石之粮尽得及于身而润于其家，夫然后约束可申而军容可习□。夫营军有十二苦，十一滥，十九宜。十二苦去，则军士伤心之怨少蠲；十一滥清，则军士剥肤之灾半减；十九宜行，则军士元气已复而神气渐振。臣三月以来，广询博采，昼作夜思，熟计其便，幸赐裁察施行。"其防任边将疏略曰："臣惟用人一节，待用在将帅，本原在臣部。本正而末正，自然之势也。臣惟是守皇上之法，俾海内将弁可以洞明臣心而不疑。有功必录，有罪必征；积阅及期而必迁，营进躁竞而必黜；才实可仗，纵谤书盈箧而不行；中未必有，即誉言日至而必摈。以推毂之事权，归朝廷之威命，使中外将弁专精神于功伐一路，庶几可以得干城之用！谨陈任将之事入，防边之宜入。"二疏皆文多不具载。然公之苦心忧国，深计戎事，治病必优恤士伍，用将必怜爱人才，亦足以见公临戎制胜之本矣。

公枢密大臣，威望在华夷，眷注在天子。令天假元老以长扶王国，将朝廷之上藉公沉略以肃纪纲，藉公持重以平国论，宁不于我皇上圣神威武之治益有光显哉！而予亦倚公以绸缪补葺^②其万一！乃未几而逝，可

---

① 职方：犹版图。泛指国家疆土。宋陈师道《代贺安西川表》："奉清庙之遗策，还职方之故区，恩赏并行，人神共庆。"

② 补葺：应为"补葺"之误。

痛也！

公讳某，字于田，别号霖寰。其先系出山西，其居大名之长垣自七世祖瑾始。瑾三传而至盱眙丞诚之。生继古。继古生栋，为公大父；继古生赠兵部尚书某，则公之父也。① 自盱眙丞而下，皆以公贵赠少傅兼太子太保、兵部尚书。公登万历甲戌榜进士，授嵩县令，历官南京工部、吏部郎，河南、山东提学佥事、参议，遂参政河南，擢太仆卿、右通政、左佥都御史。抚辽，以功晋兵部右侍郎，再升俸二级，寻总督四省诸军。秩满，晋右都御史。再以功进兵部尚书，加少保。起兵部尚书，协理戎政。寻掌兵部，事一品。秩满，加柱国、少傅兼太子太保。

以万历辛亥年十二月十五日卒于位，得年五十有八。卒之后，朝廷论播善后功，进赠少师。其以辽功，录一子，为锦衣正千户世袭，赐金币；其以播功，再录一子，为锦衣卫指挥使世袭，赐白金一百两、蟒衣一袭；以一品考满，赐羊酒钞锭。卒之日，天子哀悼辍朝，赠太师，予祭如例，赐域某山之原。公亦可谓荣名终始者矣。

公之生平，别有志。余交公久，而为国家痛公之亡，聊论次其大者而为之铭。

铭曰：

轩有风后②，宣则虎臣③。名哲之生，以界圣人。圣人伊何，执德曜武。选界天工，为雷为雨。赫赫李公，素心雄节。思若泉流，才如电掣。辽水建牙④，出自特简。抗其威棱，逆行屠剪。设伏曜奇，摧坚保危。再犁王庭，张皇厥师。丑豜于北，威詟于南。东征之功，伐谋是参。播孽弗靖，

---

① 按，文中"继古生栋，为公大父；继古生赠兵部尚书某，则公之父也"的记载有误。本书沈鲤《诰赠光禄大夫少保兵部尚书湖西李公并赠一品夫人吴氏合葬墓志铭》为李栋夫妇墓志，其中有载："六世祖瑾。瑾生公度。公度生铎。铎生蓁。蓁之季子诚，盱眙丞；生赠公继古，是为公父。母曰张夫人。"可见，李继古为李栋父，李栋即为李化龙之父。

② 轩：指"轩皇"，即黄帝轩辕氏。唐张说《圣德颂》："稽诸瑞典，昔祚轩皇，而今表圣，土德以昌。"风后：相传为黄帝臣之一。《史记·五帝本纪》："（黄帝）举风后、力牧、常先、大鸿以治民。"裴骃集解引郑玄曰："风后，黄帝三公也。"张守节正义："四人皆帝臣也。"

③ 宣：指周宣王（？—前782），西周国君。虎臣：即召虎，或作召伯虎。西周人，名虎。召公奭后裔。封于召。周厉王虐，虎谏，王不听，以卫巫监谤。虎再谏，又不听。终为国人所逐，流于彘。太子靖避居于召虎家，虎以己子替死。厉王死，拥立靖为宣王。时淮夷不服，宣王命虎率师讨平之。宣王加封申伯地，虎为之经营。卒谥穆，称召穆公。

④ 建牙：古谓出师前树立军旗。引申指武臣出镇。宋楼钥《送赵子直贰卿帅三山》诗："建牙帅七闽，人胡为公疑。"

西川来告。帝曰汝来，彼酋肆暴；赐汝斧钺，虎节熊旂；往张予伐，是诛是绥。公拜稽首，维在罔赦。秘画深机，前箸是借。征师四远，师集于疆；训于群师，其帅惟良。既砺既攻，八道并剪。破其间关，虔刘①席卷。公戒勿杀，止臧其魁。系其孥属，其属累累。乃俘于庙，乃尸于市。帝曰汝嘉，元名饮至。②公拜稽首，皇宥播人。洗涤秋霜，长养春云。建其城郭，开我周道。尔田尔居，官师有教。遂生赦梗，同于衣裳。惟兹肤功，铜柱载扬。③公归自西，于墓于庐。天子念公，宣房④之虞。公来治河，河水汤汤。以疏以凿，新渠洋洋。人所作始，公弗弃之；其所未逮，公则力为。既登枢府，爰戢禁旅。去蠹去滥，苏其疾苦。遂筦邦政，饬法修戎。选将任能，群策毕庸。公之在朝，德心克广。六军欢呼，名王⑤稽颡。公之在朝，大猷是经。固其元气，以蓄于臧。静而必为，宽而有制。其所难者，独立不惧。岂必功能，天子用公。其勋其爵，一其初终。存有显荣，没有赠恤。皇恩大矣，不磨公德。惟墓有石，我则铭之。凡百有位，视公为师。

【简析】

　　本神道碑不见原石，故不知其形制及书丹、篆额者信息，亦不知其书丹刻写风格。碑文摘自明张鼐《宝日堂初集》卷十五《碑》，以"少傅长垣李公神道碑"为题；但有题注"代"，可见此文乃张鼐代人而作。那么，张鼐代谁而作此文呢？按，王士禛《古夫于亭杂录》卷一："高邑赵忠毅公（南星）、高阳孙文正公（承宗），皆北方之伟人，天下望之如泰山北斗。二公集皆吴桥范文贞公（景文）刻于金陵。予儿启汸官畿南，属购二集，仅得忠毅公集十四卷，已轶其半，有公之子清衡印记，盖其家藏本也。公诗长于古选，颇有法度，而又能自见其才思，惜近体轶不可见。文

----

① 虔刘：劫掠；杀戮。《左传·成公十三年》："芟夷我农功，虔刘我边陲。"
② 饮至：上古诸侯朝会盟伐完毕，祭告宗庙并饮酒庆祝的典礼。后代指出征奏凯，至宗庙祭祀宴饮庆功之礼。《左传·桓公二年》："凡公行，告于宗庙。反行，饮至、舍爵、策勋焉，礼也。"
③ 铜柱载扬：按此处用"马援柱"之典。东汉马援征服交趾，立铜柱以为汉南边疆界的标志。明莫止《赠何舍人赍诏南纪诸镇》诗："君不见马援柱，孔明碑，剥落黄蒿里，千年莓苔待君洗。"
④ 宣房：亦作"宣防"。本书清黄赞汤《坝台义地碑记》有注。
⑤ 名王：指古代少数民族声名显赫的王。《汉书·宣帝纪》："（神爵二年）匈奴单于遣名王奉献，贺正月，始和亲。"颜师古注："名王者，谓有大名，以别诸小王也。"

尤长于碑版，如吏部尚书孙清简公（鑨）、山西布政使王公（述古）、兵部职方郎中张公（主敬）诸志铭，翰林侍读学士吴公（中行）传、少傅兵部尚书李公（化龙）、兵部侍郎魏公（允贞）、光禄少卿顾公（宪成）诸碑，于国是之是非、人才之枉直，痛切言之，可裨信史。或称其文滔滔莽莽，输写块垒而起伏顿挫，不能禀合古法，要其雄健磊落，奔轶绝尘，北方之学者未能或之先也。予谓读其文，居然有壁立万仞之概。"提及赵南星曾撰"少傅兵部尚书李公碑"，或许赵南星之文即张鼐代所作之本文。张鼐，字世调，一字侗初，明松江府华亭人。万历三十二年（1604）进士。官至南京吏部侍郎，兼詹事府詹事。有《吴淞甲乙倭变志》《馤堂考故》《宝日堂初集》等。

墓主李化龙（1554—1611），字于田，号霖寰，长垣县人。万历二年（1574）进士。授嵩县知县。二十二年（1594）擢右佥都御史，巡抚辽东。以功进兵部右侍郎。二十七年（1599），总督湖广川贵军务。次年平定播州杨应龙之乱。后以工部侍郎总理河道，获得成功，清靳辅称其为明代治河最大成就者。官至兵部尚书。有《平播全书》《治河奏疏》《场居集》。

本文详述李化龙的抚辽、平播之功，指出其"抚辽"使得国家"绝倭首尾""卒以破倭"；其"平播"，解国家"数十年难竟之局"。尤以后者为最。条分缕析地分析了李化龙率"分五监六帅，以八道进讨"征讨方略，详细记述了其进剿过程，罗列了战后李化龙《善后十二事》的内容，强调了使"千年夷壤，隶于职方"的意义。为后人保存了平播治播的珍贵资料，对研究贵州土司制度的土崩瓦解，少数民族与中原文化的融合提供了宝贵的资料。

李化龙的仕历大致为任嵩县令、为南京工部郎中、迁南京吏部郎中、任河南提学佥事及山东参议、平播、治河、担任兵部尚书等七个过程，文中提炼其在每个时期的仕绩，从中可见李化龙的为政理念和"威望在华夷，眷注在天子"的原因。作为一代名臣，李化龙所取得的成就与君主圣明、时代发展分不开，故研究李化龙的仕历对认识其所处时代发展的内在规律有帮助。